HISTÓRIA DO MUNDO PARA AS CRIANÇAS

Dados Internacionais de Catalogação na Publicação (CIP) de acordo com ISBD

L796h	Lobato, Monteiro, 1882-1948
	História do mundo para as crianças / Monteiro Lobato ; ilustrado por Fendy Silva. - Jandira, SP : Ciranda Cultural, 2020.
	288 p. : il. ; 16cm x 23cm.
	ISBN: 978-85-380-9127-1
	1. Literatura infantil. I. Silva, Fendy. II. Título.
2019-948	CDD 028.5
	CDU 82-93

Elaborado por Vagner Rodolfo da Silva - CRB-8/9410

Índice para catálogo sistemático:
1. Literatura infantil 028.5
2. Literatura infantil 82-93

© 2020 Ciranda Cultural Editora e Distribuidora Ltda.
Produção: Ciranda Cultural
Texto: Monteiro Lobato
Ilustrações: Fendy Silva

1ª Edição
www. cirandacultural. com. br
Todos os direitos reservados. Nenhuma parte desta publicação pode ser reproduzida, arquivada em sistema de busca ou transmitida por qualquer meio, seja ele eletrônico, fotocópia, gravação ou outros, sem prévia autorização do detentor dos direitos, e não pode circular encadernada ou encapada de maneira distinta daquela em que foi publicada, ou sem que as mesmas condições sejam impostas aos compradores subsequentes.

SUMÁRIO

1. História do mundo para as crianças 8
2. Como o nosso mundo começou 10
3. No tempo das cavernas................................. 14
4. O fogo!...18
5. Um voo de avião...21
6. Começa a História....................................24
7. Os hieróglifos 25
8. As pirâmides 28
9. A Babilônia.. 32
10. Os judeus errantes 35
11. Os deuses gregos.................................... 38
12. A Guerra de Troia 42
13. Os reis dos judeus 45
14. O povo que inventou o A B C.....................47
15. As leis de Esparta 51
16. A coroa de louros 54
17. A loba romana 56
18. Os assírios..59
19. A maravilhosa Babilônia 61
20. A surpresa dos babilônios 64
21. O outro lado do mundo............................ 67
22. Ricos e pobres....................................... 70
23. Roma acaba com os reis 73
24. Pérsia vs. Grécia 75
25. O segundo tempo 79
26. Ainda o segundo tempo 81
27. A Idade de Ouro.................................... 83

28. Os gregos brigam entre si 88

29. A esperteza da Macedônia 90

30. Alexandre, o Grande 95

31. Um novo campeão 99

32. O pontapé da bota 101

33. O novo campeão 104

34. César e Brutus 108

35. O imperador divinizado 112

36. J. N. R. J. 116

37. O monstruoso Nero... 118

38. Um bom imperador e um mau filho 124

39. In hoc signo vinces 127

40. Os bárbaros... 130

41. Os bárbaros amarelos 134

42. Noite escura...137

43. Os monges da Idade Média 139

44. O tocador de camelos 143

45. Mil e uma noites 147

46. Uma luz no escuro..152

47. Os começos da Inglaterra 155

48. O fim do mundo 158

49. Os castelos.. 161

50. Os tempos da cavalaria...166

51. O neto do pirata 170

52. A aventura dos cruzados 175

53. Os reis cruzados 179

54. Um mau rei 184

55. Marco Polo..187

56. A agulha mágica e o pó invencível 191

57. A Guerra dos Cem Anos 194

58. Surge a imprensa 198

59. As descobertas 201

60. Mais descobridores 208

61. As terras encantadas 213

62. Nova aurora 218

63. Briga entre os cristãos 221

64. O "rei" Isabel 225

65. A época de Isabel 228

66. Um rei que perdeu a cabeça 231

67. Os Luíses 234

68. A Península Ibérica 238

69. Pedro, o Grande 242

70. Frederico, o Grande 246

71. Os libertadores da América 249

72. O Libertador 252

73. A grande revolução 254

74. O Pequeno Caporal 259

75. Um pouco de música 263

76. A dama da lâmpada 267

77. Lincoln e a princesa Isabel 270

78. Países novos 273

79. A era dos milagres 275

80. O mundo contra a Alemanha 280

81. A Segunda Guerra Mundial 282

88. Hiroshima 285

EMÍLIA

NARIZINHO

DONA BENTA

PEDRINHO

HISTÓRIA DO MUNDO PARA AS CRIANÇAS

Dona Benta era uma senhora de muita leitura; além de ter uma biblioteca de várias centenas de volumes, ainda recebia, de um livreiro da capital, as novidades mais interessantes do momento.

Uma tarde o correio trouxe-lhe a *Child's history of the world*, de V. M. Hillyer, diretor da Calvert School, de Baltimore.

Dona Benta leu o livro com cara de quem estava gostando; depois folheou e releu vários volumes da sua biblioteca que tratavam de assuntos semelhantes e disse consigo: "Bela ideia! A história do mundo é um verdadeiro romance que pode muito bem ser contado às crianças. Meninos assim da idade do Pedrinho e Narizinho estou certa de que hão de gostar e aproveitar bastante".

E, voltando-se para a criançada:

– Olhem, vamos ter novidade amanhã. Uma história nova que vou contar, muito comprida...

– De urso que vira príncipe? – quis saber a Emília.

– Não. A história que vou contar é a história do mundo, ou universal, como muitos dizem. Fiquem todos avisados e estejam aqui às sete horas em ponto.

– Todos? – repetiu Emília. – O rinoceronte também?

Os meninos riram-se. Dona Benta respondeu pachorrentamente:

– Não, Emília. Você bem sabe que o rinoceronte não cabe aqui dentro.

– Eu dou um jeito de caber! – gritou a boneca, já assanhada. – Eu...

Mas não pôde terminar. Narizinho tapara-lhe a boca para que Dona Benta pudesse concluir:

– Pois é isso – rematou a boa senhora –, de amanhã em diante, todas as noites, teremos a história do mundo, desde os seus comecinhos até o momento atual. Às sete em ponto, nesta sala, vejam lá, hein?

COMO O NOSSO MUNDO COMEÇOU

Às sete horas em ponto, no dia seguinte, estavam todos reunidos na sala de jantar. Todos, menos três: Rabicó, que não queria aprender coisa nenhuma; o rinoceronte, que era muito grande para caber lá dentro, e o doutor Livingstone, que já estava outro. (Com este sábio tinha acontecido um fenômeno maravilhoso: começara a mudar de aspecto, a transformar-se em outra pessoa, até que um dia amanheceu de novo virado no velho Visconde de Sabugosa!) E foi diante do bandinho quase completo que Dona Benta começou.

– Há muito, muito tempo – disse ela – há milhões e milhões de anos, não existia gente nesta nossa Terra e portanto não existiam casas, nem nenhuma das coisas que só existem onde há gente, como cidades, estradas de ferro, pontes, automóveis e tudo mais que se vê no mundo de hoje.

– Que é que havia então? – perguntaram todos.

– Animais selvagens. Ursos e lobos, pássaros e borboletas, rãs e cobras, tartarugas e peixes. Mas milhões de anos antes, nem isso havia no mundo. Apenas havia plantas.

– E mais antes ainda não havia nem plantas, aposto! – gritou Pedrinho erguendo o dedo.

– Isso mesmo – confirmou Dona Benta. – Mais antes ainda, não havia no mundo nem gente, nem animais, nem plantas. Só havia rochas e águas. Pedra e água – só, só, só. O que não era água era pedra, e o que não era pedra era água.

– E antes desse tempo, vovó?

– Antes, muito, muito antes desse tempo, não havia nem pedra nem água; não havia nada, porque ainda não havia mundo – o nosso mundo. Havia, entretanto, estrelas no espaço, isto é, enormes massas de fogo – enormes bolas de metais derretidos, refervendo. O Sol, este nosso Sol de todos os dias, era uma das tais estrelas.

Mas naquele tempo o Sol não se apresentava tão sossegado como o vemos hoje. Estava ainda num período de tremenda fervura, com

HISTÓRIAS DO MUNDO PARA CRIANÇAS

explosões de tal violência que por várias vezes enormes espirros da sua massa de fogo se despegavam, eram arremessados a grandes distâncias e ficavam no espaço, girando sozinhos, como se fossem outros tantos astros novos. Assim se formaram os planetas e portanto assim se formou o nosso mundo, que é um planetinha. Compreenderam?[1]

– Compreendemos tudo muito bem – disse Narizinho com os olhos no Visconde. – Mas ali o nosso amigo Sabugosa parece que tem dúvidas. Está se remexendo tanto...

– Não são dúvidas, não! – declarou Emília tirando o Visconde do lugar onde estava e ajeitando-o em outro. – É que Pedrinho o sentou bem em cima da almofadinha de alfinetes de Dona Benta!

– Nesse caso continuemos – disse Dona Benta rindo-se. – Esse pedaço de Sol, que se destacou da grande massa e veio a ser a nossa Terra, não passava a princípio de uma bola de matéria em fusão. Com o andar dos séculos foi-se resfriando de fora para dentro, e por fim transformou-se numa bola de pedra, envolta em espessa camada de vapores. Continuando o resfriamento, esses vapores foram se condensando em chuvas, e as águas das chuvas foram se acumulando nas depressões das rochas e formaram os oceanos. E a Terra ficou isso: pedra e água. O que não era oceano era pedra nua; e vice-versa.

Nessas águas começaram a aparecer as primeiras formas de vida: corpúsculos microscópicos. Apareceram primeiro na água; depois, aprendendo a viver fora d'água, passaram-se para as pedras. Apesar de muito pequenininhas, essas iscas de vida foram a origem de todos os seres existentes hoje.

As pedras ou rochas nuas iam aos poucos se esfarelando e formando o que chamamos chão, terra ou solo. Nesse solo as iscas de vida deram-se bem e cresceram, e foram variando de forma até virarem o que chamamos plantas. Mas não todas. Muitas, em vez de virarem plantas, viraram animais.

– Que está dizendo, vovó! – exclamou Narizinho admirada. – Então um elefante veio de uma dessas iscas de vida?

– Espere. Algumas dessas iscas de vida, em vez de se virarem logo em plantas, transformaram-se numa espécie de geleia que não era nem planta nem animal, mas que foi virando animal. Depois essa isca de animal foi "evoluindo", como dizem os sábios; isto é, foi se transformando em organismos, ou seres, cada vez mais complicados. E desse

---

1.   Nota da editora: Segundo a teoria do Big Bang, o nosso sistema solar se formou a partir da expansão de uma massa nebulosa, cuja matéria espalhada no espaço deu origem ao Sol e aos planetas.

modo, lentissimamente, com espaço de séculos para que pequenas mudanças se dessem, surgiram os vermes, os insetos d'água e terra, os peixes, as rãs que tanto vivem na água como na terra e os monstruosos lagartões que já não existem mais.

– Por que não existem mais, vovó? – perguntou Pedrinho.

– Porque eram monstruosamente grandes e quanto maior um animal, tanto mais dificuldades tem para sobreviver. Imagine a quantidade diária de alimento que cada um deles devorava! Qualquer perturbação acontecida na zona em que viviam, e que ocasionasse diminuição de alimentos, era o bastante para lhes dar cabo da raça[2].

E depois dos lagartos vieram as aves, que começaram sendo lagartos de asas e que, como os lagartos, punham ovos. E vieram depois os animais que chamamos mamíferos, porque criam os filhos dando-lhes de mamar. E depois vieram os macacos. E depois dos macacos viemos nós, gente; ou os Homens[3].

Tudo veio vindo lentamente, passo a passo, uma coisa saindo de outra, através de milhões e milhões de anos, compreenderam? Resuma lá o que eu disse, Pedrinho.

Pedrinho pensou um momento e, tirando do bolso o lápis, escreveu numa folha de papel o seguinte:

ESTRELA SOL
SOL ESPIRRO DO SOL
ESPIRRO DO SOL TERRA
TERRA VAPOR
VAPOR – CHUVARADA
CHUVARADA OCEANOS

2. Nota da editora: Hoje, a ideia mais aceita é a de que os dinossauros foram extintos quando um cometa se chocou com a Terra.
3. Nota da editora: A Teoria da Evolução não diz que descendemos diretamente do macaco, mas de um ancestral comum, um primata que viveu há 7 milhões de anos na África.

– Muito bem! – exclamou Dona Benta correndo os olhos pelo papel. – Está certo. E depois?

Pedrinho pensou de novo e escreveu:

OCEANOS PLANTAS
PLANTAS GELEIAS
GELEIAS INSETOS
INSETOS PEIXES
PEIXES SAPARIA
SAPARIA RÉPTEIS

– Até aí está direito – disse Dona Benta. – Vamos ver para diante. Como foi a coisa depois dos répteis?

Pedrinho olhou um instante para o forro, com a ponta do lápis na língua; em seguida escreveu:

RÉPTEIS PÁSSAROS
PÁSSAROS MAMÍFEROS
MAMÍFEROS MACACOS
MACACOS GENTE COMO NÓS

– Muito bem! – repetiu Dona Benta. – Está certo. Sabemos o que veio vindo desde o começo do mundo até nós. Mas quem poderá prever o que virá depois de nós?

– Eu prevejo! – gritou Emília lá do seu cantinho. – Depois dos homens virão as bonecas. Eu já sou uma amostra do que está para vir...

– Será verdade, vovó? – perguntou Narizinho impressionada com a ideia.

– Como saber, meus filhos? Emília acaba de apresentar uma hipótese, aliás muito interessante. Mas não percamos tempo com isto. Continuemos.

No Tempo das Cavernas

– Mas como a senhora sabe que as coisas se passaram assim? – perguntou Emília. – Quem viu?

– Há dois modos de saber – explicou Dona Benta. – Um é vendo, pegando, cheirando, quando as coisas estão diante de nós. Outro é imaginando, ou adivinhando, ou inferindo. Também há duas espécies de adivinhações. Uma com base e outra sem base. Se eu digo: adivinhe em que mão tenho o níquel e apresento as minhas duas mãos fechadas, trata-se de um caso de adivinhação que é puro jogo. A pessoa perguntada pode acertar ou errar na resposta. Questão de sorte.

Mas se o chão está molhado de chuva e com marca de sapato que andou na lama, eu adivinho, ou infiro, que por ali passou gente, porque sei que os sapatos não caminham por si e sim com gente dentro. Esta adivinhação não é mais jogo, pois não passa de pura aplicação do nosso bom senso, ou senso comum.

Pois muito bem: é raciocinando com base nos vestígios encontrados, que o nosso senso comum adivinha muita coisa que se passou há milhares de séculos atrás.

– Aposto que vovó vai falar em machado de índio – cochichou Pedrinho para o Visconde, que estava mudo como um peixe.

– Nas escavações feitas em muitos lugares – continuou Dona Benta – acharam-se pontas de flechas e de lanças e também machados (Pedrinho piscou para o Visconde). Não de ferro, como os de hoje, mas de pedra. Poderiam esses objetos provar a existência, naqueles tempos, de leões, jacarés ou avestruzes?

– Não, vovó! – gritaram os dois meninos. – Só podiam provar a existência de homens, porque só os homens usam tais objetos.

– Muito bem – aprovou Dona Benta. – E o fato de esses objetos serem de pedra prova que o ferro ainda não se achava descoberto. E o fato de estarem enterrados muito fundo, com espessíssimas e velhíssimas camadas de terra em cima, prova que isso foi muitos séculos antes da descoberta do ferro. Também foram encontrados ossos

HISTÓRIAS DO MUNDO PARA CRIANÇAS

de homens dessa era, os quais morreram milhares de anos antes que a humanidade principiasse a ter História. Guiados por tudo isso, nós hoje sabemos que vida levavam esses nossos antepassados da Idade da Pedra, como dizem os sábios.

Eram puros animais selvagens, dos mais ferozes e brutos. Diferença única: andavam sobre dois pés. Fora daí, peludos como os lobos e cruéis como todas as feras. Não dormiam em casas. Quando a noite vinha, o chão lhes servia de cama. Mais tarde o frio os obrigou a morarem em cavernas de pedra, onde estavam mais abrigados dos rigores do tempo e da sanha dos outros animais. Homens, mulheres e crianças eram, pois, simples bichos de caverna.

Passavam o tempo caçando viventes mais fracos ou fugindo de outros mais fortes. Na caça usavam o mundéu, isto é, um buraco feito no chão, disfarçado com galhos secos, folhas e terra em cima. Ou então empregavam flechas de ponta de pedra e machados também de pedra. Em certas cavernas por eles habitadas foram encontrados desenhos dos animais que costumavam caçar, desenhos feitos na pedra.

– Com que lápis, vovó? – perguntou Narizinho.

– Tais desenhos eram evidentemente feitos com ponta de pedras lascadas. Por mais que a gente dê tratos à bola não consegue descobrir outro lápis possível em tal época. Esses homens alimentavam-se do que podiam apanhar – de caça, de castanhas, de mel, de frutas, de ovos furtados aos ninhos. E tudo comiam cru, pois que o fogo ainda não fora descoberto. Deviam ser de uma ferocidade sem-par.

– E que língua falavam, vovó? – perguntou Pedrinho.

– Expressavam-se por meio de grunhidos. No entanto, foi desses bárbaros grunhidos que provieram todas as línguas modernas. Como roupas usavam sobre o corpo a pele dos animais caçados – não peles curtidas e macias como as temos hoje, mas cruas e com mau cheiro. Horríveis e desagradabilíssimos, esses nossos antepassados! O meio de conseguir mulher não era namorar uma rapariga e pedi-la em casamento. Nada disso. O pretendente marcava na caverna próxima uma que lhe agradasse e de repente entrava lá de cacete em punho, amassava a cabeça da menina, ou dos pais, caso a defendessem, e a levava sem sentidos, arrastada pelos cabelos. Uma pura caçada.

Eram homens de luta permanente. Atacar, roubar, matar o mais fraco, bem como fugir do mais forte, constitui a regra de vida que vem

MONTEIRO LOBATO

da primeira lei da natureza: cada qual por si. Ou mata ou é matado; ou rouba ou é roubado. Nós somos descendentes dessas bárbaras criaturas e por isso temos no sangue muito de sua selvageria[4]. Apesar da educação que o progresso geral trouxe, inúmeros homens hoje ainda agem como os da Idade da Pedra. Por isso é que existem tantas cadeias e forcas e cadeiras elétricas.

— Você queria ser nascida na Idade da Pedra, Emília? — perguntou Narizinho à boneca.

— Queria, sim, só para ter o gosto de ver uma noiva arrastada pelos cabelos.

— Boba! Não valia a pena. Uma menina daquele tempo não tinha banheiro para tomar banho de manhã, não tinha escova para escovar os dentes, nem pente para pentear os cabelos. Um horror de vida...

— Além disso — continuou Dona Benta — por falta de talheres tinha de comer com os dedos numa grande e feiíssima panela de barro, única para toda a caverna. Nada de cadeiras e camas ou redes. Para dormir e sentar, chão duro. Nada de livros, lápis e papel para escrever. Os dias sempre iguais e completamente vazios. Uma menina como você teria de passar as horas brincando com os irmãos de fazer pelotas de barro, ou coisa semelhante. As cavernas eram escuríssimas e úmidas, cheias

4. Nota da editora: A ideia de que o comportamento humano é herdado de nossos antepassados não é mais aceita.

de aranhas e morcegos. Vestuário, quando havia, era a pele de uma onça morta pelo papai – pele que só abrigava parte do corpo. Nos dias de inverno, como não houvesse fogo, era aguentar-se encolhidinha dentro de tal pele. E comida, então? Algumas frutas do mato e um naco de carne crua, isso para o almoço. Para o jantar, a mesma coisa. Amanhã, depois de amanhã e sempre – a mesma coisa, a mesma coisa! Nada que fazer durante o dia senão estar permanentemente de guarda contra os tigres e ursos. Não havendo portas nem cercas, os tigres perseguiam os homens até no fundo da caverna. Que tal essa vida, Emília? Ainda desejava ter nascido na Idade da Pedra?

– Sim – declarou a teimosa.

– Por quê? – inquiriu Dona Benta com pachorra.

– Para conversar com as aranhas e morcegos das cavernas.

Narizinho danou.

– Não perca tempo com esta boba, vovó – disse ela, fulminando Emília com um rancoroso olhar de menina da Idade da Pedra. – Continue.

O FOGO!

– A primeira e a maior descoberta do homem foi o fogo – disse Dona Benta.

Pedrinho protestou.

– A primeira pode ser, vovó, mas a maior, não! – disse ele. – Onde a senhora põe a invenção da pólvora, da imprensa, do rádio e tantas outras?

– Sem a descoberta do fogo, nenhuma das invenções que você citou se teria dado; a descoberta do fogo foi o maior dos acontecimentos porque permitiu tudo mais. A descoberta do fogo trouxe logo a do ferro e foi do ferro que saiu toda a nossa civilização de hoje. Nada existe nela que não tenha por base o fogo e o ferro.

Pedrinho ficou na dúvida, pensando. Dona Benta provocou-o.

– Aponte-me uma só coisa de hoje que possa ser produzida sem a ajuda do fogo e do ferro.

– Uma casa... – disse ele por dizer.

– Que mau exemplo, Pedrinho! Não vê que numa casa as telhas e os tijolos são cozidos ao fogo, e todo o madeiramento é trabalhado com toda sorte de instrumentos de ferro: machados, serras, plainas, formões etc.?

– É verdade! É verdade! – exclamou Pedrinho como que iluminado. – Mas um livro, vovó?

– Um livro é feito de papel e impresso em prelos. O papel faz-se com o machado de ferro que corta a árvore, com a máquina de ferro que mói a madeira, com a máquina de ferro que desdobra a pasta de madeira em camadinhas finas, com as calandras de ferro que imprensam essas camadinhas, tudo isso sempre ajudado pelo calor; isto é, pelo fogo. Esse papel, assim feito graças à ajuda do fogo e do ferro, vai em seguida para as tipografias, onde é impresso em prelos de ferro, é dobrado em dobradeiras de ferro, é grampeado em grampeadeiras de ferro e é remetido para as livrarias em veículos de ferro: automóveis, carroças ou trens.

– Basta, vovó! – disse Pedrinho com ar pensativo. – Já vi que a senhora tem toda a razão. Não existe nada, absolutamente nada, de tudo quanto o homem faz no mundo de hoje, que não tenha por base o fogo e o ferro. Logo, a senhora tem razão: a primeira e a maior de todas as descobertas foi o fogo. E voltando-se para Narizinho: – Mas não vá dizer isso para Tia Nastácia. A boba, que nunca fez outra coisa na vida senão lidar com o fogão, vai ficar muito cheia de si e convencida de que foi ela quem descobriu o fogo...

– Pois é isso, meus filhos. O fogo foi a grande descoberta que o homem fez. Tudo mais vem daí. O homem o descobriu de dois modos: na ação do raio que despedaça e incendeia uma árvore (como aconteceu a Robinson em sua ilha)[5] ou por meio de fricção de um pau contra outro.

– Nessa não acredito! – disse Pedrinho. – Li num livro que os índios obtinham fogo esfregando dois pauzinhos. Fiz a experiência. Cansei-me de esfregar dois pauzinhos e nada obtive; nem fumaça.

– Espere – disse Dona Benta. – Talvez esse livro não explicasse bem. Que eu saiba, o fogo produz-se pela fricção da ponta de um rolete de madeira dura numa panelinha aberta num pedaço de madeira mais mole e bem seca. O rolete é girado entre as mãos, no movimento de quem enrola massa para bolinho de milho. O atrito produz o grau de calor necessário para incendiar alguma mecha que se ponha na panelinha: algodão, musgo bem seco, certas cortiças.

– Ahn! – exclamou Pedrinho. – Isso pode ser. Mas a tal história de esfregar dois pauzinhos...

5. Nota da editora: Dona Benta refere-se ao personagem Robinson Crusoé, do livro de mesmo nome, de Daniel Defoe.

– Em geral o fogo era aceso entre pedras. Um dia os nossos avós notaram que de um dos fogaréus um fio líquido escorria, o qual endureceu ao esfriar, transformando-se numa substância que jamais tinham visto. Estava descoberto o metal! As pedras que aqueles homens haviam juntado para servir de fogão eram blocos de minérios, dos quais o calor extraíra o metal existente: cobre ou estanho. Primeiramente descobriram o cobre e o estanho, de fusão mais fácil que a do ferro. Este veio depois.

– Isso mesmo – aprovou Pedrinho. – Eu já derreti um pedaço de cano de chumbo no fogão de Tia Nastácia. O chumbo é parente do estanho.

– O primeiro cobre ou o primeiro estanho obtido devia ter causado muita surpresa aos nossos antepassados, graças ao brilho e às estranhas formas que tomam. Com o tempo verificaram a utilidade daquilo para o fabrico de armas e mais coisas. E como na fusão às vezes se misturava o cobre ao estanho, os homens aprenderam a produzir o bronze, que não passa de uma mistura dos dois, embora de maior dureza do que cada um deles. Por muito tempo, séculos e séculos, o metal usado pelo homem foi o bronze. Por fim, aprenderam a produzir o ferro, que até hoje não foi suplantado.

– Suplantado quer dizer vencido por outro – explicou Pedrinho com a maior importância.

Dona Benta riu-se e continuou:

– A descoberta do cobre e do estanho e a invenção do bronze marcaram uma era nova para o homem. Cessou a longa Idade da Pedra para começar a era mais curta da Idade do Bronze. Depois da descoberta do ferro iria começar a era em que ainda estamos: a grande Idade do Ferro.

– E a Idade do Ouro, vovó? – perguntou Pedrinho. – Já li uma história onde se falava muito na Idade do Ouro...

– Nunca houve nenhuma Idade do Ouro, meu filho. Para trás só temos a da Pedra e a do Bronze. Estamos na do Ferro. A do ouro poderá aparecer no futuro, se aparecer...

UM VOO DE AVIÃO

– Os homens da Idade do Bronze estão muito perto de nós e são bastante nossos conhecidos – disse Dona Benta. – Eles imaginavam que o mundo era chato e não passava daquele pedacinho de terra no qual viviam. Quem se afastasse muito, era certo chegar a um ponto onde um grande precipício mostraria o fim do mundo – "ou pelo menos uma das suas beiradas". Tinham ideia de que lá longe havia uma terra que era a última, e por isso se chamava a Última Tule, talvez a Noruega.

Se nós pudéssemos dar uma volta de avião por cima dos lugares onde viveram os primeiros povos que se civilizaram, havíamos de ver um quadro assim – e Dona Benta desenhou este mapa:

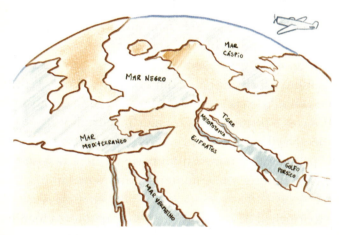

– Esses dois rios que aí vemos, o Tigre e o Eufrates, são os nossos mais velhos conhecidos, os primeiros nomes que aparecem na História. Como se vê no desenho, eles correm por muito tempo no mesmo sentido, até que se juntam e se despejam no Golfo Pérsico. As terras compreendidas entre os dois rios são famosas, porque nelas muitas civilizações se formaram e por fim acabaram destruídas. Mesopotâmia, chama-se essa região. Vamos ver quem decompõe esta palavra.

Pedrinho olhou para a menina, a menina olhou para a boneca, a boneca olhou para o Visconde. Mas nenhum abriu a boca.

– *Meso*, em grego – explicou Dona Benta – quer dizer entre, e *potamos* quer dizer rio. Terra entre rios é o que significa a palavra Mesopotâmia. Se agora olharmos para oeste, veremos um mar chamado Mediterrâneo, que banha um país chamado Egito. Que quer dizer mar Mediterrâneo, Pedrinho?

– Isso eu sei. Quer dizer mar entre terras.

– Realmente é assim – confirmou Dona Benta. – Esse mar não passa de um grande lago que se liga ao oceano Atlântico pelo estreito de Gibraltar. Muitos sábios sustentam que na Idade da Pedra o Mediterrâneo ainda não era mar, e sim um extenso vale onde vivia muita gente. Foi nas terras banhadas pelo Mediterrâneo que as mais importantes civilizações ocidentais se desenvolveram, como a grega, a egípcia, a romana.

No Egito há também um rio de muita importância na história da humanidade: o Nilo. Mais tarde veremos por quê.

Todos os povos que viviam na Mesopotâmia eram pertencentes à raça branca[6] e dividiam-se nas três famílias, ou ramos, que deram origem a todos os atuais povos brancos. Havia os indo-europeus, também chamados arianos. Havia os semitas e havia os hamitas. Essas raças estão hoje muito espalhadas até aqui entre nós. Você, Pedrinho, só porque se chama Pedro já sei que é ariano. O filho do nosso fornecedor de sabonetes e pentes, como se chama, Pedrinho?

– Salomão Nagib!

– Bom, pelo nome é um menino pertencente à raça semita. E se ele se chamasse Ramsés, ou Xufu, teria grandes probabilidades de ser um hamita.

– Qual a principal dessas raças, vovó? – perguntou a menina.

– A ariana, evidentemente, embora eu seja um tanto suspeita para afirmar isso[7]. Se eu fosse semita, é possível que tivesse uma opinião diversa. Em todo caso os arianos foram os primeiros a domesticar o cavalo selvagem, o boi e o carneiro. Conseguiram assim criar as bases da civilização pastoril. O cavalo resolvia o problema do transporte rápido; as vacas davam leite e assim melhoravam grandemente a alimentação; e os carneiros, com sua lã, permitiam que em vez de peles o homem pudesse vestir-se de tecidos. Até hoje não encontramos coisa melhor do que a lã para abrigo do nosso corpo contra o frio.

---

6.   Nota da editora: O conceito de raça não é mais aceito pela comunidade científica. Hoje, sabe-se que não há diferenças biológicas entre negros, brancos, asiáticos ou indígenas, pois pertencemos a uma única espécie: a humana.
7.   Nota da editora: O termo "ariano" não é mais usado para definir uma "raça". A ideia de supremacia também não é mais aceita, uma vez que não existe distinção de raça entre os humanos.

HISTÓRIAS DO MUNDO PARA CRIANÇAS

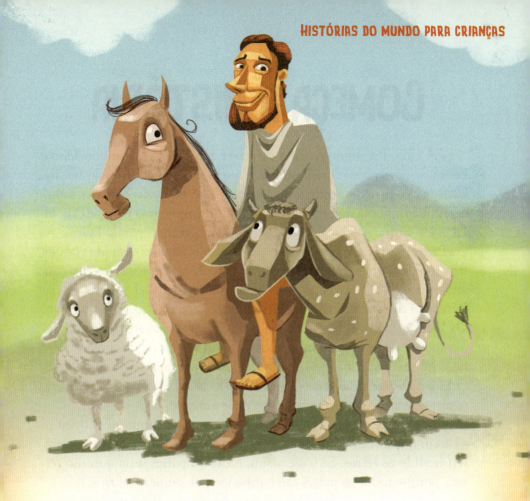

   Pedrinho interrompeu-a nesse ponto.
   – De tudo quanto a senhora disse, vovó, vejo que a grande coisa que o homem antigo fez foi pegar o fogo, o ferro, o cavalo, a vaca e o carneiro.
   – Perfeitamente. Com esses cinco elementos tornou-se possível a criação de todo o nosso mundo moderno, com tudo quanto nele se contém.
   – Menos a Emília! – gritou Narizinho. – Ela não é nem de fogo, nem de ferro, nem de crina de cavalo, nem de leite de vaca, nem de lã de carneiro. É pura e simplesmente de algodão por fora e de asneira por dentro.
   – Bravíssimo! – exclamou o Visconde de Sabugosa, que ainda não havia esquecido a esfrega da canastrinha, na viagem ao País das Fábulas. Mas falou tão baixo que nem Emília, nem ninguém ouviu. De medo!

COMEÇA A HISTÓRIA

– A vida dos homens antes de haver História – continuou Dona Benta – pertence à Pré-História. Pré-História quer dizer antes da História. A História realmente começou com os povos hamitas, aquela família humana que encontramos a morar nas terras banhadas pelo Tigre e o Eufrates. De lá se mudaram, ou emigraram para o Egito.

Para emigrar não fizeram como se faz hoje: simples e rápida viagem de vapor, com bagagem e passaporte. Aquele povo propriamente não emigrou para o Egito, porque o Egito não existia – eles é que o iam formar. Existiam as terras do futuro Egito, com o Rio Nilo no meio. Os hemitas emigrantes moravam em tendas. Armavam-nas em certo ponto e ali ficavam enquanto pelos arredores havia o que comer. Logo que o alimento escasseava, mudavam de acampamento. E assim foram indo até chegarem às terras irrigadas pelo Nilo, tão férteis que quem as alcançava não necessitava nunca mais emigrar.

– Por que era esse Egito tão fértil, vovó? – perguntou Pedrinho. – Dizem que por causa do Nilo, mas não me consta que os rios andem fertilizando as terras. Se fosse assim, todos os países seriam muito férteis, porque todos os países são banhados por numerosos rios.

– O Nilo – respondeu Dona Benta – é um rio diferente dos outros. Na estação das chuvas recebe tanta água nas suas cabeceiras que transborda e inunda as planícies que lhe ficam lado a lado. Inunda-as numa grande largura, durante toda a estação chuvosa. A consequência é que, quando vem a vazante e o rio volta ao nível normal, as terras alagadas mostram-se mais férteis do que antes. O húmus que vem em suspensão na água transbordada fica em depósito na planície. Se não fosse esta anual inundação do Nilo as terras do Egito não passariam de simples desertos de areia, onde planta nenhuma poderia crescer, nem nenhum animal criar-se. Tanto as plantas como os animais não dispensam a água.

– Seriam, então, mais ou menos, como o deserto do Saara, que não fica longe – disse Narizinho, que estava com os olhos num mapa.

– Perfeitamente, minha filha. Se o Saara fosse atravessado por um grande rio que todos os anos transbordasse, também no Saara se criaria uma faixa de terra fértil, onde uma bela civilização poderia desenvolver-se. Além das facilidades de cultura nas margens do Nilo, o clima era quente, exigindo pouca roupa. Essas vantagens fizeram que os hamitas se fixassem por lá – e assim começou o Egito que a História conhece. O primeiro rei do Egito cujo nome chegou até nós foi Menés, do qual quase nada sabemos. Supõe-se que construiu algum dique, ou barragem, para melhor aproveitamento das águas do Nilo.

– Em que ano viveu esse Menés, vovó? – perguntou Pedrinho sempre amigo de datas.

– Calcula-se que vivesse a uns quatro mil, duzentos e tantos anos antes de Cristo.

– Que história é essa de antes e depois de Cristo, vovó? – quis saber a menina.

– Muito simples. Os povos cristãos, entre os quais estamos nós, começam a contagem dos anos a partir do nascimento de Jesus Cristo. O ano em que Jesus nasceu ficou sendo o ano I. Mas como a História alcança período muito anterior ao nascimento de Cristo, os acontecimentos dessas épocas são contados para trás. O ano 100 a.C., por exemplo (a.C. é a abreviação das palavras "antes de Cristo"), marca exatamente um século antes do ano I, que foi o do nascimento de Cristo. Compreendeu?

– Isso até Quindim compreende – disse Emília.

OS HIERÓGLIFOS

– Os homens da Idade da Pedra – prosseguiu Dona Benta – sabiam falar, mas não sabiam escrever. A primeira ideia de arranjar uns sinais que significassem palavras e sons só apareceu muito mais tarde e no Egito.

Foram os hieróglifos, ou desenhos figurando animais e coisas, como leão, touro, ave, chicote, espada etc., correspondendo cada um a um som. O nome da rainha Cleópatra escrevia-se como está a seguir. Notem a cercadura. O nome dos reis e rainhas traziam sempre cercaduras para os destacar dos outros. Os egípcios usavam para a escrita um papel feito da casquinha fina de uma tábua muito abundante por lá: o papiro.

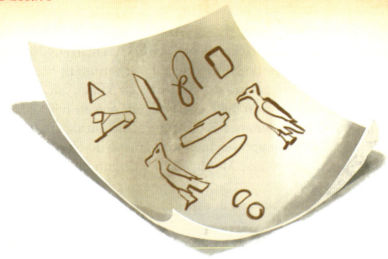

– Papiro, papel... parecido, vovó! – observou Pedrinho.

– Natural, meu filho, porque a palavra papel vem de papiro. Nesse papiro os egípcios escreviam com canudinhos de capim cortados em bico, usando como tinta fuligem dissolvida em água. Os livros egípcios não lembravam os nossos. Eram em forma de rolos, como os rolos de papel de forrar paredes.

A história dos seus reis bem como a notícia das grandes batalhas e mais acontecimentos importantes eram gravadas na pedra dos monumentos, de modo que muitas dessas inscrições chegaram até nós. Foi uma bela ideia.

– Mas como podemos ler os hieróglifos, vovó?

– Muito tempo passaram os sábios sem conseguir obter a chave dos hieróglifos. Os habitantes do Egito moderno pouco tinham com os antigos egípcios e não lhes guardavam as tradições. De modo que os sábios ficaram atrapalhados diante dos hieróglifos, cuja leitura seria preciosa para o conhecimento da antiguidade. Um dia a chave apareceu.

– Como, vovó?

– O Nilo, como vocês sabem, despeja por diversas bocas no Mar Mediterrâneo.

– Eu sei! – gritou Pedrinho. – Quando chegam perto do mar, as águas abrem-se em leque e formam o delta do Nilo. Alfa, beta, gama, delta: A. B. C. D. em grego. A letra delta, ou D, tinha a forma de um triângulo e por isso os geógrafos chamam delta aos leques que certos rios formam quando desembocam no mar.

HISTÓRIAS DO MUNDO PARA CRIANÇAS

Todos se admiraram daquele acesso de ciência de Pedrinho. O Visconde chegou a levantar-se do seu canto para vir examiná-lo de perto, da cabeça aos pés, voltando depois para o seu lugar.

– Muito bem – disse Dona Benta. – Pedrinho está afiado como uma lâmina *Gillette*. Vamos ver agora se sabe o nome das duas principais bocas do Nilo.

Desta vez o menino engasgou. Não sabia.

– Roseta e Damieta – disse Dona Benta. – Pois bem. Perto de Roseta é que a chave dos hieróglifos foi casualmente descoberta. Um homem, que estava cavando o chão, encontrou uma pedra de túmulo com uns hieróglifos, que ele, como era natural, não entendeu. Embaixo, porém, vinha outra inscrição em grego, que o homem pôde ler. Os sábios vieram examinar a pedra e tiveram a ideia de que a inscrição grega podia muito bem ser a tradução dos hieróglifos. Estudaram o assunto e viram que era. Conseguiram assim achar a pista para a decifração completa de todos os sinais hieroglíficos. Isso custou muito; só a um desses estudiosos consumiu trinta anos de paciente esforço. Mas o problema foi resolvido de modo a tornar possível o conhecimento de toda a história do Egito até milhares de anos antes de Cristo. A *Pedra de Roseta*, como é hoje conhecida, está em Londres, no Museu Britânico, como uma das mais famosas pedras do mundo; talvez a que mais contribuiu para o desvendamento do passado humano.

– E que é que os sábios souberam do Egito depois que aprenderam a ler as inscrições? – perguntou Narizinho.

– Muita coisa. Souberam que tinha sido um país governado pelos Faraós: os reis lá deles. Souberam que o povo se dividia em classes, de modo que o filho de um pedreiro tinha de ser pedreiro e o filho de um escriba tinha de ser escriba. Ninguém podia sair de sua classe, a não ser em casos excepcionais.

A classe mais elevada era constituída pelos sacerdotes, que não se assemelhavam aos sacerdotes de hoje. Tinham uma função diversa. Eram legisladores: faziam as leis e estabeleciam regras que todos tinham de obedecer. Eram os únicos, em suma, que recebiam educação e que aprendiam a ler e a escrever os hieróglifos. Formavam o cérebro, a parte pensante do país.

A classe imediata era a militar. Depois vinham os agricultores, negociantes, pastores, mecânicos etc., e por último os guardadores de porcos.

– Coitados! – exclamou Emília. – Eram os bagageiros...

– Os egípcios não adoravam a um deus só, mas a centenas deles, masculinos e femininos. Possuíam um deus para cada coisa: um deus dos campos de cultura, um deus do lar, um deus das chuvas, um deus do fogo. Deuses bons e maus. Tanto os bons como os maus recebiam as mesmas homenagens e adorações. Osíris, casado com a deusa Ísis, era o principal. Presidia a agricultura e julgava os mortos. Tinha um filho, Hórus, com cabeça de gavião.

Muitos dos deuses egípcios apresentavam corpo de gente e cabeça de animal; isso porque os animais eram sagrados. O cachorro, o gato, o íbis (espécie de jaburu) e até o besouro eram sagrados. Se alguém matava uma vaca ou um besouro, recebia como castigo a morte, pois que era crime muito maior matar um animal sagrado do que matar uma criatura humana.

AS PIRÂMIDES

– Que mania tinham os egípcios de construir pirâmides, vovó? – observou Narizinho. – Nunca vejo pintada uma cena do Egito sem uma palmeirinha de um lado e uma pirâmide do outro.

– É que eles se preocupavam muito com a morte. As pirâmides não passavam de túmulos. Os egípcios acreditavam que depois da morte a alma ficava perto do corpo, a fim de reentrar nele no dia do comparecimento perante Osíris para serem julgados. Por isso embalsamavam os corpos de modo que pudessem de novo abrigar a alma e os enterravam rodeados das coisas de que podiam precisar quando despertassem: móveis, espelhos, pentes, jogos, joias e comida.

– E como faziam para embalsamar os cadáveres? – perguntou Pedrinho. – Já havia ácido fênico naquele tempo?

– Tinham lá os seus processos; e processos tão bons que muitas múmias, isto é, cadáveres embalsamados, chegaram até nós e figuram nos grandes museus da Europa e da América. Eles extraíam as entranhas e os miolos do cadáver e o embebiam de líquidos adequados, depois o enrolavam com faixas de linho. No começo, só os reis eram mumificados; depois o costume se estendeu a todas as classes, com exceção das mais baixas. Também animais eram muitas vezes embalsamados (vacas e até besouros).

– Que gracinha! – exclamou Emília.

– Quando um egípcio morria, seus parentes, depois de lhe embalsamarem o corpo, punham-no em lugar próprio, com um monte de pedras em cima para evitar desenterramento pelos chacais e hienas. Contudo, um rei, que é mais que um homem comum, não podia contentar-se com um simples montinho de pedras; exigia um montão. Foi essa a origem das pirâmides. De medo que depois de morto não lhes tratassem o cadáver como era preciso, os reis começaram, ainda em vida, a cuidar dos próprios túmulos, e foram construindo as pirâmides. Sobreveio o espírito de emulação. Um queria ter uma pirâmide maior que a do outro. O Faraó Quéops construiu a maior de todas, chamada a Grande Pirâmide, isso 2.900 anos antes de Cristo.

– Devia ser um trabalho horrível, erguer monstros de pedra daquele tamanho! – observou Pedrinho.

– E era – confirmou Dona Benta. – Hoje os construtores dispõem de engenhosas máquinas de erguer peso: os guindastes, mas os pobres egípcios tinham de transportar e erguer os enormes blocos de pedra, de que eram feitas as pirâmides, sem o auxílio de máquina nenhuma, tudo à força de músculos. Dizem que na pirâmide de Quéops trabalharam cem mil homens durante vinte anos. Os blocos de pedra eram cortados em pedreiras distantes; depois, transportados; depois, colocados no lugar definitivo. Calculem a trabalheira! Havia blocos do tamanho de pequenas casas...

– E dentro das pirâmides?

– Dentro ficavam os cômodos do morto. Na pirâmide de Quéops, apenas morcegos foram encontrados em tais cômodos. Tanto a múmia do rei como os tesouros ali recolhidos tinham sido roubados.

– Que pena!

– Realmente, é caso de lastimar-se. Nesses últimos anos foi descoberto, em perfeito estado de conservação, o túmulo do Faraó Tutancâmon. Ao lado dos riquíssimos móveis e objetos de uso pessoal do soberano, na maioria de ouro, viam-se montes de pão. Pelo que foi achado no túmulo desse faraó podemos avaliar o que se perdeu com o saque do túmulo de Quéops, o qual goza a fama de ter sido o mais opulento faraó egípcio e o mais amigo do luxo.

— E as esfinges, vovó? — perguntou Narizinho. — Vejo sempre uma esfinge perto das pirâmides.

— Perto da pirâmide de Quéops há a Esfinge, uma enorme estátua de leão com cabeça humana, esculpida num bloco único de pedra que a natureza havia posto ali como de propósito. A Esfinge representa o deus da manhã e sua cabeça reproduz a do faraó que construiu a pirâmide mais próxima da de Quéops. As areias do deserto, trazidas pelos ventos, estão enterrando essa estátua colossal; embora os homens as removam periodicamente, os ventos insistem em recobri-la. Dela só aparece hoje a parte superior do corpo.

— Eu dava um beliscão nessa areia — disse Emília.

— Cale-se, boba! Não atrapalhe vovó.

— Os egípcios — continuou Dona Benta — gostavam muito da escultura e deixaram numerosíssimas estátuas. Infelizmente os sacerdotes não davam aos escultores a liberdade de copiarem os modelos, por isso as estátuas egípcias não variavam de atitude. Lembram-se daquele dia em que o Zequinha da Nhá Chica foi ao fotógrafo tirar o retrato? Ficou todo esticadinho, de pernas juntas e braços muitos tesos, colados ao corpo. Assim posavam os modelos egípcios para os escultores daquela época.

HISTÓRIAS DO MUNDO PARA CRIANÇAS

Os egípcios eram um povo amigo do grandioso. Em seus templos aparecem fileiras de colunas na verdade gigantescas. Ao pé dessas colunas um homem ficava reduzido a anão. Esses templos, bem como as pirâmides e caixões onde guardavam as múmias, eram decorados com desenhos e pinturas do mesmo estilo da escultura. Os artistas não reproduziam a natureza com o realismo da arte moderna. Na pintura, por exemplo: se tinham de dar tom ao corpo de um personagem, empregavam as tintas que mais bonitas lhes parecessem, sem nenhuma atenção à cor que esse personagem possuísse em vida. Um pintor egípcio pintaria o retrato de Narizinho todo verde ou azul. O fato de ser ela de um lindo moreninho cor de jambo, de nenhum modo o preocuparia.

A história parou ali. Tia Nastácia veio chamá-los para o chá.

A BABILÔNIA

– Diga-me uma coisa, Pedrinho: por que é que há tanto pássaro no pomar? – perguntou Dona Benta no dia seguinte.

– Não é preciso ser um sábio para responder, vovó. Há tanto passarinho no pomar por causa da abundância de frutas.

– O mesmo se dá com os homens – concluiu Dona Benta. – Quando em certo lugar a terra é fértil e o clima bom, logo se junta ali muita gente. Foi o que aconteceu na Mesopotâmia. Tão bons eram os campos entalados entre o Tigre e o Eufrates, que várias civilizações ali se desenvolveram. Na parte próxima à junção desses dois rios nasceu a Babilônia; na parte onde eles despejam no Golfo Pérsico, surgiu a Caldeia; e na parte mais próxima às nascentes, brotou a Assíria.

A Babilônia era um país muito próspero, graças à fertilidade da terra, mantida pelas inundações dos dois rios. O que era o Nilo para as terras do Egito, eram o Tigre e o Eufrates para a Mesopotâmia. Dois Nilos! Imaginem que boas terras não eram! Nelas se cultivava o trigo, o mais precioso cereal que o homem "domesticou"; e certos sábios julgam que foi na Babilônia que a sua cultura teve começo. Também a tâmara, fruto de uma palmeira, era muito abundante lá, tendo importância igual à do trigo.

– Conheço a tâmara e gosto muito – disse a menina lambendo os beiços. – Na semente, há a gravação de um pequeno "O", já repararam?

– Você conhece apenas a tâmara conservada em açúcar. Lá onde ela é nativa usam-na fresca, para papas, como fazemos com a aveia. Além do trigo e da tâmara, abundante na zona, os dois rios sempre foram muito piscosos. Nada mais era preciso para a prosperidade do povo.

A famosa Torre de Babel de que vocês já ouviram falar foi construída na Babilônia. A explicação desta torre, dada pelos sábios, é a seguinte.

As gentes que formaram a Babilônia provinham das regiões montanhosas do norte, onde estavam acostumadas a ter os seus altares no mais alto dos morros, perto das nuvens. Emigrando para uma região plana como era a Babilônia, tiveram logo a ideia de construir um morro para o altar. A chamada Torre de Babel pode ser considerada mais morro do que torre. Em vez de escada havia um caminho em caracol, que ia do sopé ao topo. Existiam várias torres assim na Babilônia[8].

– De que eram feitas?

– Não havia, na Mesopotâmia, abundância de pedras, como no Egito. Por isso os habitantes construíram suas torres, bem como todos os demais monumentos, de adobes, isto é, blocos de argila secos ao sol. A argila seca ao sol é material de construção pouco durável; por isso o que hoje resta dos monumentos babilônicos não passa de montões de adobes desfeitos pelo tempo.

– Também usavam hieróglifos?

– Não. Tinham outra espécie de sinais, que os sábios chamam caracteres cuneiformes. A falta de papiro para escrever, ou de pedra em que gravar sinais, fez a gente da Babilônia usar blocos de argila, ou tijolos, onde escreviam quando ainda moles. Escreviam por um sistema de marcas acalcadas, em forma de cunha. Daí a palavra cuneiforme, que quer dizer, exatamente, em forma de cunha.

Parece que os babilônios foram os primeiros homens que observaram os astros e viram que eles se comportavam sempre da mesma maneira, isto é, que seguiam leis. Chegaram a tornar-se grandes astrônomos; 2.300 anos antes de Cristo já profetizavam que em tal hora de tal dia de tal ano ia haver um eclipse do Sol; e acertavam. Sabe o que é um eclipse, Pedrinho?

– Sei, vovó, e até já vi um eclipse total do Sol. O eclipse se dá quando um astro tapa outro. Quando a Lua fica exatinha entre a Terra e o Sol, acontece um eclipse do Sol para nós e um eclipse de Terra para o Sol. Mas, e depois? Continue a história dos babilônios.

– De tanto estudar os astros - prosseguiu Dona Benta - começaram os babilônios a adorá-los. O Sol, a Lua e as estrelas viraram os seus deuses. Daí as torres, os altos de montanha onde tinham os altares. Queriam elevar-se o mais perto possível das divindades.

– Grandes bobos! - exclamou Emília. - Como se subindo ficassem mais perto... Nem que subissem ao Himalaia...

– O primeiro rei da Babilônia do qual sabemos alguma coisa foi Sargão I, que viveu mais ou menos no tempo da construção das pirâmides do Egito. Outro nosso conhecido, pelas leis que fez e que

---

8. Nota da editora: a Torre de Babel é uma narrativa bíblica, não havendo, assim, evidência histórica de sua construção.

MONTEIRO LOBATO

chegaram até nós, foi o rei Hamurabi. Suas leis chegaram até nós, porque em vez de serem escritas em tijolos foram gravadas em pedra. Sargão e Hamurabi: guardem estes nomes, que são os mais remotos que temos da Babilônia.

– Vou batizar com eles os dois cabritos que nasceram esta semana – disse Pedrinho. – Não há melhor meio de conservar nomes exóticos.

OS JUDEUS ERRANTES

– Ur!... – exclamou Dona Benta depois de uma pausa. – Sabem o que quer dizer Ur? Ur foi o nome de uma cidade da Caldeia, país vizinho da Babilônia. Nesta cidade, 1.900 anos antes de Cristo, vivia um homem chamado Abraão, chefe de numerosa família e dono de muito gado. Abraão adorava um deus único, ao passo que os seus vizinhos babilônicos adoravam muitos: o Sol, a Lua, as estrelas. Por esse motivo, Abraão aborreceu-se daquela gente, a qual por sua vez não gostava dele, tendo-o na conta de maluco. E Abraão mudou-se. Um dia chamou a família, reuniu o gado e lá se foi em direção a uma terra situada à beira do Mar Mediterrâneo, chamada Canaã. Em Canaã prosperou grandemente.

Um de seus netos, Jacó, teve doze filhos, dos quais José, um menino inteligente e bonzinho, ficou logo o favorito do pai. Os outros enciumaram-se e um dia esconderam José num poço; e depois o venderam a um bando de egípcios que iam passando. Em casa mentiram que as feras o tinham devorado.

– E Jacó acreditou?

– Não vendo o filho reaparecer, era natural que acreditasse. Mas sabem o que aconteceu a José no Egito, para onde os seus compradores o levaram como escravo? Também virou favorito, não mais do pai, mas do faraó, e acabou ocupando um dos mais altos cargos do governo, como hoje o de primeiro-ministro na Inglaterra. E isso num país onde ninguém saía de uma classe para entrar em outra; país de classes fechadas, como se diz.

– Que danadinho!

– Por esse tempo houve uma falha nas colheitas de Canaã, e veio a fome. Os filhos de Jacó (os israelitas), foram mandados ao Egito em busca de trigo. Nenhum sabia o que acontecera ao irmão; estavam talvez certos de que ele não existia mais. Imaginem, pois, como abriram a boca ao chegarem lá e darem com José governando o Egito!

– Estou a imaginar, mas é a vingança de José! – disse o menino.

MONTEIRO LOBATO

– Errou, Pedrinho. José não tomou vingança nenhuma, como seria natural. Era realmente generoso. Em vez de vingar-se, encheu os irmãos de trigo e belos presentes, e disse-lhes que trouxessem toda a família de Abraão para o Egito; ele se encarregaria de acomodá-la nas excelentes terras de Goxém, onde as colheitas nunca falhavam.

– A senhora disse israelitas, vovó. Por que se chamavam assim? – perguntou a menina.

– Porque Jacó tinha um segundo nome: Israel. Foi deste segundo nome que veio para os seus descendentes o nome de israelitas; depois foram também chamados judeus. Os israelitas consideravam-se como o povo eleito de Jeová, ou Deus, e tinham muito orgulho disso. Em Goxém viveram em paz enquanto José foi governo; mas depois da morte de José passaram por muitas tributações. Os faraós, que não gostavam da gente semita, deram de implicar-se com eles e maltratá-los. Esse estado de coisas durou quatro séculos. Por fim subiu ao trono o faraó Ramsés, o Grande, que resolveu dar um golpe de morte na tribo israelita. Para isso ordenou que todas as criancinhas fossem trucidadas. Os carrascos obedeceram e mataram todas as criancinhas, menos uma. Escapou numa cesta de vime, solta nas águas do Nilo, um menino chamado Moisés, que ia tornar-se o maior homem do povo de Israel.

– Não é isso a tal Matança dos Inocentes de que Tia Nastácia tanto fala?

– Exatamente, minha filha. Mataram as pobres crianças; todas, exceto, Moisés. Esse Moisés, depois que virou homem, assumiu o comando da sua gente, e a primeira coisa que fez foi providenciar para que todos saíssem do Egito, uma terra inimiga onde já estavam com mais de quatro séculos de "judiação". Saíram. Essa saída é famosa na história hebraica (hebreu = judeu; hebraica = judaica); e tem o nome de Êxodo, saída.

– E para onde foram?

– Atravessaram o Mar Vermelho: a lenda diz que as águas se abriram à sua passagem. Depois andaram perdidos pelos desertos da Arábia, até que acamparam ao sopé de um monte chamado Sinai. Ali Moisés os deixou e subiu ao alto para meditar; ou conversar com o Senhor, como ele dizia. Mais de um mês esteve lá. Quando desceu, trazia as Tábuas da Lei, isto é, duas pedras onde escrevera dez regras

HISTÓRIAS DO MUNDO PARA CRIANÇAS

de conduta chamadas os Dez Mandamentos da Lei de Deus. O povo de Israel teria, dali em diante, de seguir aqueles preceitos.

– Tábuas de pedra! – cochichou Emília para o Visconde. – Isto só mesmo lá...

Dona Benta fingiu que não ouviu e continuou:

– Mas quarenta dias era muito tempo para a paciência dos judeus. Cansados de esperar pelo chefe que havia subido ao morro para conversar com a divindade, resolveram adorar um deus egípcio que estava mais ao alcance: o Bezerro de Ouro. Quando Moisés desceu e viu aquilo, ficou furioso. Mas soube explicar-se, e breve os pôs novamente adorando o Deus de Abraão, cuja Lei ele em pessoa acabava de receber no alto do monte Sinai.

– Mas recebeu mesmo, vovó?

– Se Moisés não afirmasse ter recebido a Lei das mãos de Deus, ninguém lhe daria importância...

Depois da morte de Moisés, os judeus peregrinaram ainda algum tempo pelo deserto, e por fim regressaram às terras de Canaã. Lá sossegaram.

Os judeus não tinham reis como todos os outros povos. Eram governados por juízes, homens de vida simples e em tudo iguais ao comum. Mas isso não os contentava. Queriam ter reis, como os seus vizinhos, e então Samuel, que foi o último juiz, ungiu Saul, que foi o primeiro rei.

– Ungiu!... Que história de ungir é essa, vovó?

– Uma cerimônia simbólica. Samuel ungiu Saul derramando-lhe sobre a cabeça um pouco de óleo de oliva; e assim o transformou em rei. A história deste povo acha-se escrita num livro que com o nome de Velho Testamento faz parte da *Bíblia*: o Livro Sagrado dos povos cristãos.

– E como se chamava o Deus dos judeus, vovó?

– Chamava-se Jeová.

(A história dos judeus foi interrompida neste ponto por causa de uma barulheira na cozinha. Emília correra para lá e fora para o quintal com a lata de azeite doce. – Para que isso, Emília? – perguntou Tia Nastácia. – Para ungir Rabicó – respondeu a diabinha. – Talvez que depois de ungido ele se torne menos guloso...)

OS DEUSES GREGOS

No dia seguinte, Dona Benta esqueceu dos judeus e pegou nos gregos.

– Também em terras banhadas pelo Mediterrâneo – disse ela –, outro povo apareceu, de muita importância na história do mundo: os helenos ou gregos. Tinham o nome de helenos porque foi um homem chamado Heleno, de origem ariana, que se estabeleceu naquelas terras e formou o povo. Hélade era o nome da terra dos helenos.

Começa-se a ouvir falar desta gente ali pelo ano 1300 antes de Cristo, tempo em que os hebreus estavam deixando o Egito. Os gregos não tinham um deus único, como os judeus, nem adoravam os astros, como os babilônios. Possuíam doze deuses principais e um certo número de deuses menores, que moravam no Monte Olimpo, a mais alta montanha da Grécia. Lá viviam uma vida muito semelhante à dos homens, porque os deuses gregos eram humaníssimos, isto é, tinham o mesmo temperamento e as mesmas paixões das criaturas humanas. A única diferença era que, como deuses, podiam mais do que os homens. O alimento deles chamava-se ambrosia e sua bebida, néctar.

– Que gostoso devia ser! – exclamou Pedrinho. – E não se sabe hoje o que eram esse néctar e essa ambrosia, vovó?

— Para mim, a tal ambrosia era pamonha de milho verde — murmurou Emília ao ouvido do Visconde.

— Não, meu filho — respondeu Dona Benta. — Não se sabe hoje, nem se soube nunca. Se os deuses permitissem que os homens lhes desvendassem todos os segredos, os homens acabariam virando deuses. Por isso castigavam os abelhudos, como um tal Prometeu que furtou o fogo do céu para o dar aos homens. Como castigo, Zeus, o dono do fogo, amarrou o ladrão a uma montanha de nome Cáucaso, onde um abutre lhe vinha bicar o fígado todos os dias.

— Bicar só, vovó? Por que não o comia de uma vez?

— Sim; o castigo era esse: um bicamento do fígado que durasse eternamente.

— Eternamente? Quer dizer que ele ainda está no Cáucaso?

Dona Benta riu-se.

— Não, meu filho. Aquele tremendo Hércules, cuja lenda você sabe, foi lá e libertou-o. Mas os deuses gregos eram os seguintes: Zeus,

ou Júpiter, o pai de todos e o mais poderoso. Sentava-se num trono com uma águia aos pés, tendo na mão o raio, isto é, um ziguezague de fogo. Quando queria vingar-se de alguém, arremessava esse raio, seguido de um trovão, como um índio arremessa a lança. Depois vinha Hera, ou Juno, mulher de Zeus e a primeira das deusas; Juno trazia sempre consigo um pavão. Depois vinham os outros.

– Diga o nome de todos, vovó – pediu Narizinho.

– Havia Poseidon, ou Netuno, que era irmão de Zeus e governava os mares num carro puxado por uma parelha de cavalos-marinhos, tendo na mão o tridente: enorme garfo de três pontas. Netuno provocava tempestades, ou fazia as tempestades cessarem com uma simples pancada do tridente nas ondas. Havia Hefesto ou Vulcano, o deus do fogo. Era um ferreiro manco, que trabalhava numa oficina dentro da Terra. A fumaça da sua forja saía pela cratera dos vulcões, que se chamaram assim por causa dele, Vulcano.

Havia Apolo, que era o mais belo de todos e governava a luz e a música. Todas as manhãs, Apolo aparecia no horizonte guiando o carro do Sol e dava volta no céu para iluminar o mundo. Havia Artemis ou Diana, irmã gêmea de Apolo, deusa da Lua e das caçadas. Diana vivia de arco e flecha em punho, perseguindo os animais. Havia Ares ou Marte, o terrível deus da guerra, que só estava satisfeito quando via os homens a se matarem uns aos outros. Havia Hermes ou Mercúrio, o mensageiro dos deuses, o leva e traz. Tinha asas no capacete e usava uma vara mágica de paz, que posta entre duas pessoas em luta imediatamente as fazia amigas.

– Já vi um retrato de Mercúrio – disse Pedrinho –, mas a vara mágica tinha duas cobras enroladas.

– Sim, isso foi de uma vez em que topou duas cobras engalfinhadas e interpôs a vara mágica para as separar. Em vez de se separarem, as cobras enlearam-se na vara e nunca mais dali saíram. Chamava-se caduceu, essa vara mágica de Mercúrio.

– A senhora já falou de oito deuses. Faltam ainda quatro, vovó.

– Havia Atena ou Minerva, a deusa da sabedoria, que nasceu de um modo muito especial. Júpiter teve uma dor de cabeça horrível, que não passava com aspirina nenhuma. Desesperado, chamou Vulcano para que lhe rachasse a cabeça com um golpe de malho. Vulcano obedeceu; mas em vez de ficar a cabeça de Júpiter em papas, deixou escapar, armada de escudo e lança, a sua filha Minerva!

HISTÓRIAS DO MUNDO PARA CRIANÇAS

– Que beleza! – exclamou a menina.

– Havia Afrodite ou Vênus, a deusa do amor. Vênus era a mais bela das deusas, como Apolo era o mais belo dos deuses. Nascera da espuma do mar e tinha um filhinho de nome Eros ou Cupido, habilíssimo em flechar corações com flechas invisíveis. Havia Vesta, a deusa do lar e da família. Havia Deméter ou Ceres, deusa da agricultura. Havia Plutão...

– Pare, vovó! – gritou Pedrinho. – Com Ceres já contei doze. Esse Plutão é demais na dúzia.

– Eram doze no Olimpo – explicou Dona Benta –, mas havia ainda este Plutão, irmão de Júpiter, que tomava conta do inferno. A dúzia era realmente de treze. Isto falando só dos graúdos, porque com os deuses menores e os semideuses eram mais. Lembro-me das Três Parcas, das Três Graças, das Nove Musas. Só aqui temos quinze.

A religião grega nada tinha de semelhante à dos hebreus ou egípcios. Era alegre e poética. Em vez de adorarem os deuses, os gregos invocavam-nos sempre que tinham necessidade de auxílio. Também lhes faziam sacrifícios, isto é, ofertas de animais ou coisas. Matavam o pobre animal e o queimavam numa pira, ou altar, para que a fumaça fosse enternecer o nariz dos deuses no Olimpo. Durante esses sacrifícios prestavam atenção a tudo quanto se passasse em redor, a fim de descobrir algum indício de que o deus estava se agradando ou não. Esses indícios chamavam-se presságios. Um bando de aves que voasse no momento, um trovão que trovejasse, um raio que caísse; tudo eram presságios, bons ou maus, conforme a interpretação dada.

– E os oráculos, vovó? – perguntou a menina. – Tio Antônio disse outro dia que a senhora para ele era um oráculo.

– Pobre de mim! – exclamou Dona Benta com modéstia. – Apenas sei um bocadinho mais do que ele, porque sou mais velha. Que é oráculo? Vamos ver isso. Perto da cidade de Atenas, que era a principal da Grécia, erguia-se, nas encostas do monte Parnaso, uma cidadezinha de nome Delfos. Em seus arredores havia uma racha na montanha de onde escapava um gás, tido como o hálito de Apolo. Esse gás deu origem à instituição do famoso Oráculo de Apolo em Delfos.

– Como era isso, vovó?

– Assim. Uma sacerdotisa, ou pitonisa, sentava-se numa trípode, ou banqueta de três pernas, colocada no mais forte do gás. Passados uns

41

minutos, a ação do gás a fazia cair em estado de delírio. Era então consultada por um sacerdote, e suas respostas, em geral confusas ou sem sentido como as de todas as criaturas fora de si, eram interpretadas, valendo como respostas do próprio deus Apolo. Vinha gente de muito longe consultar o afamado Oráculo de Delfos, que na maior parte das vezes dizia as coisas de modo a tanto poder ser carne como peixe. Um rei, por exemplo, o consultou sobre o resultado da guerra declarada a outro rei. O oráculo respondeu: "Um grande reino está prestes a cair". O rei ficou na mesma. Que reino ia cair, o seu ou o do inimigo?

– Bem espertinha a tal pitonisa! – murmurou Pedrinho.

A GUERRA DE TROIA

– As guerras – prosseguiu Dona Benta – constituem os principais acontecimentos da vida dos povos. Com elas as nações nascem e morrem. A história dos gregos principia a ser conhecida com a Guerra de Troia[9], que se deu cerca de 1.200 anos antes de Cristo, nos começos da Idade do Ferro. Há muito de lenda na história dessa guerra, porque os gregos eram criaturas ricas de imaginação. Mas vale a pena ser contada. Querem ouvi-la, seja verdade ou não?

– Queremos! – exclamaram todos.

– Pois ouçam lá – disse Dona Benta. – Houve uma vez uma grande festa entre os deuses do Olimpo, e estavam todos banqueteando-se quando uma deusa, que não fora convidada, resolveu vingar-se de um modo especial: lançando à mesa um pomo de ouro com estas palavras: "À mais bela!".

A deusa que teve esta lembrança era a deusa da briga, e não fora convidada justamente para que reinasse paz na festa. Pois com a ideia do pomo, a malvada conseguiu imediatamente despertar a vaidade de todas as deusas ali reunidas visto que cada qual se julgava a única merecedora da fruta.

O meio de resolver o caso foi mandar vir da Terra um pastor de nome Páris, que decidisse qual a mais bela. Imediatamente as deusas

---

9. Nota da editora: a Guerra de Troia é uma narrativa mitológica, contada no livro Ilíada, de Homero.

HISTÓRIAS DO MUNDO PARA CRIANÇAS

trataram de seduzir o juiz. Juno prometeu fazê-lo rei; Minerva prometeu dotá-lo de grande sabedoria e Vênus, a deusa da beleza, prometeu-lhe o amor da mulher mais bela do mundo.

Páris não era um simples pastor e sim filho de Príamo, o rei de Troia, uma cidade que ficava perto da Grécia, do outro lado do mar. Em menino fora abandonado numa montanha para morrer no dente dos lobos; mas um casal de pastores o salvou. Agora estava no Olimpo, como juiz desempatador num concurso de beleza.

– Por quem será que vai decidir-se? Eu aposto em Juno – disse Pedrinho.

– E eu em Minerva – disse Narizinho.

– E eu em Vênus, que é a mais esperta – berrou Emília.

– Emília ganhou! – disse Dona Benta. – Entre ser um rei ou um sábio, e ser marido da mulher mais bela do mundo, Páris não vacilou – e portanto entregou o pomo a Vênus. Essa sentença deu origem a uma série de calamidades, cujo desfecho foi a destruição de Troia. A mulher mais bela entre os mortais era Helena, que já estava casada com Menelau, rei de Esparta, uma das cidades da Grécia. Vênus aconselhou Páris a raptar Helena.

Páris foi a Esparta, onde Menelau o recebeu principescamente. Apesar disso fugiu de noite com Helena e atravessou o mar, de rumo a Troia.

Menelau e todos os gregos, furiosíssimos com aquilo, prepararam uma expedição contra a cidade de Troia, para se vingarem de Páris e arrecadarem a princesa fugitiva. Naquele tempo as cidades eram cercadas de muralhas e, como não houvesse canhões nem pólvora, tornava-se difícil penetrar nelas. Os gregos sitiaram Troia durante dez anos, sem que nada conseguissem. Por fim, resolveram recorrer a um estratagema.

– Já sei, inventaram o Cavalo de Troia!

– Isso mesmo. Construíram um enorme cavalo de madeira, que puseram junto aos muros; em seguida retiraram-se com armas e bagagens, dando todos os sinais de que desistiam de tomar a invencível Troia. Logo que os gregos desapareceram, os troianos abriram as portas e foram admirar o cavalo. Imediatamente surgiu a ideia de o recolherem dentro da cidade. Um sacerdote de nome Laocoonte opôs-se, alegando que o cavalo de nada adiantava na cidade, além de que podia

MONTEIRO LOBATO

ser um embuste. Os troianos, porém, que estavam ansiosos por ver o cavalo enfeitando como um troféu de guerra uma das suas praças, não lhe deram ouvidos. Logo depois Laocoonte com mais dois filhos foram enlaçados e asfixiados por duas enormes serpentes saídas do oceano. O povo viu nisso sinal de que até os deuses estavam danados com ele por não querer o cavalo dentro da cidade, e sem mais vacilações recolheram o animalão de pau. Para isso tiveram de derrubar um pedaço da muralha.

Tudo correu muito bem; mas à noite uma portinhola na barriga do cavalo se abriu e por ela começaram a sair soldados gregos dos melhores. Saíram e correram a tomar conta das portas. Ao tempo em que isso acontecia, as forças gregas, que se haviam retirado, principiaram a voltar. Pela manhã atacaram a cidade, entraram pela brecha feita para dar passagem ao cavalo e trucidaram todos os seus defensores e habitantes. Depois lançaram fogo às casas e retiraram-se para a Grécia, levando consigo a fugitiva Helena.

– Agora compreendo a expressão "presente de gregos!" – disse Pedrinho. – Quer dizer presente de inimigo, presente de alguém que não merece confiança.

– De fato assim é meu filho. Quem aceita um presente de grego, está perdido. A história minuciosa da guerra entre gregos e troianos encontra-se em dois poemas de grande fama. Um deles chama-se *Ilíada*, nome que vem do segundo nome de Troia, *Ilion*. O outro chama-se *Odisseia*. Neste conta-se o que, depois de terminada a guerra, se passou com um dos heróis gregos, Ulisses ou Odisseu. Sabem qual foi o poeta que compôs estes poemas?

– Camões! – gritou a burrinha da Emília.

– Homero – ensinou Dona Benta. – Homero era um rapsodo, quer dizer, um pobre diabo que andava pelas ruas cantando versos para viver, como fazem hoje os homens do realejo. Além do mais, cego, o coitado; por isso nunca escreveu os seus poemas. Foram escritos por outras pessoas que de tanto ouvi-los os guardaram de cor. Só depois da morte é que Homero ficou famoso. Nove cidades gregas passaram a disputar a honra de ter sido o berço do cego que em vida andava de porta em porta, declamando seus poemas em troca de esmolas.

– Coitado! – exclamou Narizinho. – Nem teve o gosto de saber que ia ficar célebre...

– Homero ficou mais que célebre – ficou celebérrimo, como também aconteceu a certo rei de Israel...

Dona Benta tomou fôlego e prosseguiu.

OS REIS DOS JUDEUS

– Enquanto o pobre Homero cantava os seus versos pelas ruas das cidades gregas, o segundo rei dos judeus compunha em Canaã admiráveis salmos, isto é, cânticos sagrados. Chamava-se Davi este rei e tinha sido simples pastor no tempo de Saul, o primeiro rei dos judeus.

– E como foi que ficou rei, vovó? – perguntou Narizinho. – Subir de pastor a rei não me parece fácil.

– Numa batalha que os judeus travaram com um povo vizinho, Davi matou, com uma pedrada na cabeça, um gigante chamado Golias.

Pedrada de funda. Se alguém não souber o que é funda, informe-se com Pedrinho, que é o entendido em armas nesta casa.

– Eu sei! – gritou logo o menino. – Funda é, por exemplo, um lenço que eu dobro em diagonal, só deixando duas pontas; seguro as duas pontas juntas e ponho uma pedra no "balanço", depois giro tudo no ar e de repente largo uma das pontas. A pedra sai ventando, e se pegar a testa de algum gigante já se sabe, viro rei!

– Isso mesmo – confirmou Dona Benta. – O jovem Davi matou o gigante Golias e como era natural ficou célebre e invejado. A filha do rei Saul apaixonou-se por ele e com ele se casou. Desse modo, pela morte de Saul o antigo pastorzinho acabou virando rei. O mais interessante é que foi o maior rei que os judeus tiveram e um dos mais célebres mencionados na História.

– Parece conto de fadas! – comentou a menina.

– Até o reinado de Saul a vida dos judeus havia sido das mais simples. Basta dizer que não tinham uma capital e que o rei morava em tenda de campanha. Davi resolveu mudar de sistema e dar uma capital ao seu povo. Ora, uma capital, uma cidade importante, só pode ser conseguida de dois modos: ou por construção ou por apropriação de uma já existente. Foi o que fez Davi. Conquistou uma cidade próxima, chamada Jerusalém, e fez dela a capital do seu povo. Nas horas de folga, ele compunha versos religiosos, ou salmos, tão bem-feitos e cheios de sentimento que chegaram até nós; compunha-os ou colecionava tais salmos (o que parece mais certo). Apesar de escritos há quase três mil anos, os salmos de Davi ainda hoje são cantados por milhões de pessoas em milhares de igrejas de muitos países.

Davi teve um filho, Salomão, que depois de sua morte ocupou o trono. Diz a lenda que quando Salomão virou rei, Deus, em sonho, lhe perguntou o que mais desejava possuir. Em vez de pedir riquezas e poder, Salomão pediu sabedoria, e ficou de fato um rei que era um livro aberto de tanta sabedoria. Há um caso dele que é célebre. Duas mulheres compareceram à sua presença com uma criancinha nova, que cada qual alegava ser sua. "É meu filho" – dizia uma. "Mentira! É meu" – gritava a outra. Como decidir? Salomão resolveu sabiamente o caso. "Soldado", disse a um dos guardas, "tire a espada e corte este menino pelo meio; assim cada uma destas mulheres levará a metade".

HISTÓRIAS DO MUNDO PARA CRIANÇAS

"Não o cortem!" – gritou uma delas, desesperada. "Prefiro que o entreguem inteiro à outra." Esse grito, saído do fundo do coração, mostrou ao rei qual das duas era a verdadeira mãe.

– Sim, senhora! – admirou-se Narizinho. – A esperteza dele era de bom tamanho. Se não ameaçasse matar a criança, o caso não se decidiria nunca.

– Esse Salomão ficou tão célebre que não há aqui na roça matuto que o não conheça. E fez uma coisa importante para os israelitas. Davi lhes dera uma capital. Salomão ia dar-lhes um templo. Mas quis um templo da maior magnificência, construído com a madeira dos famosos cedros do monte Líbano e com mármores raros. Depois de terminado o templo, Salomão ergueu para si um palácio tão grandioso que vinha gente de longe admirar a maravilha. Entre esses visitantes a história guarda o nome da rainha de Sabá, que fez penosa viagem através da Arábia só para ouvir a palavra do sábio rei e conhecer o riquíssimo palácio onde ele morava. Nada resta hoje do templo e do palácio. Nem vestígios. No entanto sabemos, e muitas vezes repetimos, os famosos provérbios do rei Salomão.

– Por que, vovó?

– Porque encerram grandes verdades – que eram verdades naquele tempo e continuam verdades hoje. O que é verdade vive sempre.

O POVO QUE INVENTOU O A B C

De Salomão Dona Benta pulou para a Fenícia.

– No tempo em que ninguém sabia escrever – disse ela –, porque o alfabeto ainda não fora inventado, vivia numa aldeia um carpinteiro de nome Cadmo. Era fenício, isto é, natural da Fenícia, uma nação de comerciantes muito espertos, estabelecida nas costas do Mediterrâneo. Cadmo estava um dia trabalhando no seu banco de carpinteiro, a certa distância de casa. Súbito notou a falta de uma ferramenta qualquer, que

47

esquecera de trazer. Fez então uns rabiscos num cavaco de madeira e disse a um escravo: "Fulano, leve isto à minha esposa e traga o que ela der". O escravo levou o cavaco. A mulher de Cadmo leu o sinal escrito, tomou a ferramenta pedida e disse: "Aqui está o que ele pede". O escravo abriu a boca, e ainda mais quando ao entregar a ferramenta ouviu o patrão dizer que era aquilo mesmo. Seu assombro diante do cavaco mágico foi tamanho que pediu licença a Cadmo para o trazer pendurado ao peito, como bentinho.

– Coitado! – exclamou a menina.

– O que há de verdade nisto, não sei. Mas o fato é que o alfabeto nos veio da Fenícia, inventado por esse Cadmo ou por quem quer que seja. Em grego, as duas primeiras letras chamavam-se *alfa* e *beta* – daí o nome de alfabeto que ficou para o conjunto de todos os sinais ou letras. Já pensaram vocês, por um minuto, na invenção maravilhosa que foi o alfabeto?

– Ainda não – disse Pedrinho. – Vamos começar a pensar nisso de hoje em diante, porque só agora vovó nos abriu os olhos.

– Pois pensem. Se não fossem os fenícios, ou melhor, se o alfabeto não tivesse sido inventado, estaríamos hoje num grande atraso, talvez ainda usando os hieróglifos ou os caracteres cuneiformes dos babilônios. Vejam que desgraça. Ou estaríamos como os chineses, que ainda usam o sistema de um sinal para cada palavra, de modo que quem quer aprender a ler na língua deles tem de passar a vida inteira aprendendo, e quando começa a saber já está velhinho de cabelos brancos e morre. A causa do atraso da China e de todos os seus males está nisso: não ter adotado o maravilhoso sistema fenício de escrever seja que palavra for com o uso de apenas vinte e tantos sinais. Com 26 sinais, por exemplo, os ingleses escrevem as 550 mil palavras que existem na sua língua. Pelo sistema chinês seriam precisos 550 mil sinais diferentes...

– Estou compreendendo, vovó. Estou compreendendo muito bem a importância da invenção do alfabeto – disse Pedrinho. – Mas as letras, ou sinais adotados pelos fenícios, eram as mesmas que usamos hoje?

– Algumas letras não sofreram mudança, como o A, o E, o O e o Z. Mesmo assim o A era deitado e o E tinha a abertura voltada para a esquerda. As outras letras mudaram. Mas isto da forma dos sinais não tem a mínima importância. O que importa é haver um sinal para cada som, de modo que possamos escrever milhares de palavras com alguns sinais apenas.

- Como na música, vovó! - sugeriu Narizinho.

- Exatamente. Na música temos sete notas ou sete sinais. Com esse bocadinho de elementos, os músicos compõem maravilhosas músicas, desde o *Vem cá Vitu* até as célebres sonatas de Beethoven. As sete notas são o alfabeto da música.

- Quem eram esses tais fenícios, vovó? Da mesma raça dos gregos?

- Eram um ramo da raça semita, localizado perto dos judeus, ao norte. Tiveram um grande rei de nome Hirão que viveu no tempo de Salomão, do qual foi amigo. Hirão chegou a mandar para Jerusalém muitos dos melhores operários da Fenícia a fim de trabalharem na construção do grande templo, apesar de não crer no deus de Salomão.

- Em que deus acreditava?

- Os fenícios adoravam deuses terríveis, verdadeiros monstros como um tal Baal e um tal Moloch, que diziam deuses do Sol. Também adoravam uma deusa da Lua, de nome Astarteia. Eram deuses cruéis, aos quais eles faziam sacrifícios de crianças. Vejam que horror!

- Que sacrifícios eram esses? - perguntou Pedrinho.

- Queimavam-nas vivas... Num romance de Flaubert, *Salambô*, há um terrível capítulo sobre uma queima de crianças na cidade de Cartago... E há um ainda mais horrível no romance O *Nazareno*, de Cholem Aleichem. Mas ainda é cedo para a leitura desses romances. Você tem de crescer e aparecer...

Narizinho revoltou-se contra os tais fenícios e foi contar à Tia Nastácia a história da queima das crianças. Dona Benta continuou:

- Os fenícios - disse ela - cuidavam mais de negócios do que de religião. Só queriam saber de dinheiro. Contanto que o dinheiro viesse, os meios não tinham importância. Fabricavam muita coisa, que forneciam aos povos da costa do Mediterrâneo, logrando os compradores sempre que podiam. Um povo de mascates.

Entre as suas indústrias estavam a de belos tecidos, a da vidraria e a da ourivesaria de ouro e prata. Também conheciam o segredo de extrair de um molusco, muito abundante nas praias de Tiro, uma preciosa tinta vermelha, a célebre púrpura de Tiro, com a qual os reis tingiam os seus mantos.

Tiro e Sídon eram as principais cidades da Fenícia e talvez as de maior movimento no mundo antigo. Os fenícios não se contentavam de produzir coisas; saíam a vendê-las em pequenos navios, por eles mesmos construídos. E não só percorriam todo o Mediterrâneo como atravessavam o estreito de Gibraltar e penetravam no Oceano Atlântico, indo até as Ilhas Britânicas. Sabem como se chamava o estreito de Gibraltar naquele tempo?

– Eu sei, eu sei, vovó! – exclamou Pedrinho. – Chamava-se Colunas... Colunas...

– Colunas de mármore cor-de-rosa, com veios azuis, verdes e amarelos – disse Emília muito lampeira.

– Colunas de Hércules, vovó! – berrou Pedrinho lembrando-se.

– Isso mesmo. Colunas de Hércules. Para os povos antigos ali se acabava o mundo. Mas os fenícios verificaram que não. Seus naviozinhos, construídos com o famoso cedro-do-líbano, atravessaram as Colunas de Hércules e navegaram em pleno oceano Atlântico. Eram colonizadores. Onde encontravam um bom porto, logo

desembarcavam e plantavam uma colônia que lhes viesse facilitar o comércio com as tribos dos arredores. E com tais tribos faziam muitos negócios de ciganagem, trocando metais preciosos, pedras e outras coisas de valor por pedaços de pano tinto de púrpura e berloques e colares de vidro.

Uma destas colônias ficou importantíssima e teve seu papel na história da humanidade. Chamava-se Cartago.

AS LEIS DE ESPARTA

– Antes de falar em Cartago, vovó, fale dessa Esparta, para onde os gregos da Guerra de Troia levaram a Helena fujona. Que era Esparta?

– Era uma cidade da Grécia de costumes bastante especiais. Escutem. Novecentos anos antes de Cristo, por lá apareceu um homem de nome Licurgo, que sonhou fazer de Esparta a mais poderosa cidade do mundo. Para isso saiu a viajar, correndo os países que pôde para ver as causas da força de uns e da fraqueza de outros. Viu que os povos que só davam importância aos prazeres da vida eram fracos, ao passo que os que punham o trabalho acima de tudo e cumpriam os seus deveres, fossem agradáveis ou não, eram fortes.

Voltando a Esparta, começou Licurgo a organizar a vida dos espartanos conforme as lições que aprendeu. Fez um código de leis severíssimas que pegava o espartaninho ao nascer e ia até o fim da vida a governá-lo com toda a dureza. "É de cedo que se torce o pepino", devia ser a divisa desse código. Se os recém-nascidos eram fracos, ou possuíam qualquer defeito físico, a lei mandava abandoná-los numa montanha, para que morressem. Licurgo não queria que houvesse um só aleijado de nascença em Esparta.

– Sistema de Tia Nastácia com os pintinhos – observou a Emília. – Ela torce o pescoço de todos que não prometem bons frangos.

– As mães ficavam com os filhos por pouco tempo. Aos 7 anos tinham de pô-los numa escola de treinamento, onde permaneciam até os 16. O treinamento consistia na educação do corpo, de modo a fazer do rapaz um perfeito e fortíssimo soldado. Regime duro como vocês não imaginam! De vez em quando os rapazes entravam na chibata, não por haverem cometido algum deslize, mas para acostumar o corpo ao sofrimento. E quem chorasse no castigo ficava desmoralizado pelo resto da vida. Durante os exercícios todos tinham de conservar-se em forma, sem dar a menor mostra de cansaço, ainda que estivessem morrendo de fome, sono ou dor. Também os acostumavam a comer as piores comidas, a aguentar as piores sedes, e a andar sem agasalho nos piores dias de inverno. E assim por diante. Chamavam a isso disciplina espartana.

– Tudo não prometo – disse Pedrinho –, mas alguma coisa do que Licurgo mandava fazer hei de seguir, para ficar a criatura mais forte aqui das redondezas!

(Emília, que fora proibida de falar em vista das muitas asneiras que andava dizendo, cochichou ao ouvido do Visconde: – Quero ver se ele fica tão forte como o Quindim. – Que Quindim é esse? – perguntou o Visconde. – O rinoceronte – disse Emília. – Não sabe que batizei o rinoceronte com esse nome? – E foi a partir daquele momento que o rinoceronte passou a ter um nomezinho tão mimoso.)

HISTÓRIAS DO MUNDO PARA CRIANÇAS

– A vida dos espartanos – continuou Dona Benta – era bem dura. Simplicidade na comida, ausência de conforto e supressão completa de tudo quanto fosse luxo. Isso os transformou num povo extremamente rijo. Eram ensinados até a falar com energia e economia, dizendo o máximo com o mínimo de palavras. Como se chama este modo seco de falar, Narizinho? Eu já ensinei.

– Lacônico – respondeu a menina.

– Muito bem. E de onde vem tal palavra, Pedrinho?

O menino engasgou.

– Vem justamente da Lacônia, a província da Grécia de que Esparta era a cidade principal. Modo de falar lacônico quer dizer o mesmo que modo de falar espartano, mas só a primeira expressão é usada. Certa vez, um rei vizinho enviou aos espartanos uma carta ameaçadora dizendo que se eles não fizessem tal e tal coisa, ele, rei, marcharia com os seus exércitos e destruiria a cidade, escravizando toda a população. Os espartanos leram a carta e incontinente deram a resposta com uma só palavra: "Se...".

– Bonito, vovó! – exclamou o menino entusiasmado. Não pode haver nada melhor do que essa resposta lacônica! Se... Imaginem a cara do rei! Mas diga-me uma coisa, vovó: o sistema de Licurgo deu bom resultado?

– Deu e não deu, meu filho. Deu num ponto e não deu noutro. Licurgo errou cuidando mais dos músculos do que da cabeça e, apesar de todo aquele esforço, Esparta nunca teve a importância de Atenas, a cidade grega que lhe ficava perto. Os atenienses também cuidavam do corpo, mas, como não desprezavam o espírito, tornaram-se o povo mais culto e artista da antiguidade. Cultivavam os bíceps nos ginásios, e fora deles a música, a poesia, a retórica, a pintura e a escultura. Em algumas artes ainda não foram excedidos até hoje. Licurgo não conseguiu que Esparta suplantasse Atenas.

Uma vez, numa festa esportiva, um velho que entrara à última hora pôs-se a procurar assento na parte das arquibancadas que os atenienses ocupavam. Nenhum lhe cedeu o lugar. Vendo isso, os espartanos, que estavam do outro lado, chamaram o velho e ofereceram-lhe o melhor lugar. Os atenienses aplaudiram com palmas o belo gesto dos espartanos. Estes comentaram laconicamente: "Sabem, mas não praticam", querendo dizer que os atenienses sabiam o que era direito, mas não o faziam – de ruindade.

A COROA DE LOUROS

– Os gregos, tanto rapazes como raparigas – continuou Dona Benta – gostavam e cultivavam toda sorte de esportes ao ar livre. Naquele tempo não havia futebol, mas havia a corrida, o salto, a luta que chamamos romana, o boxe e o lançamento de rodelas, ou pesados discos de ferro.

Periodicamente, se realizavam disputas nas diferentes cidades da Grécia, para tirar-se a limpo quais os campeões; mas a grande prova era a que se repetia de quatro em quatro anos na cidade de Olímpia, ao sul da Grécia. Com o tempo esses Jogos Olímpicos se tornaram a coisa mais importante da vida grega, neles entrando em competição os melhores atletas de todas as cidades.

As Olimpíadas, isto é, a temporada de jogos em Olímpia, duravam cinco dias. Cinco dias de feriado nacional, porque os jogos eram oferecidos a Zeus ou Júpiter. Vinha gente de todas as cidades assistir às festas, como hoje vem gente de todos os países quando em algum deles é inaugurada uma exposição universal. Mas só os gregos podiam tomar parte nos jogos, e só os que nunca houvessem cometido crimes ou infringido qualquer lei.

Esses jogos tinham enorme importância para os gregos. Tanta importância, que, se por acaso coincidia estarem em guerra entre si ao tempo de começar a festa, interrompia-se a luta. Só depois de findos os jogos a guerra continuava.

Que bom sistema!

– Os rapazes gregos que pretendiam tomar parte nos jogos treinavam durante quatro anos; e nove meses antes das provas mudavam-se para Olímpia, a fim de se aperfeiçoarem nos ginásios ao ar livre, junto ao estádio.

Depois dos cinco dias de provas, havia paradas e sacrifícios religiosos aos deuses, aos quais se erguiam estátuas em redor do estádio.

– Que bonito, vovó! – exclamou Pedrinho. – Estou me simpatizando muito com os gregos. Se tivesse de escolher um lugar antigo para morar, não queria outro senão a Grécia.

– E tem razão. A Grécia desse período foi um maravilhoso país. O esporte virara verdadeiro culto. Todos tinham de respeitá-lo. Quem trapaceasse numa prova era posto de lado por toda a vida. Havia o que chamamos hoje de espírito esportivo. Quem ganhava não se vangloriava e quem perdia não discutia.

– Ahn! – exclamou Pedrinho. – Agora compreendo o que quer dizer espírito esportivo!... É não roncar quando ganha e nem dar mil explicações de que perdeu por isto ou por aquilo quando perde.

– Sim – disse Narizinho –, mas não faça como os atenienses da festa que sabiam e não praticavam. Pratique, como os espartanos...

Aquilo era uma indireta a Pedrinho, que na véspera havia dado mil explicações do porquê e como perdera uma corrida apostada no pomar.

– O resultado de tudo – continuou Dona Benta – foi não existir maior glória na Grécia do que vencer nos Jogos Olímpicos. Os vencedores não recebiam prêmios, dinheiro ou coisa que o valha, só recebiam uma coroa de louros. Os poetas compunham versos em sua honra e os escultores lhes imortalizavam os corpos em estátuas de mármore.

As competições não consistiam apenas em provas esportivas. Havia também as de ordem artística: os concursos de música e poesia. Os vencedores desses concursos, em vez de receberem coroas de louro, eram carregados em triunfo pela multidão.

A primeira corrida em Olímpia, registrada pela História, foi 776 anos antes de Cristo, e a partir desse ano começaram os gregos a contar o tempo. De modo que o ano 776 antes de Cristo passou a ser o ano I dos gregos.

– E hoje, vovó, ainda há Jogos Olímpicos?

– Estes jogos estiveram interrompidos por muitos e muitos séculos, mas há poucos anos, em 1896, recomeçaram, já não em Olímpia, sim em Atenas. Depois ficou assentado que seria cada vez num país diferente, podendo tomar parte neles os atletas de todas as nações do mundo.

– E antigamente quem era que vencia mais jogos, vovó?

– Ah, eram os espartanos! Nesse ponto a vitória de Licurgo fora completa. Os atletas de Esparta faziam verdadeiras coleções de coroas de louro.

(Emília, que ainda estava proibida de falar, cochichou para o Visconde: – Imagine que regalo para Tia Nastácia se morasse lá! Ela gosta tanto de pôr louro na comida...)

A LOBA ROMANA

No serão da noite seguinte, Dona Benta começou assim:
– Quem lança os olhos para o mapa da Europa vê uma perfeita bota a enfiar-se pelo mar Mediterrâneo adentro.
– É sabidíssimo isso, vovó – disse Narizinho. – Essa bota chama-se Itália.
– Pois bem: ali pelo tempo da primeira Olimpíada começou a nascer no meio da bota uma cidade que se chamaria Roma e representaria um grande papel no mundo. Os começos de Roma, como em geral os começos de todas as cidades antigas, são obscuros e lendários, isto é, pertencem mais ao domínio da fábula do que ao domínio da História. Mas vale a pena conhecê-los.
– Conte, conte, vovó!
– Eu já falei na *Odisseia*, o grande poema que o poeta Homero compôs sobre as aventuras de Ulisses, um dos heróis da Guerra de Troia. Mais tarde, outro grande poeta de Roma, de nome Virgílio compôs outro poema sobre as aventuras de outro herói da mesma guerra: Eneias. Mas este não era grego, era troiano.
Quando viu a sua cidade em chamas, Eneias fugiu de Troia em procura de nova pátria porque Troia ia acabar de uma vez. Andou errante por muito tempo, até que foi parar na Itália, perto da foz de um rio de nome Tibre, onde encontrou Lavínia, a filha do homem que mandava lá. Desse encontro saiu casamento e vieram filhos, os quais mais tarde governaram a Itália e tiveram por sua vez outros filhos que

HISTÓRIAS DO MUNDO PARA CRIANÇAS

também governaram a Itália e foi indo assim até que nasceram os célebres gêmeos Rômulo e Remo.

Ao tempo em que esses gêmeos nasceram, já outro rei havia tomado a Itália, ou conquistado, como se diz. Mas tendo medo que os meninos crescessem e o expulsassem de lá, esse rei mandou pô-los num cesto de vime e soltá-los no Tibre.

– Se ele conhecesse a história de Moisés não faria isso – disse a menina.

– Por quê?

– Porque sempre que soltam crianças nos rios dentro de cestinhas de pão, elas se salvam. Moisés salvou-se. Vão ver que esses gêmeos também se salvaram...

– De fato, salvaram-se – disse Dona Benta – e de um modo muito curioso. O cestinho desceu o rio ao sabor da correnteza e foi encalhar numa praia onde estava uma loba. A loba tirou os meninos da água e os amamentou juntamente com a sua ninhada de lobinhos e com a ajuda de um pica-pau que lhes trazia amoras do mato. Por fim, um pastor encontrou-os, levou-os para casa e criou-os.

– Essa história é lenda – disse Narizinho. – Só em contos da carocha uma loba é capaz de salvar duas crianças, em vez de comê-las.

– E o tal pica-pau com as amoras? – observou Emília. – Quem come amora é o bicho-da-seda, não é pica-pau nenhum...

Narizinho tapou-lhe a boca. Dona Benta continuou:

– Todos os começos das velhas cidades são lendários, mas a História menciona tais lendas porque são lendas históricas. A loba salvou os meninos e criou-os. Quando Rômulo e Remo ficaram homens, resolveram construir uma cidade. Discutiram o assunto e não chegaram a acordo. Por fim, Rômulo resolveu a divergência de um modo simples: matando Remo. Depois deu começo à formação de uma cidade perto do Rio Tibre, exatamente no ponto em que haviam sido salvos pela loba. E pôs-lhe um nome tirado do seu: Roma.

Mas era preciso povoar a cidade, pois sem gente não há cidade possível. Rômulo teve a ideia de anunciar que receberia todos os ladrões e facínoras que andassem perseguidos nas diferentes cidades próximas. Desse modo, a sua vila povoou-se rapidamente. Mas povoou-se só de homens. Como arranjar mulheres?

Para tal gente tudo era fácil. Resolveram o caso da seguinte maneira. Convidaram para uma grande festa um povo que havia perto, os sabinos, e recomendaram-lhes que trouxessem as respectivas mulheres. No meio da festa, quando os sabinos já estavam bastante influídos pelo vinho, um sinal foi dado. Imediatamente os romanos se ergueram e, agarrando as sabinas ao ombro, sumiram-se com elas pelo mato adentro.

Furiosos com o rapto das suas mulheres, os sabinos se prepararam para guerrear com os romanos. Mas quando a guerra irrompeu e os dois grupos combatentes se enfrentaram, as sabinas puseram-se no meio, gritando para os antigos esposos que não combatessem os atuais, visto estarem muito satisfeitas com a troca.

– Engraçado! – exclamou Pedrinho. – A história desses romanos promete. Começa com um fra-tri-cí-di-o (nesta palavra Emília tossiu, com uma piscada para o Visconde) e segue com um roubo de mulheres...

– Rapto, aliás, corrigiu Narizinho. As mulheres não são furtadas, são raptadas.

– Era realmente um terrível povo que ali estava se formando – disse Dona Benta. O mundo inteiro iria saber disso mais tarde. Os crimes que eles cometeram, porém, não podem ser julgados com as ideias de hoje. Não se esqueçam de que ainda estavam muito perto da barbárie primitiva. Também não se esqueçam de que os deuses dos romanos eram os mesmos deuses gregos, e o exemplo que esses deuses davam aos seus adoradores não era dos melhores. No Olimpo, que era o Céu dos deuses gregos e romanos, faziam-se patifarias de toda ordem. Mais tarde havemos de ver o papel que os romanos representaram no mundo. Agora temos de dar um pulo ali na Assíria para conhecer os reis de barba de saca-rolhas.

OS ASSÍRIOS

– Como barba de saca-rolhas? – interpelou Narizinho. – Não estou entendendo...

– Barba cacheada como vemos nas estátuas de pedra que chegaram até nós. Roma ia ser a cidade mais importante do mundo, mas naquele tempo ainda não passava de um ninho de piratas. A cidade mais importante do mundo naquele tempo era Nínive, a capital da Assíria. Que era a Assíria? Um dos países que brotaram como cogumelos na terra fértil da Mesopotâmia.

Os reis assírios viviam ou tinham sua corte em Nínive. Apesar de usarem a barba toda cacheada, como os cabelos daquela menina que veio aqui outro dia, eram uns homens terríveis, que andavam em guerra constante com os vizinhos para tomar-lhes as terras e o mais. Esses reis deixaram fama de crueldade ímpar. Tratavam horrivelmente aos prisioneiros. Cortavam-lhes as orelhas, furavam-lhes os olhos, arrancavam-lhes a pele; faziam tudo quanto era malvadez. Os povos vencidos tinham não somente de entregar-lhes o que possuíam, como ainda de acompanhá-los nas guerras.

Desse modo, a Assíria tornou-se tão poderosa e forte que quase acabou dona do mundo. Apossara-se de todas as terras da Mesopotâmia e de outras que ficavam ao norte, a leste e ao sul; também se apossou da Fenícia, do Egito e mais terras do Mediterrâneo, com exceção da Grécia e da Itália.

Ficou um grande império, governado pelos reis que em Nínive viviam com a maior magnificência. Esses soberanos construíram palácios grandiosos, ornamentados de enormes leões com asas e cabeça de gente.

– Leões esfingéticos – cochichou Emília para o Visconde.

– Quando os reis assírios não estavam na guerra, estavam na caça. Gostavam muito de atirar com arco e flecha, fazendo-se retratar, ou esculpir a cavalo, ou em carros próprios, caçando leões. Quando apanhavam vivos os leões, traziam-nos para o palácio a fim de que o povo ainda mais lhes admirasse a coragem.

Tinham nomes muito esquisitos para nós. Senaqueribe, por exemplo, cujo fim foi trágico. Cerca de 700 anos antes de Cristo estava ele em guerra contra Jerusalém quando, uma noite, qualquer coisa de estranho aconteceu com seu exército. De manhã todos os soldados e cavalos apareceram mortos. O poeta inglês *Byron*...

– Escreve-se como se pronuncia, vovó? – quis saber Narizinho.

– Não. Pronuncia-se *Báiron* e escreve-se *Byron*. Pois esse poeta Byron escreveu um belo poema sobre o assunto: A destruição de Senaqueribe.

– Que seria que aconteceu, vovó?

– A História não conta, mas o bom senso nos diz que só podia ter sido uma coisa: envenenamento em massa. Envenenamento da água, talvez.

Assurbanipal foi outro rei que reinou lá pelo ano 650 a.C. Era um grande guerreiro, mas também grande amigo do estudo, pois fundou a primeira biblioteca do mundo.

– Como biblioteca, vovó, se não havia livros?

– Não havia os livros de papel como os temos hoje, mas havia as tais placas de argila, ou tijolos chatos de que já falei, onde eles escreviam em caracteres cuneiformes.

– Oh, que interessante uma biblioteca de tijolos! – exclamou a menina.

– Dá licença de falar, Dona Benta? – gritou lá do seu canto a boneca.

– Não pode ainda – respondeu Narizinho. – Mais tarde.

– Os livros de argila, ou, melhor, as tabletas de argila – continuou Dona Benta – não eram acomodadas em estantes, como os nossos livros. Eram empilhadas no chão, como os tijolos dos pedreiros; mas com muita ordem e obedecendo a números, de modo que o povo podia consultá-las sem atrapalhar a arrumação.

A Assíria atingiu o apogeu da sua força e grandeza no reinado de Assurbanipal, durante o qual a cidade de Nínive nadou em tantas riquezas que a era recebeu o nome de Idade de Ouro. Idade de Ouro lá dentro de Nínive e só para os ninivitas, porque pelo resto do mundo aquele tempo foi a Idade do Horror. Por toda parte os exércitos assírios levavam a morte, a extorsão, o saque e a miséria.

Mas tudo tem fim. O rei da Babilônia aliou-se a um povo ariano muito valente, chamado os medos, com o fim de, juntos, darem cabo dos assírios. E deram. Babilônios e medos atacaram a cidade de Nínive e a varreram da superfície da Terra. Isso no ano 612 a.C.

A Maravilhosa Babilônia

– Depois que o rei da Babilônia destruiu Nínive – continuou Dona Benta –, a sua ambição pegou fogo. Quis que a Babilônia ficasse uma cidade ainda mais maravilhosa do que havia sido Nínive. Para isso começou a fazer o que os assírios faziam: invadir os outros países e conquistá-los, e desse modo a Babilônia tornou-se a dona do mundo.

Quando o rei que arrasou Nínive morreu, subiu ao trono o seu filho Nabucodonosor. Este nome em caracteres cuneiformes escreveu-se assim. Venha, Pedrinho, copiar deste livro estes garranchinhos.

Pedrinho copiou e deu isto:

Dona Benta comentou:

– Nós dizemos Nabucodonosor, mas parece que a ortografia mais correta é Nabucadnezar. Escolham. E, para facilitar, daqui por diante direi Nabuco, simplesmente.

– Chame logo Joaquim Nabuco – observou Emília, que já tinha recebido licença para falar.

– Feche a torneira, Emília! – gritou Narizinho. – Continue, vovó.

– Nabuco meteu mãos à tarefa de fazer da Babilônia uma cidade como jamais existira outra. Queria botar a fama de Nínive num chinelo, e botou. Diz a História que essa cidade chegava a cobrir uma área correspondente à das duas maiores metrópoles modernas juntas: Londres e Nova Iorque. Nabuco a cercou de uma muralha cinquenta vezes mais alta que um homem.

– Espere, vovó – disse Pedrinho – sacando do bolso um lápis com ponta feita a dente. Quero fazer o cálculo em metros. Um homem terá em média 1 metro e 70 centímetros. Isso multiplicado por 50 dá – deixe-me ver... 5 vezes 7,35; ponho 5 e vão 3; 5 vezes 1,5; mais 3,8. Oitenta e cinco metros! Já é altura, vovó!

– E tão larga que uma carruagem podia correr por cima como se corresse em rua. Com enormes portas de bronze que davam entrada à cidade.

Nabuco não achou na Babilônia uma donzela de beleza suficiente para ser rainha. Em vista disso foi procurar esposa na Média, o país que havia ajudado seu pai a dar cabo dos assírios. Lá encontrou o que queria e casou-se.

– Que maravilhosa moça não devia ser! – exclamou Narizinho pensativamente.

– A Média era um país montanhoso e a Babilônia era um país plano. A esposa de Nabuco, que estava acostumada com as montanhas de sua terra, estranhou a nova pátria e começou a ficar triste. Sabem o que fez o rei?

– Mandou-a pentear macacos! – gritou Emília.

Ninguém riu, nem respondeu. Tinham resolvido deixar que Emília dissesse o que quisesse, fingindo ignorar a existência dela.

– O rei ordenou a construção de uma montanha – prosseguiu Dona Benta. – Sabem onde? Sobre o teto do palácio. E nessa montanha fez um lindo jardim que até bosques tinha, para que a princesa matasse as saudades das suas florestas natais. Esses jardins, conhecidos como os Jardins Suspensos da Babilônia, figuravam entre as sete maravilhas do mundo.

– E por falar, vovó, quais eram as outras seis? – perguntou Narizinho.

– As pirâmides do Egito; o templo de Diana na cidade de Éfeso, na Grécia; a estátua de Júpiter em Olímpia; o Mausoléu do Halicarnasso; o Colosso de Rodes e o farol de Alexandria.

Pedrinho tomou nota em seu caderno.

– Os deuses da Babilônia – continuou Dona Benta – eram monstros horrendos, como aquelas divindades fenícias que devoravam crianças assadas. Um dia Nabuco entendeu de fazer o povo de Israel adorar esses monstros, e ainda lhe impôs pesados tributos. Os judeus recusaram-se. Consequência: Nabuco invadiu a terra dos judeus, destruiu Jerusalém e escravizou toda a gente. O cativeiro dos judeus na Babilônia iria durar cinquenta anos.

– E afinal, vovó?

– Afinal?... Afinal a Babilônia tornou-se a cidade mais majestosa do mundo – e a mais cheia de vícios. Os seus habitantes só queriam saber de prazeres e festas. Havia o dia de hoje; o dia de amanhã era como se não fosse existir. O excesso de riqueza faz mal. O excesso de poder também. Nabuco ficou de tal modo poderoso que enlouqueceu. Na sua loucura considerava-se touro – e passava os dias de quatro, pastando na grama.

Mas afinal, afinal, afinal?...

– Afinal? Afinal a Babilônia teve também o seu fim. Foi por sua vez conquistada, apesar da tremenda muralha que a defendia. Amanhã veremos como. São horas de dormir.

A SURPRESA DOS BABILÔNIOS

No dia seguinte, Dona Benta falou da pátria da mulher de Nabucodonosor.

– Eu já me referi à Média – disse ela – aquele país onde o rei da Babilônia descobriu a princesa que desejava. Medos e persas eram ramos da família ariana que havia emigrado para uma região a leste da Mesopotâmia. Tinham a mesma religião, vinham do mesmo sangue e acabaram fundidos num só povo.

– Que religião era a deles, vovó?

– Uma diferente da dos judeus, dos gregos, dos fenícios, dos egípcios e dos babilônios. Entre os persas apareceu um homem de tanta sabedoria como Salomão. Chamava-se Zoroastro. Esse homem passou a vida no meio do povo, ensinando preceitos de moral e cantando hinos, e tudo quanto ele disse foi reunido num livro que ficou sendo a bíblia dos persas.

Zoroastro ensinava que o mundo era governado por dois espíritos: o do Bem e o do Mal. O Espírito Bom era a Luz e o Espírito Mau era o Escuro, ou as Trevas, como dizem os poetas. O nome do Espírito Bom era Mazdá, em honra do qual os persas conservavam um fogo sempre aceso. Imaginavam eles que Mazdá residia ali naquele altar de fogo, o qual certos homens não deixavam que se apagasse nunca. Estes homens chamavam-se Magi, e o povo os supunha capazes de fazer as mais maravilhosas coisas. Daí vieram as palavras magia, mágico e mágica. Magia é a arte de fazer mágicas. Mágica é qualquer coisa de maravilhoso que não parece natural. Mágico é o homem que faz mágicas.

Agora é preciso que vocês saibam que os persas daquele tempo eram governados por um grande rei de nome Ciro.

– Casado com a rainha Cera, filha da princesa Sara, neta do imperador Sura – disse Emília lá do seu canto.

A diabinha parecia resolvida a sabotar a história de Dona Benta e por isso vinha sempre com suas graças muito sem graça. Mas todos tinham combinado fingir que ela não existia, de modo que a sua sabotagem de nada adiantava. Dona Benta continuou:

– Mas antes de prosseguir, temos de dar uma espiada em outra terra que ficava perto de Troia: a Lídia. Era um país pequeno, mas muito rico. Seu rei, Creso, tinha fama de ser o homem mais opulento do mundo.

– Até hoje, vovó, esse nome de Creso é aplicado aos ricos – disse Pedrinho. – Ainda ontem li num jornal: "Rockefeller, que é um dos cresos modernos...".

– Perfeitamente. E o rei Creso era mesmo rico. Possuía todas as minas de ouro da Lídia e ainda arrecadava tributos de todas as cidades próximas.

Creso fez uma coisa muito importante para o mundo. Até então não havia dinheiro. Para comprar mercadorias usava-se o sistema da troca. Se eu, por exemplo, tinha ovos e queria comprar trigo trocava ovos por trigo. Mas isso era um grande transtorno, porque quem tivesse trigo poderia não precisar de ovos e nem de nada que eu tivesse. Fazia-se necessário haver moeda, isto é, uma coisa de valor fixo que a gente pudesse trocar por tudo quanto quisesse.

No tempo de Creso, o ouro já estava sendo usado para facilitar a troca, mas só quando o objeto tinha muito valor. Um cavalo, por exemplo, era trocado por uma certa quantidade de ouro. Mas para coisas pequenas, as comprinhas de todo dia: verdura, pão, toucinho etc., como fazer? Levar à padaria um saquinho de ouro em pó para que o padeiro tirasse de dentro a pitada correspondente a um pão? Impossível.

Creso teve então uma grande ideia. Cunhou o ouro, isto é, dividiu-o em pedacinhos de um peso certo, que vinha marcado no metal; também vinha marcado o seu nome, para mostrar que o rei garantia aquele peso. Desse modo tudo se facilitou enormemente, porque, em vez de estar a cada instante pesando ouro em pó, a gente podia usar ouro já pesado. Moeda quer dizer isso: um peso certo.

– Ahn! Agora compreendo por que a moeda da Argentina se chama peso!

– É por isso, sim. Em toda a América Latina o povo chama peso ao dinheiro. Nos próprios Estados Unidos, os latino-americanos que lá moram dizem peso em vez de dólar[10].

---

10. Nota da editora: Hoje, muitos países da América Latina não usam mais o peso como moeda, como o Brasil, por exemplo, que usa o Real.

Creso, apesar de haver prestado um grande benefício ao mundo com a introdução da moeda-ouro, não recebeu nenhum prêmio; antes pelo contrário. Suas riquezas despertaram a inveja de Ciro, o rei da Pérsia, o qual logo movimentou os seus exércitos para atacar a Lídia.

Creso foi correndo consultar o Oráculo de Delfos, para conhecer o resultado da luta. O célebre Oráculo respondeu com a esperteza do costume: "Um grande reino vai cair". Ele pensou consigo que tal reino só podia ser o da Pérsia e pulou de contente.

Mas não foi. Foi o seu. Com a maior facilidade Ciro conquistou a Lídia: "Que bom negócio!" – pensou ele vendo a dinheirama que pegou. Aquela vitória lhe serviu de aperitivo e Ciro resolveu conquistar também a famosa Babilônia, que vivia cada vez mais atolada nos vícios, certa de que, com as muralhas erguidas por Nabuco, ninguém punha o pé lá dentro.

– E acho que tinha razão – disse Pedrinho. – Porque afinal de contas uma muralha daquela altura e largura não podia ser pulada, nem furada, nem destruída assim sem mais nem menos.

– É, mas eles se esqueciam de que para atravessar a cidade o Rio Eufrates tinha de passar por baixo das tais muralhas, Ciro notou esse ponto fraco. Onde passa um rio, passa um exército, disse ele.

– Como?

– Desviando o curso do rio e marchando pelo leito seco. Foi o que fizeram os persas. Enquanto lá dentro, o jovem rei Baltasar se regalava num banquete sem fim e todos os babilônios sorriam da hipótese de alguém conseguir transpor as muralhas. Ciro desviou o rio e entrou! Desse modo invadida, a Babilônia rendeu-se sem luta no ano 538 antes de Cristo. Quem lucrou foram os judeus. Dois anos mais tarde Ciro os libertava, permitindo que voltassem para suas terras.

– E hoje, vovó, que resta dessa grande Babilônia do tamanho de Londres e Nova Iorque juntas?

– Resta o nome na memória dos homens, e no lugar onde ela existiu um amontoado de terra: da terra a que se reduziram os tijolos com que fora construída. Jardins Suspensos, muralha, Torre de Babel, tudo virou terra solta...

O OUTRO LADO DO MUNDO

Tia Nastácia veio dizer que as pipocas estavam na mesa. Quando havia pipocas, ninguém queria saber de História, e lá se iam aos pinotes. Dona Benta deixou o resto para o dia seguinte.

– E hoje, vovó? – perguntou Narizinho no dia seguinte, logo que Dona Benta se sentou em sua cadeira de pernas serradas. – Temos mais Babilônia?

– Não, minha filha. Chega de Babilônia. Hoje vamos mudar de tecla. Até aqui só temos tratado dos povos do Mediterrâneo e da Mesopotâmia, mas o mundo não era só isso. Do outro lado, a sul e leste da Ásia, viviam povos muito importantes, como os indianos, os chineses, os japoneses. Vinte séculos antes de Ciro, um ramo da família ariana havia emigrado da Pérsia para a Índia, onde dera origem a um povo numeroso. Esse povo foi se desenvolvendo a seu modo e acabou dividido em classes. Com o correr do tempo essas classes viraram castas, impedidas de ter qualquer espécie de ligação entre si. Um homem de uma casta não podia casar-se com mulher de outra. Criança de uma casta não podia nem brincar com criança de outra. Se uma criatura estivesse tinindo de fome, tinha de morrer antes de aceitar comida das mãos de uma de outra casta. Nem esbarrar nela podia. Separação absoluta, como se fossem leprosos.

– Que horror! – exclamou Narizinho. – Parece incrível tanta burrice e maldade na vida dos homens.

– Assim é, minha filha, e nenhuma burrice tão dolorosa como esta distinção de castas que até hoje faz a desgraça da Índia. Entre as castas indianas, a mais alta de todas era a dos guerreiros e governadores, que quase se confundiam, porque para ser governo era preciso ser guerreiro. Depois vinha a casta dos brâmanes, com funções muito semelhantes às dos sacerdotes egípcios; eles eram o que hoje chamamos homens profissionais: médicos, advogados, engenheiros etc. Depois vinham agricultores e comerciantes: padeiros, vendeiros, fruteiros. Depois vinha a gente baixa, isto é, gente ignorante que só sabe fazer serviços brutos: carregar coisas, cortar paus, capinar o chão. E por último vinha a casta dos párias desprezada por todas as outras. Pária quer dizer gente na qual não se pode tocar nem com a ponta do dedo, por isso são também chamados os intocáveis.

– E parece que até hoje é assim, não, vovó? – observou Pedrinho.

– Até hoje é assim, meu filho, por mais que os ingleses dominadores da Índia tudo façam para mudar a situação. Anda lá agora um grande indiano querendo destruir o terrível preconceito de casta[11].

– Gandhi – adiantou Pedrinho, que lia os jornais diariamente. – O Mahatma Gandhi...

– Ele mesmo. Mas sua luta vai ser enorme, porque o preconceito de casta é velhíssimo e as coisas muito velhas adquirem cerne, tal qual as árvores.

Mas os indianos acreditavam num deus chamado Brahma; daí a sua religião ser chamada bramanismo. Segundo o bramanismo, quando uma pessoa morre a alma passa a habitar o corpo de outra pessoa ou de um animal; se a pessoa foi boa em vida, sua alma recebe promoção, indo para o corpo de uma criatura de casta superior; se foi má, é rebaixada e vai até para os corpos dos bichos comedores de carniça, como o crocodilo ou o urubu.

Os mortos não eram enterrados e sim queimados. Se o defunto fosse homem casado, também queimavam a viúva. As coitadas não tinham o direito de continuar a viver depois da morte do marido...

– Que desaforo! – exclamou Narizinho indignada.

– Quer dizer que mulher nesse país não era gente, não passava de lenha...

– Por muito tempo foi assim, mas se era a mulher que morria, o viúvo, muito lampeiramente, ia arranjando outra...

– Por que em toda parte essa desigualdade das leis e costumes, vovó? Por que tudo para o homem e nada para a mulher?

– Por uma razão muito simples. Porque os homens, como mais fortes, foram os fabricantes das leis e dos costumes e sempre trataram de puxar a brasa para a sua sardinha. Mas voltemos à Índia. Os templos bramânicos abrigavam uns ídolos verdadeiramente horrendos de feiura. Deuses de diversas cabeças, deuses com seis e oito braços e outras tantas pernas; deuses com tromba de elefante; deuses com chifre de búfalo.

---

11. Nota da editora: o sistema de castas foi abolido por lei na Índia em 1950. Apesar disso, o país continua dividido socialmente.

HISTÓRIAS DO MUNDO PARA CRIANÇAS

– Mas a senhora disse que eles só tinham um deus, vovó...

– Um deus supremo. Os outros eram deuses menores, uma espécie de santos. Povo nenhum se contenta com um deus só. São precisos vários, mesmo para os que seguem as religiões chamadas monoteístas.

– *Mono*, um; *theos*, deus. Religião monoteísta quer dizer religião de um deus só – berrou, com espanto de todos, Pedrinho, que por acaso havia lido aquilo um dia antes.

– Perfeitamente! – aprovou Dona Benta. – Você às vezes até parece um dicionário...

– Dê-lhe chá de hortelã bem forte que ele sara, Dona Benta. Isso são bichas – gritou lá do seu canto a pestinha da Emília.

Ninguém achou graça e Dona Benta continuou:

– Lá pelo ano de 500 a.C. nasceu na Índia um príncipe de nome Gautama, que se revoltou contra o que via em redor de si: tanta miséria e sofrimento por causa de ideias erradas. E apesar de nascido na grandeza, tudo abandonou para trabalhar pela melhoria do pobre povo, começando a pregar por toda parte os seus princípios. Ensinava o homem a ser bom, a ser honesto, a ajudar os infortunados. Tão altas eram as ideias desse príncipe, que o povo entrou a chamar-lhe Buda, que quer dizer sábio, e por fim o adorou.

Uma nova religião nasceu daí. Muitos que seguiam o bramanismo abandonaram os horrendos ídolos desse culto para se tornarem budistas.

Por essa época outra religião, também muito importante, se formou na China. Um grande mestre de nome Confúcio começou a ensinar ao povo o que se deve e o que não se deve fazer. As ideias de Confúcio não podiam ser mais elevadas. Pregava a obediência aos pais e mestres, e o culto dos antepassados. Uma das suas regras de moral tornou-se famosa: "Não façais aos outros o que não quereis que vos façam". Bastaria que a humanidade seguisse esse preceito para que o mundo virasse um paraíso. Infelizmente, o mandamento pregado por Confúcio há 25 séculos é apenas citado e admirado. Na prática quase toda gente faz o contrário.

RICOS E POBRES

– A Índia e a China são os maiores aglomerados humanos existentes no mundo, e ambas já passaram por fases de altíssima civilização. O que houve de arte, de filosofia, de sabedoria e de requintes nesses dois mundos é tanto, que nem falando a vida inteira eu diria metade. Confúcio e Buda! Eis dois cumes dos mais elevados da cordilheira humana. E o rei Akbar, o Grande, da Índia, foi realmente grande. Não existe um só rei do Oriente que lhe chegue aos pés. Era na verdade o rei dos reis.

Mas a história que estou contando é a dos povos mais chegados a nós; isso me obriga a pular por cima da Índia e da China; embora reconhecendo que a nossa civilização, que é a ocidental, está para a civilização da velha Índia e da velha China como aquele pé de caqui lá do pomar está para o nosso jequitibá da Grota Funda. O caquizeiro tem cinco anos; o jequitibá tem no mínimo cem. Do caquizeiro apenas tiro caquis, mas quando vou à Grota Funda e me sento na raiz daquele jequitibá é como se entrasse num templo. Raras vezes, porém, vou lá, mas com o caquizeiro estou lidando sempre, porque está aqui pertinho de mim e faz parte do meu pomar. Eis por que vou deixar de lado dois jequitibás da Ásia e voltar ao caquizeiro europeu. Vou falar de um aspecto da velha luta entre o pobre e o rico, como essa luta se desenrolou na nossa querida Grécia.

Depois dessa tirada, Dona Benta começou:

– Sempre que um bando de moleques está brincando na rua, surgem disputas terríveis. "Assim não vale!" é a frase mais repetida, porque logo se formam dois grupos e um procura lograr o outro. Torna-se necessário um juiz que resolva as questões.

Lá em Atenas as coisas estavam assim. O povo dividira-se em dois lados, os ricos e os pobres, os aristocratas e a gente comum, cada lado procurando passar a perna no outro. Como arranjar quem decidisse os casos com justiça?

Atenas já havia experimentado reis, mas os reis decidiam sempre a favor dos ricos, de modo que Atenas acabou com os reis. Ali pelo ano de 600 antes de Cristo a situação ficou tão má que tiveram de escolher um homem de nome Drácon para fazer leis que ambos os lados aceitassem. Esse homem produziu o célebre Código de Drácon, cheio de penas terríveis contra quem infringisse os seus preceitos. O furto, por exemplo, era punido com a pena de morte. Não tinha importância o valor do furto; podia ser furto de um pedaço de pão ou de um tesouro; o que Drácon punia era o furto em si, o ato de furtar.

– E um homem que matava outro, que pena tinha?

– Também a de morte, embora Drácon julgasse que quem matava merecia mais que a morte. Eram severas em excesso as suas leis. Até hoje, quando queremos dizer que uma lei é terrível dizemos que é draconiana. Tudo que é demais não dá certo. O Código de Drácon não deu certo. A vida em Atenas foi-se tornando impossível, e surgiu a necessidade de ser chamado outro homem que fizesse outro código. Apareceu Sólon, que ficou famoso pela grande sabedoria com que legislou. Quem hoje quer elogiar um deputado ou senador diz: é um Sólon.

– Mas eram essas leis de Sólon boas ao mesmo tempo para os pobres e para os ricos? – perguntou a menina.

– Os ricos queixavam-se de que elas favoreciam muito aos pobres e estes queixavam-se de que elas favoreciam muito aos ricos. A mesma queixa dos dois lados prova a imparcialidade das leis; fosse como fosse, Atenas passou a ser governada por elas.

Lá pelo ano 560, porém, um homem de nome Pisístrato resolveu tomar conta de Atenas e dirigi-la a seu modo, sem que o povo o tivesse escolhido para tal fim. Pisístrato elegeu-se a si próprio, e como era poderoso, ninguém piou. Casos como esse aconteciam de vez em quando, recebendo os homens que se elegiam a si próprios o nome de tiranos. Pisístrato virou tirano.

Hoje, a palavra tirano quer dizer outra coisa. Quer dizer déspota, homem que governa pela violência e fora de todas as leis. Em Atenas não era assim. Os tiranos governavam com as leis e, portanto, sem violência nenhuma. Foi o que sucedeu com Pisístrato. Governou muito bem, aplicando as leis de Sólon e melhorando a cidade e a vida do povo. Entre os seus feitos mais dignos de nota há um que vocês não esperam...

– Qual foi, vovó?

– Mandou que se pusessem por escrito os poemas do velho Homero, que até então eram conservados de cor. Depois de Pisístrato pai, Atenas foi governada por Pisístrato filho. Por fim, os atenienses fartaram-se de Pisístratos e expulsaram toda a família.

A luta entre os dois partidos reacendeu-se. Surgiu um novo tirano, de nome Clístenes, para servir de juiz do jogo, e foi quem fez a lei que dá direito a cada homem, seja rico ou nobre, de votar para a escolha dos governantes. Soube comportar-se muito bem esse Clístenes. Entre seus atos há um interessante: a instituição do ostracismo. Sabem o que é ostracismo?

Ninguém sabia, exceto Emília, que veio logo com uma explicação muito boba, onde havia uma "ostra cismando" num rochedo à beira-mar. Dona Benta ignorou o aparte emiliano e prosseguiu:

– Quando, por qualquer motivo, o povo, queria ver-se livre de um homem, bastava votar o seu afastamento da cidade. Os votantes escreviam-lhe o nome numa casca de ostra e a enfiavam na urna: se as cascas atingiam um certo número, o "votado" tinha de afastar-se de Atenas por dez anos.

– Por que numa casca de ostra e não num papel? – perguntou o menino.

– Porque havia muita casca de ostra no lixo da cidade e nenhum papel. O interior das cascas de ostras, branquinho e liso como é, presta-se muito bem para a escrita. Hoje ainda se usa do ostracismo, mas com o nome de exílio. A diferença é que agora quem exila são os governos. Nem o povo, nem as ostras metem o bedelho no assunto...

ROMA ACABA COM OS REIS

– Vamos ver agora como estavam as coisas na nossa Roma – disse Dona Benta. – Lá também andava o povo dividido em duas classes, ricos e pobres, ou plebeus e patrícios, como se chamavam. Os patrícios tinham o direito de votar e os plebeus não, o que muito os aborrecia, por não ser justo. Afinal, depois de muita luta, os plebeus conseguiram o direito de voto, a despeito da má vontade do rei Tarquínio, que era o governante. Para isso os plebeus tiveram de erguer-se em massa e expulsá-lo do trono. Tarquínio foi o último rei de Roma. Com a sua saída teve começo a república romana, de uma forma toda especial, com dois chefes em vez de um, tal o medo de que havendo um chefe só, ele virasse rei.

Esses dois chefes tinham o nome de cônsules e eram eleitos por um ano apenas. Cada cônsul dispunha de uma guarda de doze litores, isto é, guardas que traziam como distintivo o fáscio.

– Que é isso, vovó? – perguntou Pedrinho.

– O fáscio consistia num feixe de varas com um ferro de machado no meio, ou na ponta. Significava que os cônsules tinham o direito de surrar com as varas quem não andasse direito, ou cortar com o machado a cabeça de quem andasse torto demais. Hoje o fáscio serve apenas de emblema a várias coisas, bem como de ornato arquitetônico.

Um dos primeiros cônsules escolhidos foi um cidadão de muito bom nome chamado Brutus.

– Bom nome, vovó? – murmurou a menina torcendo o nariz. – Cáspite!

– Sim. Era um homem severíssimo de caráter.

Logo que assumiu o governo foi descoberta uma conspiração para repor no trono o tal rei Tarquínio, e Brutus revelou então a sua firmeza moral. Apareceram entre os conspiradores os seus dois únicos filhos. Apesar disso, Brutus não amoleceu. Fez julgar os culpados e executá-los a todos, começando pelos próprios filhos...

– Que bruto! – exclamou lá do seu cantinho a Emília.

– Tarquínio, porém, não desanimava. No ano seguinte, preparou novo golpe para retornar ao poder. Veio com um exército de etruscos atacar a cidade.

– Etruscos?...

– Sim, um povo vizinho dos romanos. Mas para entrar em Roma era necessário atravessar o Rio Tibre por uma ponte. Deu-se aí um caso famoso. Para evitar que os etruscos atravessassem a ponte, um romano de nome Horácio, que já havia perdido um olho em outra guerra, mandou que a derrubassem e, enquanto os machados trabalhavam na madeira dos esteios, ele e mais dois ficaram na cabeça da ponte, resistindo a todo o exército etrusco. Nisto a ponte estalou. Ia cair. Horácio fez que seus dois amigos passassem para o outro lado e ficou sozinho resistindo aos etruscos. A ponte afinal caiu. Ele então lançou-se à água, com armadura e tudo, e nadou para o lado dos romanos, onde chegou a salvo, apesar da nuvem de flechas que o inimigo lhe lançava. Tal bravura impressionou aos próprios etruscos, que lhe fizeram de longe uma grande ovação.

– Com que ovos? – perguntou Emília.

Dona Benta mandou que Tia Nastácia levasse a atrapalhadeira para o quintal. Depois que se viram livres do diabrete, Pedrinho perguntou:

– E quem venceu a luta?

– Os romanos. A gente de Tarquínio não pôde atravessar o Tibre.

Anos depois outro exército inimigo veio atacar a cidade, num momento em que os romanos estavam sem chefe para os comandar. Procura que procura, lembraram-se de um tal Cincinato, que o povo tinha em alta conta pelas suas nobres qualidades. Cincinato vivia longe de Roma, cultivando uns campos. Correram a ele e convidaram-no para ditador, ou chefe supremo. Ditador chamava-se o homem que nos momentos de perigo Roma escolhia para salvar a situação.

Cincinato aceitou o convite, largou o arado, foi para a cidade, reuniu todas as forças, deu combate ao inimigo e derrotou-o completamente – tudo isso em 24 horas! Sua ditadura durou um dia.

– Que lição para esses ditadores que se agarram ao poder como ostras! – observou Pedrinho.

– Os romanos tomaram-se de tanto entusiasmo por ele que o quiseram fazer rei. Cincinato recusou. Tratou de voltar para suas terras e retomar o arado, continuando a viver com toda a modéstia na sua casinha, em companhia da mulher e dos filhos.

– Bonito, vovó! Não resta a menor dúvida que esse Cincinato fez o maior dos bonitos. Se tivesse virado rei, com certeza ninguém estaria agora falando dele aqui neste sertão.

– Nem haveria uma cidade com o seu nome. Nos Estados Unidos, há uma importante cidade do Estado de Ohio que se chama Cincinnati, em honra a esse austero romano nascido quinhentos anos antes de Cristo.

PÉRSIA VS. GRÉCIA

Dona Benta escreveu num papel o título deste capítulo e perguntou ao menino o que significava aquele *vs.* entre dois nomes. Pedrinho não soube responder.

– Simples abreviação da palavra latina *versus*, que quer dizer "contra". Pérsia contra Grécia, é o que está escrito aqui. Na notícia dos jogos de futebol, os jornais usam muito esta palavra. "Realiza-se amanhã a luta do Narizinho Futebol Clube *versus* o Emília Torneirinha Clube..."

Pois naqueles tempos houve um verdadeiro *match* entre a Grécia e a Pérsia. Ciro, o rei dos persas, conquistara a Babilônia e outros países importantes, com exceção da Itália e da Grécia. O seu sucessor, o rei Dario, quis dar à Pérsia a dominação do mundo, e viu que faltava pouca coisa. Faltava aquele pedacinho que era a Grécia e a tal bota italiana.

Ora, os gregos haviam fomentado uma rebelião na Pérsia, de modo que não faltou a Dario pretexto para a guerra. "Quero puni-los pelo que me fizeram e depois anexarei suas terras às minhas." E tratou disso. Construiu uma grande esquadra e preparou um exército que, sob o comando do seu próprio genro, fosse castigar os gregos. Mas uma tempestade destruiu a esquadra e o exército teve de voltar do caminho.

Furioso com o genro, com o mar e com os deuses, os maiores culpados do desastre, Dario decidiu ir ele próprio sovar os gregos, logo que nova esquadra e novo exército estivessem prontos. Enquanto isso enviou mensageiros com intimação a todas as cidades gregas para lhe mandarem um punhado de terra e um pouco d'água como sinal de que se rendiam sem luta.

Tão forte e poderoso era por esse tempo o rei persa que muitas cidades gregas se apressaram em mandar a terra e a água exigidas. Atenas e Esparta, porém, recusaram-se, apesar de serem umas pulguinhas comparadas ao vastíssimo império de Dario. Os atenienses agarraram o mensageiro persa e o meteram num poço, dizendo: "Aí tens terra e água". Os espartanos fizeram o mesmo.

– Esparta com certeza limitou-se a jogar o mensageiro no poço sem dizer coisa nenhuma – observou Narizinho. – Isso é que seria uma resposta bem lacônica...

– Realmente, minha filha. A uma resposta dessas poderíamos chamar o cúmulo do laconismo, porque nem uma só palavra seria necessária, bastava o ato... Mas era isso o que Dario queria; os preparativos para a guerra foram intensificados. Fez ele construir grande número de trirremes.

– Que é trirreme, vovó?

– Uma embarcação de bom tamanho, movida de cada lado por três ordens de remos.

– Não entendo bem...

– Sim, três ordens de remos de cada lado, isto é, uma fileira de remos em cima, outra um pouco abaixo e a terceira ainda um pouco mais abaixo; Dona Benta desenhou uma trirreme.

– Pois é, continuou depois; os persas construíram seiscentas trirremes, que levavam, cada uma, duzentos soldados, além dos remadores. O exército inteiro tinha... quantos homens, Pedrinho? Depressa, de cabeça...

– Doze mil! – respondeu o menino.

– Cento e vinte mil! – emendou Narizinho, que era muito boa no cálculo rápido.

– Um milhão e duzentos milhinhos! – gritou lá do fundo, a boneca.

– É isso mesmo, Narizinho – disse Dona Benta, fingindo não ter ouvido o cálculo da Emília. – Cento e vinte mil homens foram embarcados e, como não houvesse tempestade durante a travessia, todos chegaram sem novidade às praias da Grécia.

– Em que ponto desembarcaram?

– Numa planície de nome Maratona, a 18 quilômetros de Atenas[12]. Assim que os atenienses souberam da chegada dos persas, trataram de avisar o povo de Esparta. Esparta ficava a 240 quilômetros de Atenas. Se fosse hoje, não seria nada essa distância. Hoje manda-se uma comunicação daqui à China em alguns segundos. Mas naquele tempo não havia telégrafo, nem telefone, nem trem, nem avião; nada rápido. E parece que em Atenas nem bons cavalos havia, porque num momento de tanta gravidade o meio usado para se comunicarem com Esparta foi um mensageiro a pé, de nome Feidípedes. Feidípedes correu a noite e o dia inteiros, sem parar sequer para comer; no segundo dia chegava a Esparta.

Mas não lhe valeu correr tanto, porque os espartanos declararam que, como estavam na lua minguante, não podiam partir em socorro de Atenas; tinham de esperar pela lua cheia... Havia em Esparta essa superstição, como nós temos aqui a da sexta-feira e a do pé esquerdo e mil outras.

12. Nota da editora: a cidade de Maratona fica a cerca de 40 quilômetros de Atenas.

Os espartanos podiam esperar pela lua cheia porque estavam longe dos persas, mas os atenienses não podiam esperar nem um minuto, e marcharam contra eles. O exército ateniense compunha-se de apenas dez mil homens, comandados por Milcíades; contava ainda com mais mil homens de uma cidade vizinha, aliada a Atenas. Total: onze mil ou menos de um para cada dez soldados persas.

– E aposto que os gregos vão vencer – disse Pedrinho. – Quando os contadores de história começam com esses cálculos, é para preparar uma surpresa...

Dona Benta riu-se da finura do neto.

– Pode ser – disse ela – mas note, Pedrinho, que os gregos eram atletas admiráveis, como não havia outros no mundo, de modo que o número de persas não significava grande coisa. O resultado foi a derrota completa de Dario em Maratona. Note ainda que os gregos estavam lutando pela própria vida, e coisa nenhuma dá mais coragem aos homens do que isso. Não sabem a história do cão e da lebre?

Ninguém sabia.

– Um cão perseguiu uma lebre sem poder alcançá-la. Os outros caçoaram dele. "Esperem lá", disse o cão. "Eu estava correndo por esporte, mas a lebre correu para salvar a vida. Era natural que ganhasse."

– E que aconteceu depois aos gregos, vovó?

– Aconteceu que os gregos ficaram numa grande alegria. Feidípedes, o mensageiro que levara o aviso a Esparta e também se batera em Maratona, logo depois da batalha partiu de carreira para Atenas a fim de dar a grande notícia. Mas ainda não estava refeito do grande esforço da primeira corrida, de modo que ao alcançar a praça do mercado deu a boa-nova e caiu morto.

Em honra a esse herói foi instituída nos Jogos Olímpicos uma carreira com o nome de Maratona, na qual a distância a correr era exatamente a distância entre Atenas e Maratona.

– Em que ano foi isso, vovó?

– No ano de 490 a.C. A batalha de Maratona tornou-se a mais famosa da História. O rei persa teve de voltar para o seu reino, surrado e envergonhado. Mas a coisa não parou aí. O jogo ia continuar.

O SEGUNDO TEMPO

– Estou imaginando a cara desse Dario! – disse Pedrinho. – Apanhou de dez a zero...

– Realmente, meu filho. Ele, o soberano do maior império do mundo, derrotado por um punhadinho de gregos! Mas, não! A coisa não ficaria assim! O rei persa iria formar nova esquadra e novo exército; uma esquadra como jamais existiu outra e um exército de encher de assombro a todos e levar de vencida quantas Grécias surgissem. Dario jurou, rejurou e bufou como um tigre logrado por uma raposa. E vários anos passou a preparar o grande exército. Nisto, morreu.

– Morreu com certeza de raiva recolhida – observou a menina.

– Seja do que for, morreu e foi substituído pelo seu filho Xerxes, que do pai herdara não só o trono como também o ódio aos gregos e a determinação de destruí-los. Xerxes continuou os grandes preparativos de guerra começados por Dario.

Mas os gregos, animados pela vitória, estavam mais do que resolvidos a não se deixarem bater em hipótese nenhuma, e como tinham a certeza de que os persas voltariam, prepararam-se da melhor maneira.

Por esse tempo o povo de Atenas vacilava entre dois chefes igualmente grandes. Temístocles e Aristides. O primeiro queria que por prevenção se construísse uma esquadra para a próxima guerra, e Aristides era de parecer contrário. A luta pegou fogo entre os partidos dos dois candidatos, mas, como o partido de Temístocles se tornasse maior, Aristides acabou no ostracismo, apesar da sua grande fama de homem perfeito. Chamavam-lhe Aristides, o Justo.

No dia da votação um homem que não sabia escrever aproximou-se de Aristides com uma casca de ostra na mão e pediu-lhe que escrevesse nela um nome. "Que nome?" – perguntou Aristides. "Aristides" – respondeu o homem. Sem dar-se a conhecer, o grande ateniense perguntou-lhe: "Por que queres condenar este homem ao ostracismo? Cometeu ele por acaso alguma falta?" "Oh, não!" – respondeu o eleitor. "Ele não cometeu nenhuma falta, mas..." – e suspirou. "Mas, quê?"–, insistiu Aristides. "Mas estou cansado de ouvir o povo chamar-lhe sempre o Justo, o Justo..." – concluiu o homem.

Aristides conhecia o caráter dos gregos e portanto não se admirou daquela inconsequência. Limitou-se a escrever o seu próprio nome na casca da ostra. Concluída a votação, foi verificado haver na urna o número de votos necessários para a sua condenação: Aristides foi para o ostracismo.

– Que grande injustiça! – exclamou Pedrinho indignado com os atenienses. – Isso é o cúmulo dos cúmulos!

– E que grande acerto político! – disse Dona Benta. – O afastamento de Aristides pôs toda a força do lado de Temístocles, que conseguiu, afinal, impor a sua ideia da esquadra e mais preparativos para a possível guerra. E Temístocles acertou. A guerra veio. Dez anos depois da batalha de Maratona, os persas reiniciaram a sua marcha contra a Grécia. Desta vez não com 120 mil homens, mas com dois milhões.

– Dois milhões, vovó? – exclamou o menino, espantado.

– Parece mesmo um pouco meio muito, como diz o compadre Teodorico. Em todo o caso, é essa a contagem dos historiadores da época. Mas semelhante exército era em excesso numeroso para vir por mar. Seriam necessárias mais trirremes do que as havia no mundo inteiro. Por isso, Xerxes determinou que a marcha fosse por terra, embora mesmo por terra houvesse um bocadinho d'água a separá-lo dos gregos: o estreito que hoje se chama Dardanelos e naquele tempo se chamava Helesponto.

– De que largura era esse estreito, vovó?

– Apenas de um quilômetro e meio.

– E Xerxes passou?

– Quase. Xerxes construiu uma ponte de barcos, isto é, foi colocando barcos um encostado ao outro até alcançar o lado grego; depois estendeu por cima um tabuado como de ponte. Mas assim que concluiu a obra, uma tremenda tempestade sobreveio e arrasou tudo.

A fúria de Xerxes foi tamanha que pegou de um chicote e pôs-se a surrar o mar como se este fosse um dos seus escravos. Em seguida mandou fazer nova ponte. Dessa vez não houve tempestade e o exército pôde avançar. Sete dias e sete noites levou passando, em massa cerrada. A esquadra, que era enorme, o seguiu. Quando as forças alcançaram a terra da Grécia...

Dona Benta teve de parar nesse ponto. O Visconde, que desde o seu "renascimento" não dissera ainda uma só palavra, tinha dado um grito. Correram todos. Que foi? Que não foi?

– Foi Emília, eu vi! – disse Tia Nastácia aparecendo da cozinha com a colher de pau na mão. – A malvada deu em cima dele com um tal ostracismo. Não sei o que é, mas deve doer muito...

AINDA O SEGUNDO TEMPO

– Havia na Grécia – disse Dona Benta no serão seguinte – uma passagem muito estreita, ou desfiladeiro, conhecido como as Termópilas. De um lado era o mar; de outro, a escarpa de uma montanha. Por ali os persas tinham de passar na sua marcha rumo a Atenas.

– Termo, vovó – disse Pedrinho –, significa...

– Quente. Águas termais, águas quentes. Termópilas queria dizer passagem quente, porque de fato havia por ali umas fontes de água quente. Os gregos acharam que em vez de esperar o ataque dos persas seria muito melhor atacá-los na passagem das Termópilas, onde um homem era capaz de fazer frente a muitos. E Leônidas, o rei de Esparta, foi escolhido para defender o desfiladeiro. Este era um espartano digno do nome que tinha, porque Leônidas quer dizer igual ao leão. Tomou o comando de sete mil soldados bem escolhidos, entre os quais trezentos espartanos daqueles que tinham aprendido a não se renderem nunca. Mas era uma loucura jamais vista escorar tamanho exército com sete mil homens apenas.

Quando Xerxes percebeu que Leônidas estava ocupando as Termópilas com aquele punhadinho de homens, riu-se, e mandou-lhe intimação para entregar-se. "Venha buscar-nos" – foi a lacônica resposta de Leônidas. Logo depois travou-se a luta, e durante dois dias os gregos sustentaram as suas posições, impedindo o avanço dos persas. Porém, houve traição. Alguém foi contar a Xerxes que naquela montanha havia uma passagem secreta dando para a retaguarda de Leônidas, de modo que se os persas entrassem por lá os gregos seriam apanhados pelas costas.

Quando Leônidas soube que os persas tinham descoberto a passagem secreta e vinham vindo, compreendeu que tudo estava perdido. Falou aos seus homens. Contou o que se passava; disse que quem quisesse retirar-se poderia fazê-lo e que quem ficasse tinha de contar com a morte.

– E retiraram-se muitos? – perguntou Pedrinho, ansioso.

– Seis mil. Ficaram apenas mil, entre os quais os trezentos espartanos. "Nós recebemos ordem de defender esta passagem" – foi a lacônica resposta que deram ao general.

Leônidas e seus mil homens lutaram nas Termópilas até o fim, morrendo todos, um por um.

Depois que os persas atravessaram o desfiladeiro, a cidade de Atenas ficou em má situação, porque nada podia impedir o ataque. Era absurdo resistir, dada a desproporção entre atacados e atacantes. Os atenienses correram a consultar o Oráculo de Delfos.

O oráculo respondeu que a cidade de Atenas estava condenada a ser destruída, mas que os atenienses seriam salvos por muralhas de madeira.

– Que queria dizer com isso? – perguntou Pedrinho.

– Essa mesma pergunta acudiu a todos os atenienses. O oráculo falava sempre de um modo enigmático, que exigia interpretação. Dessa vez, Temístocles traduziu a seu jeito a resposta, dizendo que as tais muralhas de madeira significavam os navios da esquadra, e convidou o povo a abrigar-se nos barcos ancorados na Baía de Salamina. Os atenienses aceitaram o convite; abandonaram a cidade e meteram-se a bordo.

Quando os persas entraram em Atenas, só viram por lá casas vazias. Puseram-lhes fogo e depois marcharam para Salamina, onde a esquadra persa, ajudada pelas forças de terra, iria varrer dos mares os navios gregos. Para gozar esse espetáculo, Xerxes mandou erguer um trono no alto de um morro, de onde se descortinava toda a baía.

A tal Baía de Salamina assemelhava-se muito ao desfiladeiro das Termópilas. Era uma faixa d'água, como um trecho de rio, e essa semelhança deu a Temístocles uma ideia. Fingindo-se traidor, como aquele que nas Termópilas havia revelado a passagem secreta, mandou dizer a Xerxes que se a esquadra persa fosse dividida em duas partes, ficando uma num extremo e outra no outro extremo da baía, os gregos, encurralados, nada poderiam fazer.

– E Xerxes caiu na esparrela...

– Como um patinho. Acreditou na nova "traição" e dividiu a esquadra em duas partes. Isso foi ótimo para os gregos, que com todos os seus navios puderam atacar cada metade por sua vez, e ainda, por meio de hábil manobra, conseguiram fazer que as duas metades da esquadra persa se chocassem, com perda de muitos navios.

O resultado final foi a completa derrota dos persas no mar e a necessidade em que ficou o exército de terra de retirar-se para a Pérsia pelo caminho mais curto.

– Estou imaginando o acesso de raiva que havia de ter Xerxes no seu trono, lá no alto do morro! – disse a menina.

– E eu, os pulos de alegria de Temístocles! – disse Pedrinho. – Esse chefe acertou em todos os pontos, até na decifração da fala misteriosa do Oráculo. Era um danado!

A consequência da admiração do menino pelo chefe grego foi o bezerro da Vaca Mocha, nascido na véspera, passar a chamar-se Temístocles, e não Gaveta, como queria a boneca. Gaveta! Aquela Emília tinha cada uma...

A Idade de Ouro

– Já falamos nas Idades da Pedra e do Bronze – continuou Dona Benta. – Vamos ver agora um pedacinho de uma verdadeira Idade de Ouro ou época em que o bem-estar do povo trouxe um grande florescimento das artes e ciências.

Depois de terminada de um modo tão feliz a guerra com a Pérsia, os atenienses voltaram para Atenas e reconstruíram as casas. E como eram um povo de grandes dotes artísticos, aproveitaram a ocasião para fazer de Atenas a mais bela cidade do mundo. Tudo os ajudou, tudo concorreu para isso.

– Quem era nesse tempo o chefe de Atenas?

– Oh! Atenas tinha um grande chefe chamado Péricles. Esse homem não era rei, nem tirano, mas possuía tal inteligência, falava tão bem, mostrava-se tão hábil político, que os atenienses começaram a segui-lo em tudo e, durante muitos anos, Atenas foi na realidade governada por ele. Péricles lembra um capitão de time de futebol altamente querido por todos os jogadores em vista de suas qualidades. Um capitão desses leva a equipe a operar prodígios e vencer todos os jogos. Assim foi Péricles com a Grécia.

Surgiram por esse tempo grandes filósofos, grandes escritores, grandes poetas, grandes escultores, grandes arquitetos, grandes tudo.

– Pare um pouco, vovó – disse a menina. – Eu vejo sempre falar em filósofo e até já tenho empregado essa palavra; mas, na verdade, não sei muito bem o que quer dizer. Para Tia Nastácia, filósofo é um sujeito de calça furada, que anda distraído pela rua, tropeçando nos sapos. Será isso mesmo?

– Não, minha filha. A palavra "filósofo" quer dizer "amigo da sabedoria". Os filósofos são o complemento dos cientistas. Estes vão até o ponto em que podem provar o que afirmam. Desse ponto em diante, acaba-se a Terra da Certeza e começa a Terra do Pode Ser. Nesta Terra é que moram os filósofos. Se um filósofo provar por A+B a sua filosofia, mas provar de verdade...

– ...ali na batata... ajudou Emília.

HISTÓRIAS DO MUNDO PARA CRIANÇAS

– ...provar experimentalmente, ele deixa de ser filósofo, passa a ser cientista.

– ...muda-se para a Terra do É... – ajudou de novo a Emília, e Narizinho advertiu-a de que Dona Benta não precisava de ajutórios.

– Pois é isso. Por causa da grande liberdade de pensamento, floresceu em Atenas um grupo de filósofos dos mais notáveis. Até hoje o que os filósofos gregos ensinaram tem grande valor, porque é difícil haver inteligência mais penetrante e clara do que a deles. Ao lado dos filósofos apareceram grandes escritores, que compuseram notáveis peças de teatro.

– O teatro grego era como o de hoje?

– Não. Era coisa muito mais importante e muito diferente do de agora. Os espetáculos realizavam-se ao ar livre e só de dia, à beira de encostas de morro, cuja inclinação servia de arquibancada. Quase nenhum cenário e, em vez de orquestra, havia um coro de cantores ou recitadores. Os artistas usavam máscaras cômicas ou trágicas. Ainda hoje, na ornamentação dos nossos teatros, vemos esculpidas essas máscaras ou caretas gregas.

Atenas tirava o seu nome do apelido grego da deusa Atena. Por esse motivo os atenienses resolveram erigir um monumento digno dela, no alto de uma colina, o qual recebeu o nome de Partenon ou templo da virgem. Guardem esta palavra, porque o Partenon é considerado como a mais perfeita obra-prima da arquitetura antiga.

– Ainda está de pé, vovó?

– Infelizmente, não. Subsistem ruínas. Dentro do Partenon havia uma estátua de ouro e marfim feita por um escultor chamado Fídias, o qual tem fama de ser o maior escultor da antiguidade. Essa estátua desapareceu. Foi uma perda de que o mundo artístico jamais se consolou.

Fídias ainda fez outras estátuas para ornamento exterior do Partenon; algumas ainda hoje são vistas nos museus da Europa, embora bastante mutiladas, umas sem cabeça, outras sem braços. Tão célebre ficou Fídias com os seus trabalhos no Partenon, que foi convidado para esculpir a estátua de Júpiter erigida em Olímpia. Dizem os seus contemporâneos que essa estátua era um prodígio de beleza. E devia ser, pois foi incluída entre as sete maravilhas do mundo.

Apesar de ser o maior escultor da época, Fídias morreu na prisão por um crime que hoje nos faz rir. Imaginem vocês que no escudo da estátua de Minerva ele reproduziu, numa das figuras de certa cena, a sua própria cara e, noutra, a cara do seu amigo Péricles. Isto foi o bastante para ser denunciado como sacrílego, julgado e condenado à prisão, e na prisão morreu.

– Por falar em escultura, vovó, li ontem uma história de colunas jônicas e coríntias que não entendi. Explique-me isso.

– Nos monumentos gregos, havia três espécies de colunas: a dórica, a jônica e a coríntia. A coluna dórica era a mais simples; tinha no alto o que chamam capitel, formado como que de um ladrilho tampando um prato fundo; e embaixo, ou na base, nada tinha, enfiava-se diretamente na terra. A beleza desse tipo de coluna residia na simplicidade e na ideia de força que dava. Por isso, foi considerada como de estilo masculino.

– Desaforo! – protestou Narizinho.

– A segunda coluna, a jônica, possuía uma base sobre a qual se assentava; e tinha no capitel, em vez do prato fundo tampado com o ladrilho, uns ornatos como voltas de caramujo. Era considerada como de estilo feminino.

HISTÓRIAS DO MUNDO PARA CRIANÇAS

– Toma! – gritou Pedrinho piscando para a menina. Quer dizer que vocês mulheres são caramujas.

– O terceiro estilo de coluna – continuou Dona Benta – era o coríntio, o mais luxuoso, o mais enfeitado. A coluna coríntia tinha o capitel cheio de coisas, como folhas de acanto e outras.

– Acanto? Que é isso?

– Uma planta da Grécia que ficou célebre nas artes: uma espécie de serralha. Dizem que o capitel coríntio foi criado do seguinte modo: um arquiteto, que andava desenhando colunas, passou um dia pelo cemitério e viu sobre um túmulo de criança qualquer coisa que o impressionou. Os gregos tinham o costume de depositar no túmulo das crianças cestas de brinquedos, em vez de coroas ou flores. Naquele, havia sido depositada, meses atrás, uma cesta de brinquedos coberta por um ladrilho. Com o tempo, um pé de acanto nasceu por ali e envolveu a cesta em suas folhas, formando uma coisa linda. Tão linda que o arquiteto parou e copiou o jeitinho, para depois o aplicar no capitel de uma coluna, que ficou sendo a coríntia.

– Que interessante, vovó! – exclamou Narizinho. – Veja como uma coisa puxa outra...

– Infelizmente, aquele glorioso período da vida grega não durou muito. Veio uma peste horrível, que dizimou os atenienses, não perdoando nem ao próprio Péricles. O grande homem dedicara-se demais ao socorro da cidade; tantos pestosos recolheu em sua casa, que também apanhou a peste e foi-se...

OS GREGOS BRIGAM ENTRE SI

– Que pena, vovó – exclamou Narizinho –, que essa desgraça viesse estragar um tempo tão bonito!

– A peste não foi nada, minha filha, apesar da grande perda que causou com a morte de Péricles. Muito pior do que a peste foi o que veio depois...

– Será possível que haja alguma coisa pior que a peste? – admirou-se Pedrinho.

– Há, sim, meu filho. A guerra é cem vezes pior, sobretudo a guerra civil, isto é, guerra dentro de casa, entre filhos do mesmo país. Pois logo que o horror da peste passou, os horrores da guerra vieram estragar a linda Grécia daquele tempo.

– Conte! Conte! – pediram os meninos – e Dona Benta contou.

– A causa da desgraça foi o ciúme que depois da vitória sobre os persas, Atenas começou a inspirar. Os espartanos tinham um grande orgulho da superioridade dos seus soldados, que realmente eram os primeiros do mundo. Atenas, que também tinha excelentes soldados, depois da grande vitória da sua esquadra em Salamina ficou, sem querer, maior do que Esparta, pois possuía uma esquadra poderosa. A bela reconstrução de Atenas feita por Péricles e o florescimento de todas as artes não incomodavam Esparta, porque os espartanos não ligavam grande importância à cultura. Mas a esquadra ateniense incomodava. Esparta ficava no interior e por isso não podia ter esquadra, e como não podia ter esquadra não queria que Atenas a tivesse. Considerava desaforo. Daí nasceu a guerra.

– Mas não eram de um mesmo país, Esparta e Atenas?

– Eram e não eram. Ambas faziam parte da Grécia, mas cada qual se governava como queria. Esparta estava situada num pedaço da Grécia chamado Pe-lo-po-ne-so, e por isso essa terrível luta entrou para a História com o nome de Guerra do Peloponeso. E sabem quanto tempo durou? Vinte e sete anos!

– Que horror, vovó! – fez Narizinho. – Vinte e sete anos! Imaginem...

- Foi uma luta horrorosa, com vantagem ora para este lado, ora para aquele, mas Esparta, que quase sempre ficava de cima, acabou tomando a cidade de Atenas. Depois disto entrou na briga outra cidade grega: Tebas, a qual conseguiu o milagre de vencer a invencível Esparta. Os espartanos ficaram muito admirados de ver forças inimigas em seu território, coisa que durante cinco séculos jamais acontecera.

Mais tarde, quando for tempo de ler uma história do mundo das grandes, vocês verão tudo quanto sucedeu nesses 27 anos de luta. Por agora, basta que saibam que a Guerra do Peloponeso enfraqueceu e arruinou quase todas as cidades gregas, pondo fim à importância da Grécia no mundo.

Durante esse tempo viveu em Atenas um grande filósofo de nome Sócrates, que é considerado o melhor homem que a humanidade produziu. Sócrates andava pela cidade ensinando os moços a pensar; mas em vez de ensinar como os outros filósofos, dizendo isto é assim ou assado, empregava outro sistema: fazia perguntas e ia indo até que por si mesmo o discípulo achasse a resposta exata. A esse sistema ficou ligado o seu nome. Chama-se método socrático.

Sócrates era muito feio; careca e de nariz arrebitado. E apesar de serem os atenienses grandes amigos da beleza, todos gostavam dele, porque se não possuía a beleza física tinha em compensação todas as belezas morais; e não há belezas que valham estas.

Sócrates era casado com Xantipa, uma verdadeira jararaca. Xantipa jamais compreendeu o marido, ao qual vivia xingando de vadio, de indolente, de traste inútil. "Este diabo leva a falar, a falar o tempo todo e nada de aparecer aqui com dinheiro" – devia ser a xingação diária dessa senhora. Certa vez, ela o descompôs com tamanha fúria que Sócrates achou prudente fazer uma retirada estratégica. Assim que ia saindo, Xantipa jogou sobre ele um balde d'água. O grande sábio apenas murmurou: "Depois da trovoada vem a chuva" – e nada mais.

- Ah, se fosse comigo! – exclamou Pedrinho, arregaçando as mangas.
- Batia-lhe com um pau, não é verdade? – disse Dona Benta. – Pois seria um ato mui vulgar e reles. Não há brutamontes na roça que não faça o mesmo. É justamente por Sócrates em vez de bater em Xantipa, ter respondido de maneira tão fi-lo-só-fi-ca, que estamos hoje a falar nele. Procure nunca ser vulgar, Pedrinho, que você acertará.

Sócrates não acreditava nos deuses gregos, embora nada dissesse em público, porque os gregos não admitiam que ninguém brincasse ou descresse de tais deuses. Mas um homem com a cabeça de Sócrates não podia tomar a sério o senhor Júpiter nem a senhora Vênus, e por isso, sem falar mal deles, também não falava bem. Calava-se. Era como se não existissem.

Foi o bastante para incorrer nas iras do povo, sendo denunciado como inimigo dos deuses e corruptor da mocidade. Resultado: condenação à morte.

– Que horror, vovó! Já estou ficando com ódio dos gregos. Por uma coisinha à toa mataram Fídias, que era o maior escultor; agora vão matar Sócrates, o melhor e o mais sábio dos homens! Isso é demais. E com certeza o enforcaram...

– Felizmente não chegaram a essa monstruosa brutalidade. Intimaram-no a beber uma taça de chá de cicuta, planta venenosíssima. Sócrates obedeceu; e morreu a mais bela das mortes, rodeado dos seus queridos discípulos em lágrimas. Tinha então 70 anos. A morte de Sócrates é uma das cenas mais altas do drama da humanidade.

Emília declarou que ia plantar cicuta na horta.

– Para quê? – perguntou Narizinho.

– Para não ser preciso enforcar o Visconde, se algum dia ele for condenado à morte...

A ESPERTEZA DA MACEDÔNIA

No outro dia, Dona Benta falou dos meninos que começam "sapeando" um brinquedo e, por fim, metem-se nele e acabam donos de tudo.

– Foi o que aconteceu na Grécia. Enquanto Atenas, Esparta e outras cidades se debatiam naquele terrível brinquedo de guerra, um senhor Filipe, rei da Macedônia, espiava por cima do muro, esperando a ocasião de entrar no jogo. Filipe viu que Atenas e Esparta estavam exaustas da luta, a ponto de mal poderem consigo; logo, se ele pulasse o muro e entrasse no brinquedo quem virava o chefe seria ele. Ser rei da Grécia sempre fora o seu sonho. E como os gregos odiassem os persas por causa do incêndio de Atenas, o espertíssimo Filipe resolveu entrar por esse caminho.

"Vossos antepassados" – falou ele aos gregos – "fizeram os persas recuar; mas os persas voltaram para suas terras, muito frescos da vida, e nunca foram punidos pelo mal feito à Grécia. Por que não tomais vingança? Por que não organizais uma boa guerra contra eles, não só para castigá-los, como também para apanhar-lhes os grandes tesouros que possuem?"

E depois acrescentou um finalzinho que era onde estava o gato, isto é, onde estava escondida a ideia secreta de Filipe:

"E eu, que sou o grande guerreiro que sabeis, eu me juntarei convosco para vos ajudar".

Ninguém pareceu perceber o que havia bem lá dentro da cabeça de Filipe, exceto um ateniense chamado Demóstenes.

– Não é o tal das pedrinhas, vovó?

– Sim, é o mesmo. Quando menino, Demóstenes revelou uma fortíssima vocação para orador, embora um defeito de nascença o estivesse avisando a cada passo: "Seja tudo quanto quiser, menos orador". De... demós... tenes é... era ga... gago.

– E um gago a querer ser orador, é mesmo da gente dar com um gato morto em cima até que o gato mie – disse Pedrinho.

– Pois Demóstenes não levou com gato em cima, mas deu com pedrinhas na gagueira, acabou com ela, e ficou sendo o mais famoso orador da humanidade. Ainda hoje, quando a gente quer dizer que um fulano de tal é grande orador, diz: "É um Demóstenes!". Não se lembram daquela festinha do compadre Teodorico, no casamento da Miloca? Como foi que o Zezinho Xarope começou o seu brinde aos noivos, no jantar?

– Eu me lembro, vovó! – gritou Pedrinho – e até decorei a frase, de tão bonita que a achei. Foi assim: "Neste momento solene, em que ergo a minha débil voz para saudar os nubentes, eu queria ter a eloquência de um Demóstenes para etc. e tal". Foi só palmas. Na volta para casa, a senhora nos ensinou o que queria dizer nubentes. Recordo-me muito bem.

– Pois é. Demóstenes foi um orador tão famoso que até o Zezinho Xarope se lembra dele, neste fim de mundo onde moramos. Demóstenes entendeu de acabar com a gagueira. Diariamente ia a um ponto da praia onde as ondas se quebravam nos rochedos com grande barulho. E lá se punha a fazer discursos, com pedrinhas na boca.

– Por que pedrinhas?

– Para aumentar a dificuldade. Você compreende que assim embaraçado com as pedrinhas se tornava mais difícil ainda para aquele gago discursar no meio do barulho das ondas. Mas insistiu, insistiu até que venceu o embaraço de nascença somado com o embaraço das pedrinhas; acabou falando com voz tão alta que dominava o barulho do oceano. As ondas furiosas eram para ele o público, um público insolente, que procurava impedir que sua voz fosse ouvida. Demóstenes venceu a gagueira à força de exercício, e foi aumentando o tom da voz até vencer também o rumor das ondas. Mais tarde, quando em vez de ondas tinha diante de si multidões de homens, também sua voz dominava o barulho das ondas humanas; e ele ficou o rei dos oradores. Quem o ouvia era conquistado pela sua eloquência a ponto de rir ou chorar, conforme o desejo do orador.

Pois bem, esse Demóstenes percebeu as intenções ocultas de Filipe naquele negócio da vingança contra os persas. “Ele o que quer é tomar conta da Grécia e virar nosso rei”, refletiu, e desde esse momento passou a aplicar toda a força da sua eloquência contra o esperto Filipe. Fez contra ele doze discursos famosos, que se chamaram as Filípicas. Hoje, quando um orador qualquer pronuncia um discurso violento contra alguém, todos dizem: “É uma filípica”.

Sempre que os gregos ouviam uma arenga de Demóstenes ficavam com ódio em Filipe; mas depois iam esquecendo e de novo se deixavam enlear pelos projetos do paciente rei da Macedônia. Afinal, Filipe venceu. Acabou como queria: rei da Grécia; mas não pôde realizar o seu plano de guerra porque morreu assassinado por um dos seus generais.

– Isso quer dizer, vovó, que, embora a eloquência valha muito, a esperteza ainda vale mais – observou o menino.

– Na verdade, meu filho, a esperteza é tudo na vida. Quem lê a história dos homens, vê que a esperteza acaba sempre vencendo. Vence até a força bruta.

HISTÓRIAS DO MUNDO PARA CRIANÇAS

Filipe tinha um filho chamado Alexandre, com 20 anos de idade nessa época, o qual passou a ser rei da Macedônia e da Grécia juntas e realizou os grandiosos planos do pai. Era uma criatura extraordinária esse Alexandre, com todos os dons da inteligência e da beleza. Quando ainda meninote, aconteceu-lhe um caso famoso, certa vez em que assistia a uns exercícios de equitação. Sabem o que é equitação?

– Sei! – gritou Emília, que tinha estado quieta uma porção de tempo. – Equitação é coisa de cavalo. Andar a cavalo, montar a cavalo, cair do cavalo, puxar o rabo do cavalo, dar milho para o cavalo, pentear a crina do cavalo...

– Pare, que já errou! – disse Dona Benta. – Equitação é o nome da arte de montar nos cavalos, só isso. Puxar rabo de cavalo não é equitação, é reinação perigosa. Mas ao assistir àquelas provas, Alexandre viu que nenhum dos presentes conseguia montar certo ginete muito fogoso. Parecia assustadíssimo o animal, dando tais pinotes e corcovos que ninguém podia firmar-se na sela. Percebendo que o cavalo estava assustado com a sua própria sombra, Alexandre disse ao pai: "Papai, dá licença que eu monte esse animal?". O rei Filipe achou graça e riu-se gostosamente. "Que absurdo, meu filho! Pois não vê que cavaleiros velhos, peões de primeira ordem não conseguem fazê-lo sossegar?" "Pois eu conseguirei" – afirmou o menino. O pai, sempre a rir-se, deu a licença pedida, e Alexandre, dirigindo-se ao cavalo, virou-o de modo que ficasse de frente para o sol e, portanto, sem poder ver a própria sombra. Imediatamente, o cavalo sossegou e deixou-se montar. Tão alegre ficou Filipe com a habilidade do filho, que lhe deu o cavalo como prêmio. Chamava-se Bucéfalo. Esse famoso corcel foi por muito tempo a montaria predileta de Alexandre; quando morreu teve estátua, e ainda várias cidades batizadas com seu nome.

– Que danadinho, o tal Alexandre!

– Habilíssimo. Alexandre teve uma grande coisa consigo, que talvez explique tudo quanto fez de importante na vida: foi discípulo de Aristóteles, o maior professor que a humanidade possuiu até hoje.

– A humanidade, vovó? Não está achando isso meio muito? – observou Pedrinho com cara de dúvida.

– Não é muito, não. Este Aristóteles escreveu uma porção de livros importantíssimos sobre todas as coisas, sobre os astros...

– Astronomia! – gritou Pedrinho.

– ... sobre os animais...

– Zoologia!

– ... sobre as plantas...

– Botânica!

– ... sobre política e sobre o modo da cabeça da gente funcionar, isto é, sobre o espírito, as ideias, a inteligência etc. Como se chama esta ciência, senhor sabidão?

Pedrinho engasgou.

– Cabeçologia! – gritou lá de longe a boneca.

– Psicologia – corrigiu Dona Benta –, estudo da alma, ou do espírito. Sobre todos estes assuntos escreveu Aristóteles, e tão bem que durante muitos séculos...

– Séculos, vovó?

– Séculos, sim. Desde o ano 384 a.C., data do seu nascimento, até hoje, temos 2.327 anos, ou mais de 23 séculos. Por todo esse tempo as obras desse famoso professor vieram ensinando a ciência aos homens. Antigamente, há um século, os únicos livros de ensino existentes nas universidades eram os de Aristóteles. Únicos, hein? Hoje a coisa está mudada. Temos outros livros; mas tais livros não passam dos mesmos livros de Aristóteles, apenas melhorados com o que a experiência dos homens nos foi ensinando até aqui.

Este famosíssimo professor foi aluno de outro mestre de igual fama, chamado Platão, e este Platão foi discípulo daquele Sócrates que teve que beber cicuta. Assim, os três homens que maiores serviços prestaram à humanidade como mestres da ciência foram... Vamos lá, Narizinho...

– Sócrates, Platão e Aristóteles!

– Muito bem. Quando vocês crescerem, não deixem de ler algumas das suas obras. Vão ficar admirados do vigor da inteligência dos três filósofos gregos. Sócrates não deixou obra escrita, mas o seu discípulo Platão nos dá todas as suas ideias.

ALEXANDRE, O GRANDE

Depois de tomar fôlego, Dona Benta perguntou:

– Que é que você pretende ser quando tiver 20 anos, Pedrinho?

O menino ficou atrapalhado. Ele pretendia ser tanta coisa...

– Pois, aos 20 anos, o nosso Alexandre já era rei.

– Grande milagre, vovó! Eu também seria rei aos 20 anos, se tivesse nascido filho de rei.

– Sim, não há nada demais em ser rei aos 20 anos quando um homem nasce num trono. Mas o que esse reizinho de 20 anos fez é um assombro. Apesar de rei de dois países, a Macedônia e a Grécia, não se contentou. Alexandre queria ser rei do mundo.

Para isso deu andamento àqueles planos de conquistar a Pérsia, fazendo-a pagar a guerra que cento e cinquenta anos antes Dario havia feito aos gregos. E conquistou-a. Alexandre reuniu um excelente exército, atravessou o Helesponto e penetrou na Ásia, onde os persas não conseguiram embaraçar-lhe o caminho. Alexandre saía vencedor de todas as batalhas.

Na sua contínua marcha para a frente, passou por uma cidade onde havia um templo célebre. Sabem por quê? Por causa de um nó.

– De um nó? Que graça! – exclamou Narizinho. – Um nó cego, aposto.

– Um nó cego, na verdade, minha filha, impossível de ser desatado. Era o célebre Nó Górdio, do qual um oráculo havia dito que quem o desatasse conquistaria a Pérsia. Quando Alexandre soube do caso, foi examinar o nó e imediatamente viu que era mesmo um nó cego. Puxou, então, da espada e cortou-o pelo meio, de um golpe...

– Ahn! – exclamou Pedrinho. – Só agora compreendo porque as pessoas que resolvem uma situação encrencada dizem: "Cortei o nó górdio!".

– Pois é isso mesmo. Usamos tal expressão por causa do que Alexandre fez há vinte e três séculos. Mas o nosso Alexandre, que não era de brincadeiras, realizou a predição do oráculo: conquistou a Pérsia. De lá marchou para o Egito, que pertencia à Pérsia, e também o conquistou. Para comemorar a vitória ergueu uma cidade perto da boca do Nilo e deu-lhe um nome derivado do seu: Alexandria.

Nessa cidade que iria tornar-se uma das mais importantes do mundo, fundou a mais célebre biblioteca dos tempos antigos.

– Como eram os livros?

– Escritos à mão, em tiras de papiro emendadinhas, formando rolos. Essa biblioteca foi acumulando tudo o que a humanidade havia escrito até aquela data e chegou a ter meio milhão de obras. Se séculos mais tarde não fosse queimada pelo Sultão Omar, seria hoje a mais preciosa e importante biblioteca do mundo.

– Por que esse indecentíssimo Omar destruiu uma coisa tão preciosa, vovó? – perguntou o menino, revoltado.

– Por puro espírito de fanatismo, meu filho. Omar que era um fanático da religião de Maomé, mandou incendiar a preciosa biblioteca porque: "Ou os seus livros dizem o mesmo que o *Corão*, e nesse caso são inúteis, ou dizem o contrário, e nesse caso devem ser destruídos". O *Corão* é o livro sagrado dos maometanos, como para os cristãos é a *Bíblia*.

– Imbecil! Não era lá que havia o tal farol?

– Sim. Nessa mesma cidade de Alexandria foi erguido esse monumento notabilíssimo. O farol, o gigantesco farol cuja luz alcançava muitos quilômetros longe. Foi levantado na Ilha de Faros, de cujo nome veio a palavra farol. Era uma torre de mais de trinta andares, coisa colossal numa época de construções de um e dois andares apenas.

Alexandre não ficou à espera de que a biblioteca se enchesse de livros e a Torre de Faros se erguesse ao trigésimo andar. Deu ordens para que tudo se fizesse e tocou para a frente. Ele não podia parar. Ardia por conquistar novas terras, ver novas caras, novas coisas; esqueceu-se completamente de sua Macedônia. Em vez de voltar para lá, ao menos a fim de matar as saudades, marchou para diante e foi conquistando todos os países que encontrou, até a Índia.

– Que homem "mais que os outros" era Alexandre, vovó! – observou a menina. – Desde meninote...

– Realmente. Alexandre era único e tinha o bicho carpinteiro no corpo. Não podia parar. Começou a ser rei aos 20 anos e desde aí até a morte jamais esquentou lugar. Morreu com 33 anos apenas, a idade de Cristo, e já era chamado Alexandre, o Grande. Havia se tornado senhor de todo o mundo; pelo menos de todo o mundo então conhecido e habitado por povos civilizados. Só não se lembrou da

Itália ou não teve tempo de conquistá-la. Mas naquele tempo a Itália não passava de uma porção de cidades pouco povoadas e sem nenhuma importância.

Quando Alexandre viu que nada mais restava que valesse a pena vencer, dizem que chorou...

– E como não tinha mais mundo para conquistar resolveu morrer, não é?

– Mais ou menos. Não vendo inimigos pela frente contra os quais lançasse o seu exército, Alexandre resolveu voltar para a Grécia; mas com muita preguiça, parando pelo caminho para gozar a vida em festas lentamente. E assim alcançou a cidade da Babilônia, que já não era nem sombra do que havia sido nos tempos da grandeza. Lá morreu repentinamente durante um banquete, no ano 323 a.C.

Este Alexandre deveu muito e muito a Aristóteles. Foi Aristóteles quem lhe ensinou a ser um grande homem. Nas suas conquistas prestava grandes benefícios aos povos dominados. Ensinava-lhes a língua grega, de modo que pudessem cultivar o espírito lendo os únicos livros de valor existentes na época, os livros gregos; ensinava-lhes os esportes atléticos praticados em Olímpia; ensinava-lhes as artes: a pintura, a escultura, a música. Sua preocupação era melhorar a cultura dos vencidos. Podemos até dizer que com seus livros ninguém ensinou mais aos homens do que Aristóteles e, com sua espada, ninguém ensinou mais aos povos do que o seu discípulo Alexandre.

Alexandre casou-se com uma rapariga persa de grande beleza, chamada Roxana, e morreu antes de lhe nascer o único filho, de modo que a chefia do império coube aos seus generais.

– Aos quais?

– "O mais capaz que governe" – tinha sido a recomendação de Alexandre. "Lutem entre si e vejam qual o mais forte. Esse deverá ser o meu sucessor." Os generais lutaram entre si, mas a vitória empatou entre quatro. Em vista disso o império de Alexandre foi dividido em quatro, cabendo cada parte a um deles.

Destes generais só um tinha realmente qualidades de chefe, ou rei, um chamado Ptolomeu. Governou o Egito sob o nome de Ptolomeu I e governou bem, formando uma dinastia, isto é, fazendo que seus filhos governassem depois dele. Os outros generais não souberam conservar os reinos recebidos, de modo que depois de alguns anos nada mais restava do grande império de Alexandre.

– Tal qual um balãozinho de elástico que a gente assopra, assopra, e ele enche e enche até que... *paf!* estoura e não fica coisa nenhuma – observou Pedrinho filosoficamente.

UM NOVO CAMPEÃO

– A vida entre os povos antigos – continuou Dona Benta – era isso que vocês estão vendo, um a conquistar o outro. Tal qual nos esportes de hoje, quando diversos clubes atléticos disputam um campeonato. A cada tempo o campeão é um; mas não "conta prosa" toda a vida, pois um novo lutador logo aparece, que o derrota e fica sendo o campeão. Vamos ver, Pedrinho, se você guardou o nome dos grandes campeões antigos: "os campeões do imperialismo", como dizem os sábios.

– O primeiro foi Nínive, mas veio a Babilônia e conquistou o primeiro lugar. Depois veio a Pérsia e bateu a Babilônia. Depois veio a Macedônia com Alexandre feito capitão, e bateu todos. Não foi assim?

– Perfeitamente. A ordem dos campeões é essa. Mas enquanto Alexandre marchava de conquista em conquista, sempre para o lado onde o sol nasce...

– O oriente! – berrou Pedrinho, que sabia orientar-se pelo sol.

– O oriente, sim – confirmou Dona Benta. – Enquanto estava ele conquistando o oriente (e se mais não conquistou foi porque na Índia seus soldados se recusaram a prosseguir), perto da Macedônia um novo campeão ia se formando sem que os outros povos o suspeitassem: Roma. No tempo de Alexandre, essa futura dona do mundo ainda era tão humildezinha que nem lhe deu nas vistas. Só cuidava de sobreviver, isto é, de impedir que os povos vizinhos dessem cabo dela. Não atacava ninguém, apenas se defendia.

Por fim, criou força e, em vez de unicamente defender-se, passou a atacar. Atacou e venceu; tornou-se senhora de todas as outras cidades da bota italiana. Ia a caminho de virar a campeã do mundo. O primeiro inimigo forte que viu perto de si foi a cidade de Cartago, na costa do Mediterrâneo, bem defronte da Sicília.

– Essa ilha não é uma na qual o bico da bota italiana está dando um pontapé? – perguntou a menina.

– É sim – confirmou Dona Benta. – A cidade de Cartago havia sido fundada muitos anos antes pelos fenícios e tornara-se riquíssima e poderosa, dona de uma grande esquadra mercante, que percorria todas as cidades do Mediterrâneo, repetindo assim o que tinham feito as velhas cidades de Tiro e Sidon.

O crescimento de Roma não convinha a Cartago, e Roma tinha ciúmes das riquezas e do comércio de Cartago; daí a preocupação dos romanos em arranjar um pretexto para atacá-la. Quando um não quer dois não brigam, diz o ditado. Mas ali os dois povos estavam com vontade de brigar, de modo que Roma não teve muita dificuldade em descobrir um pretexto; e a guerra começou, ou melhor, as guerras, porque entre Roma e Cartago houve três guerras, conhecidas na História como as Guerras Púnicas.

– Por que púnicas, vovó?

– Porque os cartagineses eram descendentes dos fenícios, e a Fenícia também tinha o nome de Púnique.

Mas Cartago estava do outro lado do Mediterrâneo, de modo que sem navios Roma não podia alcançá-la. Ora, os romanos não tinham esquadra nem sabiam coisa nenhuma da arte de construir navios. Como fazer?

O acaso veio ajudar Roma. Um navio de Cartago naufragou nas costas da Itália e pôde ser puxado para terra, onde serviu de modelo para a construção da esquadra romana. Em muito pouco tempo fez-se o primeiro navio, e depois outro, e finalmente toda uma frota de 120 navios. Roma ficou desse modo habilitada a enfrentar Cartago; e enfrentou-a.

A tática da esquadra cartaginesa consistia em avançar para o inimigo e afundar-lhe os barcos, estando muito treinados nisto os seus marinheiros; já os romanos não possuíam nenhuma experiência daquilo. A força dos romanos só se mostrava na luta corpo a corpo. Mas como forçar Cartago a lutar com eles corpo a corpo?

Tiveram uma ideia. Inventaram um sistema de grandes ganchos, a que chamavam corvos. Quando um navio romano se encostava a um navio inimigo, em vez de procurar fazê-lo ir ao fundo, apenas o segurava com os corvos, de modo que nada os pudesse separar. Em seguida invadiam o barco inimigo para a luta corpo a corpo.

O sistema do corvo deu ótimo resultado. A esquadra de Cartago foi destruída pela romana sob o comando de Duílio. Isto aconteceu em Miles, no ano 261 a.C. Mas essa primeira guerra de Roma com Cartago, embora vencida pela primeira, não ficou bem, bem, bem vencida, porque Cartago estava ainda de pé e poderia reerguer-se para vir incomodar Roma de novo.

— E com certeza, por causa da derrota, queimaram vivas uma porção de pobres crianças – disse Narizinho.

— Bem feito! Gostei de os romanos derrotarem aqueles monstros...

O PONTAPÉ DA BOTA

— Sim, mas os cartagineses se refizeram do desastre e se prepararam para a desforra. Viram que era inútil atacar Roma pela frente. Mas e por trás? Quem sabe se um ataque pelos fundos não daria melhor resultado? E nasceu a ideia de invadir a Itália pelo lado dos Alpes. Vocês sabem que a Itália forma uma grande península atravessada por uma grande cordilheira de montanhas sempre coberta de neve. Por ali os romanos jamais esperavam que nenhum inimigo entrasse, porque se a travessia das montanhas era dificílima para viajantes, muito mais para um exército que tem de conduzir uma bagagem enorme. Pois, apesar de todas as dificuldades, os cartagineses entraram pelos Alpes.

— Que danados!...

— Para isso tiveram de, primeiramente, conquistar a Espanha a fim de abrir caminho para os Alpes. Cartago possuía nesse tempo um grande general chamado Aníbal, que por alguns anos foi a maior ameaça que Roma teve em toda a sua vida. Aníbal realizou o prodígio de atravessar os Alpes à frente de um exército de cinquenta mil homens, com o qual marchou sobre Roma.

Aníbal sempre saía vencedor de todos os encontros; o mais importante ocorreu num lugar chamado Canas, onde os romanos em número de oitenta mil foram derrotados pelos cinquenta mil de Aníbal, com perda de setenta mil homens. Porém, depois da vitória parece que Aníbal errou; em vez de marchar imediatamente contra a cidade de Roma e sitiá-la, foi acampar na Ilha de Cápua que ficava não muito longe; lá perdeu um tempo preciosíssimo à espera de que Cartago lhe mandasse mais reforços.

Cartago nada mandou, nem podia mandar coisa nenhuma, porque Roma, vendo-se batida pela retaguarda, teve a ideia de não ficar

só na defesa e atacar também. Roma atacou Cartago com a esquadra e retomou a Espanha, cortando assim a retirada ao exército de Aníbal.

Quem comandava as forças romanas era um grande general: Cipião, que depois recebeu o sobrenome de Africano. Cipião, o Africano, de fato retomou a Espanha e trancou o caminho por onde Aníbal tinha vindo. Em seguida, foi para a África atacar a cidade de Cartago. Essa tática mudou o aspecto dos acontecimentos e transformou os desastres de Roma em vitória. Aníbal teve de regressar para defender sua pátria ameaçada, e quando as forças de Cipião se aproximaram teve de enfrentá-las num lugar chamado Zama, onde foi batido. Estava terminada a segunda guerra púnica, com a vitória do lado dos romanos pela segunda vez.

– Era um jogo de futebol, vovó! – disse Pedrinho.

– No primeiro tempo, Roma venceu por um a zero. No segundo, fez mais um gol, ganhando a partida por dois a zero.

– Não ganhara ainda. Esse jogo entre romanos e cartagineses não se dividiu em dois tempos, sim em três, porque houve a terceira e última guerra púnica.

– Quer dizer que o resultado final ia ser de três a zero – lembrou o menino que era *goalkeeper* no *team* da sua escola.

– Exatamente. Os romanos venceram a segunda guerra púnica, tomaram a esquadra dos cartagineses e lhes impuseram pesadíssimos tributos. Mas como da primeira vez já haviam feito o mesmo e, apesar disso, Cartago renascera ainda mais forte, a ponto de vir atacar Roma pelos fundos do quintal, os romanos resolveram destruir para sempre tão terrível inimigo. E, sem causa nenhuma, a não ser umas mentiras que eles mesmos inventaram, invadem pela terceira vez o território de Cartago. "Que é que vocês querem afinal?" – perguntam os cartagineses desesperados. "Que se mudem para o interior, a um mínimo de 15 quilômetros da costa" – responderam os romanos.

Ora, isso seria o fim de tudo. Os cartagineses ficariam sem mar para exercer o comércio, sem meios de comunicação com o resto do mundo, sem nada. "Antes a morte!" – retorquiram eles. – E tiveram a morte. Por maior que fosse o heroísmo com que Cartago se defendeu, foi vencida. Quando Cipião a tomou, apenas cinquenta mil habitantes foram encontrados lá, dos seiscentos mil que constituíam a população antes do ataque.

Cartago foi queimada e arrasada; em seguida, o terreno foi arado e recoberto de sal para que nem capim nascesse ali. O trabalho de destruição foi tão bem-feito, que até hoje os arqueólogos discutem o lugar exato onde se localizava Cartago.

– Bem feito! – exclamou Narizinho. – Foi o que ganharam com a queima das pobres crianças.

O NOVO CAMPEÃO

– Imaginem vocês – continuou Dona Benta – a empáfia dos romanos depois disso! Estavam os campeões do mundo, os donos! Ser cidadão romano tornou-se, além de grande honra, uma garantia. Tal como hoje ser cidadão americano ou inglês. Roma então resolveu entrar pelo caminho das conquistas.

– Mas não era isso um crime, vovó? Isso de ir invadindo os outros países e destruindo e incendiando e roubando?...

– Está claro que era, mas o que quer você, minha filha? A história da humanidade não passa disso. Não passa de uma série imensa de crimes cometidos pelo mais forte contra o mais fraco. Por essa época o romano estava mais forte e, portanto, ia assaltar e roubar os outros, com este ou aquele pretexto, e iria fazer isso até que surgisse quem por sua vez lhe fizesse o mesmo.

Roma já estava senhora da Espanha e do Norte da África, com exceção do Egito. Gostou. Achou excelente negócio saquear as riquezas acumuladas pelos outros povos; e não parou mais. Por muitos séculos, a sua grande indústria seria a pilhagem dos mais fracos.

Os romanos tinham espírito de organização. Eram diferentes dos gregos, que só pensavam em belas-artes, escultura, pintura, arquitetura, poemas. Os romanos preferiam dedicar-se a coisas úteis, aos seus planos de tomar conta do mundo. Como para isso fosse necessário um serviço rápido de comunicações trataram de abrir estradas em todos os rumos, de modo que seus exércitos pudessem alcançar com rapidez qualquer ponto que conviesse. As estradas dos romanos não eram simples estradas de terra, das que ficam intransitáveis durante as chuvas. Eram estradas de pedra, muito bem construídas; tão boas que muitas ainda existem, apesar de feitas há dois mil anos.

E construíram tantas e tantas léguas de estradas, que até hoje está em uso uma expressão muito comum: "Todos os caminhos vão dar em Roma". Dizemos assim porque naquele tempo todas as estradas iam realmente dar em Roma.

Eles não demonstraram espírito prático somente nisso, mas em mil coisas. Nas águas, por exemplo, o uso em toda parte era o mesmo: carregar para as casas água do rio ou da fonte. Os romanos foram os primeiros na Europa que fizeram vir água para as cidades por meio de canalizações. O sistema de usar a água do rio mais próximo era ruim, porque o povo se via forçado a beber águas duvidosas, impuras e contaminadas de germes.

Os romanos só bebiam água pura. Para tê-la construíam canalizações de pedra, que iam apanhar a água às vezes muito longe da cidade, a léguas de distância. Hoje essas canalizações são feitas com canos de ferro, ou manilhas de barro. Os romanos as faziam de pedra e cimento, com o nome de aquedutos ou condutores de água. Quando o aqueduto tinha de atravessar um vale, ou um rio, construía-se uma ponte com arcos de pedra para o sustentar. No Rio de Janeiro, temos um exemplo desse tipo de construção.

– Quer dizer que os romanos já estiveram no Rio de Janeiro? – observou Emília lá do seu canto.

Todos riram-se.

– Não – disse Dona Benta. – Para construir um aqueduto não é obrigatório que o construtor seja romano. Quem fez o aqueduto do Rio de Janeiro foi o Conde dos Arcos, que era português. Hoje está desativado, porque a cidade cresceu muito e as canalizações usadas são as de ferro.

Outra novidade dos romanos foi a construção de esgotos. Antes deles, cidade nenhuma possuía uma canalização especial para isso. Lixo e água suja eram lançados na rua, na porta do vizinho. Imaginem a porcaria das grandes cidades antigas, Nínive, Babilônia etc.!

Tinham um grande espírito prático, os romanos. Roubaram, saquearam o mundo, foram crudelíssimos, mas em compensação fizeram muitas coisas boas que até hoje nos estão servindo. Leis, por exemplo, isto é, regras que todos têm de obedecer. Certas leis romanas eram tão bem-feitas e sábias, que com pequenas mudanças vigoram ainda hoje nos países civilizados.

– E de que viviam os romanos, vovó?

– Das taxas ou impostos que cobravam dos vencidos. Todas as cidades tinham de lhes pagar tributos, assim Roma tornou-se a cidade mais rica do mundo. Esse dinheiro era gasto na construção de monumentos, templos, banhos públicos, anfiteatros, festas e no sustento do povo.

– Como eram os tais anfiteatros?

– Como os estádios de hoje, campos de futebol com arquibancadas. Em vez de futebol e outros jogos modernos, eles tinham a corrida de carros e as horríveis lutas dos gladiadores, entre si ou com as feras. Os carros de corrida eram de duas rodas e puxados por dois ou quatro cavalos, que o cocheiro guiava de pé.

– Que pena não haver mais luta de gladiadores! – exclamou Pedrinho, que havia visto uma gravura a respeito.

– Não diga isso, meu filho! Seria horroroso para a nossa sensibilidade de hoje. Os gladiadores não passavam de pobres escravos, homens fortes escolhidos entre os prisioneiros de guerra, que os romanos faziam lutar entre si, ou com as feras, para regalo do povo. Ah, meus filhos, a crueldade dos romanos, como aliás a de quase todos os povos antigos, arrepia a gente. Gostavam de ver espirrar sangue, de ouvir gemidos de dor. Os pobres gladiadores em regra lutavam na arena até a morte.

– Em regra? Quer dizer que as vezes escapavam?

– Sim, às vezes escapavam. Se um deles durante a luta, por qualquer motivo, caía na graça dos espectadores estava salvo. A assistência erguia a mão, com o polegar voltado para cima. Isso queria dizer que o povo romano lhe concedia a vida. De modo que, quando a luta chegava ao fim, o vencedor mantinha o vencido aos seus pés, à espera de que o povo decidisse se devia matá-lo ou não. Se milhares de braços se espichavam com os polegares erguidos, era sinal ou ordem para não matar; se os polegares se voltavam para baixo, era a morte.

HISTÓRIAS DO MUNDO PARA CRIANÇAS

Os romanos sempre se mostraram muito duros para com os povos vencidos. Além de lhes tirar todas as riquezas, escravizavam os homens e os traziam para trabalhar na Itália. Em consequência, Roma tornou-se fabulosamente rica, porque a sua obra de pilhagem durou séculos. Mas a riqueza era só para os ricos; o povo vivia na miséria.

Riquezas assim roubadas acabam fazendo mais mal do que bem. Entre os próprios romanos ricos começaram a surgir protestos. Ficou célebre o caso dos dois irmãos Graco, que sacrificaram até a vida para que os pobres tivessem um pouco mais do que estavam tendo. Eram netos do grande Cipião, o Africano, o tal que destruiu Cartago. A mãe deles chamava-se Cornélia. Conta-se que um dia, quando ainda meninos, Cornélia recebeu a visita de uma orgulhosa dama, a qual, depois de lhe mostrar todas as preciosas joias que trazia no corpo, pediu para ver as de Cornélia. Cornélia chamou os dois filhinhos, Tibério e Caio e apresentou-os à dama emproada, dizendo: "Eis as minhas joias".

– Aposto que vovó faria o mesmo – disse Narizinho – se alguém lhe pedisse para ver as joias...

– Está claro, minha filha. Vocês são as minhas joias.

– E eu? – reclamou Emília.

– Você não é neta de vovó – disse Narizinho. – Não é joia nenhuma...

Emília fez bico, mas Dona Benta consolou-a.

– É, sim, Emília. Você é a minha joia número 3. E o Visconde é a quarta...

Emília botou a língua para Narizinho – Ahn!...

Dona Benta continuou:

– Os dois Gracos foram as joias de sua mãe Cornélia, e depois de crescidos tornaram-se as joias do povo romano. Ambos lutaram sem descanso para mudar a horrível situação da plebe. Queriam melhorar a sorte das classes pobres, cuja miséria chegara ao extremo numa cidade onde a riqueza não tinha limites; mas acabaram assassinados pelos poderosos ricos...

– Que coisa esquisita, vovó! – observou Pedrinho. – Sempre que um homem quer fazer bem à humanidade, os poderosos dão cabo dele...

CÉSAR E BRUTUS

– No ano 100 a.C. – continuou Dona Benta, no dia seguinte –, nascia em Roma uma criança destinada a um grande papel no mundo. Chamou-se Júlio César. Ainda muito moço já mostrou o que valia na luta contra os piratas.

– Que piratas eram esses, vovó? – perguntou Pedrinho, que achava a pirataria uma coisa romântica.

– Os piratas do Mediterrâneo. Depois que Roma se fez a senhora do mundo e obrigava todos os povos a lhe pagarem tributos, o Mediterrâneo vivia cheio de naves que vinham de todos os pontos carregadas de riquezas. Isso despertou a cobiça dos ladrões e o mar se encheu de piratas. Contra eles, foi enviado o jovem Júlio César.

O trunfo, porém, lhe saiu às avessas. Em vez de aprisionar os piratas, os piratas é que aprisionaram Júlio César, exigindo em seguida o pagamento de enorme soma para o seu resgate. César não se intimidou. Embora soubesse que tinha a vida nas mãos daqueles bandidos, declarou que se fosse libertado viria de novo combatê-los; havia de capturá-los a todos e castigá-los, um por um.

Os piratas não levaram a sério a ameaça, e restituíram-no à liberdade logo que o dinheiro do resgate chegou. "Prosa dele" – haviam de ter dito. – "Já conheceu a nossa força e noutra não se mete." Mas erraram, porque César cumpriu o prometido. Mal se pilhou de novo em Roma, organizou uma boa esquadra e veio dar caça aos ladrões, conseguindo capturar a todos e levá-los para terra, onde foram postos na cruz. Era esse o modo de Roma tratar os ladrões.

– Interessante! – exclamou Narizinho com ironia. – Um castigo tão horrível para os que roubavam no mar um bocadinho do colosso que eles roubavam em terra na pilhagem dos outros povos! A mesma coisa é crime, se feita em ponto pequeno; e é glória, se feita em ponto grande...

– O mundo é isso mesmo, minha filha, sempre foi e talvez continue assim. Essa indignação que você sente é própria da idade. Quando crescer, há de acostumar-se e achar tudo muito natural. É a vida. Mas voltemos a César. A sua luta contra os piratas trouxe-lhe crédito, porque foi bem-feita e inteligente. Os romanos viram que havia nele a massa de um grande general. Por esse tempo, lá pelas partes mais afastadas do Império Romano...

– Que Império é esse, vovó? – interrompeu o menino. – É a primeira vez que a senhora pronuncia essa palavra.

– Império Romano chamava-se o conjunto de todos os países que haviam sido subjugados pelos romanos e lhes pagavam tributos. Como é hoje o Império Britânico, que compreende as Índias, o Canadá, a Austrália, grande parte da África etc[13]. Mas havia sempre em alguma das partes do Império Romano revoltas para a reconquista da liberdade: daí a necessidade de manter exércitos que não deixassem ninguém erguer a cabeça. Por aquele tempo, a revolta contra os romanos estava acesa na Espanha e na Gália, que era o país de onde ia nascer a França de hoje. César viu-se o escolhido para fazer com esses povos o que havia feito com os piratas.

Foi, e dominou-os completamente. Sobre tais campanhas escreveu uma primorosa obra chamada *Comentários*, ainda hoje usada para o estudo nas aulas de latim.

– Por que é que a língua dos romanos se chama latim, vovó?

– Porque Roma havia sido fundada numa parte da Itália de nome Lácio, ou *Latium*, como eles diziam. Depois de submeter a Espanha e a Gália, César embarcou com o seu exército para as Ilhas Britânicas, que também conquistou.

César havia se tornado notável pelo modo de conduzir a guerra e também pela maneira inteligente com que governava os vencidos. Além disso, era adorado pelas tropas. Tais vantagens despertaram o ciúme do seu amigo Pompeu.

– Quem era este?

– Um general romano que fora mandado fazer dos lados do Oriente o que César estava fazendo dos lados do Ocidente. César teve a sorte de fazer mais, de conquistar mais países, de tornar-se mais famoso, e Pompeu roeu as unhas, enciumado. Quando César, depois de submeter as Ilhas Britânicas, vinha de volta para a Gália, Pompeu foi ao Senado convencer os senadores de que era preciso demiti-lo daquele comando. O Senado mandou ordem a César para que deixasse o comando das tropas e voltasse. César desconfiou da ordem.

---

13. O Império Britânico que dominava o mundo e tinha colônias pela Ásia, África, América e Oceania não existe mais. Quase todas as antigas colônias tornaram-se independentes na segunda metade do século XX.

MONTEIRO LOBATO

Refletiu muito. Por fim, deliberou obedecer em parte. Iria, sim, a Roma, discutir o seu caso com os senadores, mas à frente do exército.

– Sim, senhora! Era o que nós aqui chamamos um "cabra escovado!" – disse Pedrinho. Dona Benta riu-se do contraste daquela expressão chula com a dignidade do assunto e continuou.

– Muito bem. Assim resolvido, César tomou o caminho de Roma, sempre à frente do seu exército. Dias depois chegava às margens do Rubicão, um pequeno rio na fronteira da Itália. Era proibido que qualquer general atravessasse esse riozinho à frente dos seus exércitos, para evitar que entrasse em Roma muito forte e lá impusesse a sua vontade ou se tornasse rei.

Ao alcançar o Rubicão, César deteve-se por algum tempo, refletindo. Depois resolveu-se e disse: "*Alea jacta est!*" que significa: "A sorte está lançada!" e atravessou-o. Até hoje usamos uma expressão que relembra esse fato. Quando alguém se decide de maneira irrevogável, depois de vacilar algum tempo, dizemos que "atravessou o Rubicão".

HISTÓRIAS DO MUNDO PARA CRIANÇAS

Logo que a notícia da passagem do Rubicão chegou a Roma, Pompeu viu-se perdido e escapou com suas tropas do lado da Grécia. César chegou e em poucos dias virou o chefe, não só da cidade de Roma, como de toda a Itália. Em seguida, tomou o caminho da Grécia, onde derrotou as forças de Pompeu. Ficou então o chefe supremo do Império Romano.

– Sim, senhora, vovó! – exclamou Narizinho. – Não resta dúvida que o Senhor Júlio César sabia fazer as coisas.

– Sabia como ninguém, e novamente o iria mostrar na conquista do Egito. Este país era o único ainda fora do papo da insaciável Roma. César deliberou conquistar o Egito. Foi e não foi fácil. Foi fácil porque não houve luta brava, os egípcios não podiam resistir a Roma; não foi fácil porque no trono egípcio estava a célebre rainha Cleópatra, que era uma rapariga do chifre furado. De tal modo soube engazopar César com os seus encantos que, embora o Egito passasse a ser província romana, ela continuou no trono, a governar em nome de Roma.

Por esse tempo houve um sério levante a leste do Império, e César teve de ir correndo acudir ao perigo. Largou Cleópatra e foi e chegou e viu e venceu, e tudo sanou em brevíssimo espaço de tempo. A mensagem que ele mandou a Roma sobre os acontecimentos ficou célebre pela concisão.

– Devia ser muito lacônica – sugeriu Narizinho.

– Realmente, parecia uma mensagem de espartano. Dizia assim: *Veni, vidi, vici.* Três palavras apenas, significando: Cheguei, vi e venci.

Isso entusiasmou de tal modo o povo, que quando César reapareceu em Roma muita gente pensou em fazê-lo rei.

– Mas se César governava todo o Império, que era se não rei? – observou Pedrinho.

– Os povos têm certas superstições com as palavras – explicou Dona Benta. – Os romanos, por exemplo, implicaram-se com a palavra rei, desde o caso daquele rei Tarquínio que tiveram de botar fora. Veio daí o ódio à palavra rei, à palavra só, porque eram governados por homens que tinham todo o poder que um rei tem, ou mais, como esse César.

Mas o ódio à palavra rei era tal em certos romanos, que logo se formou uma conspiração para matar a César, de medo que realmente virasse rei. À frente dos conspiradores estava um tal Brutus, que até então havia sido o melhor amigo de César.

111

E mataram-no. Um dia em que ele entrava no Senado, os conspiradores o envolveram, armados de punhais. César quis defender-se, apesar de ter nas mãos apenas um estilo, que era a pena de escrever usada naqueles tempos. Súbito, percebeu entre os assaltantes o seu amigo Brutus. O choque foi grande e, desistindo de resistir, César murmurou a célebre frase *Tu quoque Brutus!*" que queria dizer "Também você Brutus!" e caiu atravessado pelos punhais assassinos.

Foi um grande rebuliço, como se pode imaginar. Antônio, um dos bons amigos de César, fez ao lado do seu corpo ainda quente um discurso comovedor, cujas palavras calaram fundo no sentimento do povo. Se os matadores não foram reduzidos a frangalhos, é que já haviam desaparecido de Roma, como por encanto.

A palavra César escrevia-se em latim *Caesar*. Daí os alemães tiraram a palavra *Kaiser* com que nomeavam os seus imperadores. Os russos também adotaram o segundo nome de Júlio César para nomear os seus reis, e criaram a palavra Czar ou Tzar.

Nesse ponto Emília deu uma piadinha: "Acho que a morte de César foi uma brutalidade...".

Todos riram-se sem querer.

O IMPERADOR DIVINIZADO

Pedrinho lembrou que um dos camaradas do sítio tinha um cachorrinho com o nome de César, e achou que era desaforo.

– Por que desaforo? – protestou Narizinho. – O cão é um ente como outro qualquer e de melhores sentimentos que muitos homens.

A conversa recaiu sobre nomes. E nome vai, nome vem, Dona Benta começou a falar de um homem que deu o nome a um dos meses do ano.

– Dar o nome a uma rua – disse ela – já é alguma coisa. Dar nome a uma cidade como fez Alexandre à cidade de Alexandria é bastante. Mas o que me dizem de dar o nome a um mês do ano e, portanto, vê-lo eternamente repetido por milhões de criaturas? Pois foi o que aconteceu ao sucessor de César, um homem que subiu tão alto no conceito dos romanos que chegou a ser transformado em deus depois de morto.

– Quem foi ele, vovó?

– Espere. Depois da morte de César foram escolhidos três homens para conjuntamente governarem o Império; aquele Antônio, que fez o discurso sobre o corpo do seu grande amigo e Otávio, que era sobrinho de César. Do terceiro nem vale a pena lembrar o nome, pois foi logo posto de lado. A lei da Natureza quer que cada corpo tenha uma só cabeça. Três cabeças é absurdo, e duas também.

– Só minhoca, vovó – lembrou Pedrinho. – As minhocas usam duas cabeças.

– Tem tão pouca importância uma cabeça de minhoca que elas podiam até ter mil, que dava na mesma. Gente, ou bicho decente, dos que merecem atenção, só tem uma cabeça. Os povos também só podem ser governados por um rei, ou por um chefe único. Se botam no trono dois ou três em vez de um, há briga feia e o mais esperto acha logo jeito de ficar sozinho. Assim aconteceu naquele tempo. Otávio e Antônio botaram fora o terceiro e depois cada qual tratou de ficar só.

– A senhora está sendo injusta com as minhocas – protestou Emília. – Bem inteligentes que são. Os abrigos antiaéreos, quem é que os inventou? As minhocas... Quando há bombardeios de aviões, os homens suspiram de inveja delas...

Dona Benta riu-se daquela ideia e continuou:

– As coisas tinham sido arranjadas de modo que Antônio tomasse conta de uma parte do Império e Otávio, de outra. A Antônio coube o pedaço no qual entrava o Egito; teria de morar em Alexandria, a cidade onde reinava a linda Cleópatra. Otávio, com residência em Roma, tomaria conta do resto.

Assim que Antônio chegou ao Egito, aconteceu-lhe o mesmo que a Júlio César: foi enleado pelo amor de Cleópatra, com a qual acabou casando-se, apesar de estar casado em Roma com a irmã de Otávio. Deu-se então o rompimento entre Antônio e Otávio, e a guerra veio. Foi guerra curta, na qual Otávio obteve vitória completa. Ao ver sua esquadra destruída, Antônio suicidou-se.

– Pobre bígamo! – exclamou Emília para mostrar ciência – mas errou na pronúncia: disse *bigâmo*... Todos fingiram não ouvir, de dó dela.

– Cleópatra tentou fazer com o vencedor o que fizera com César e Antônio, mas desta vez os seus encantos falharam; Otávio era um espírito calculista, e de nenhum modo deixaria que uma mulher viesse atrapalhar os seus planos de tornar-se o maior homem do mundo. Ao ver que nada conseguia e que sua sorte tinha de ser a mesma dos outros prisioneiros: ser levada a Roma e mostrada ao povo, Cleópatra resolveu acompanhar Antônio no suicídio. Obteve que uma fiel escrava lhe trouxesse uma cesta de figos com uma pequena víbora dentro: uma viborazinha venenosíssima, chamada áspide. Tomou a áspide, deixou-se morder no seio e morreu.

Estava Otávio como queria: sozinho no governo do Império, isto é, do mundo. Ao regressar a Roma, o povo aclamou-o "imperador" e fê-lo trocar o nome de Otávio pelo de *Augústus Caesar*, que é como quem diz: Sua majestade César. Isto foi no ano 27 depois do nascimento de Cristo. Roma, que havia passado 509 anos sem rei, tinha agora um chefe supremo que era muito mais que um rei.

– Que idade tinha esse Otávio, vovó? Vinte anos, como Alexandre?

– Um pouco mais. Tinha 36.

– Oh, estava maduro! – exclamou Narizinho.

– E talvez por isso governasse bem. Tinha juízo; não se deslumbrou com o poder, como acontece aos que sobem ao trono muito cedo.

A cidade de Roma, como capital do mundo, havia desbancado em população e grandeza todas as cidades antigas. Mas faltava-lhe beleza. Augusto resolveu enchê-la de monumentos e substituir as casas de tijolos por outras de mármore. Um dos notáveis monumentos construídos nessa época foi o Panteão.

– Não quer dizer o mesmo que Partenon?

– Partenon vem do nome da deusa Minerva– Athene Parthenos; e Panteão é palavra formada de duas outras – *Pan*, que quer dizer todos e *theon*, que quer dizer deuses. Era um templo erigido a todos os deuses.

A cidade ficou grandemente embelezada, tal o número dos monumentos de mármore construídos pelos melhores artistas gregos e romanos. Daí lhe veio o nome de Cidade Eterna, que até hoje tem. Aos seus habitantes pareceu que aquilo estava tão sólido, de pedra como tudo era, que Roma jamais poderia ter fim.

– Que vontade de conhecer a Roma daqueles tempos! – exclamou Pedrinho.

– Você encontraria uma grande praça central, chamada Fórum, na qual gente vinda de todas as partes trazia uma sorte de coisas para vender. Em redor do Fórum, erguiam-se templos, cortes de justiça, edifícios públicos, termas ou banhos.

Uma das novidades de Roma eram os arcos do triunfo, erguidos em várias ocasiões para comemorar as grandes vitórias. Os heróis que voltavam com as suas tropas vencedoras desfilavam através desses arcos.

O Circo Máximo era um estádio tão grande que podia abrigar duzentos mil espectadores. Foi demolido por Augusto a fim de abrir espaço para as novas construções.

– Não era o tal Coliseu, vovó?

– Não. O Coliseu foi construído alguns anos depois da morte de Augusto. Também imenso, como ainda podemos ver das ruínas que restam. Os viajantes que visitam essas ruínas sentam-se nos mesmos assentos onde se sentaram os césares e ainda podem ver nas lajes manchas de sangue dos homens e animais que ali perderam a vida para regalo do povo.

– Está aí uma coisa que não me escapará – disse Pedrinho. – Hei de passar um dia inteiro no Coliseu, quando crescer, para recordar as terríveis cenas ali passadas.

– Esse tempo de Augusto foi o apogeu de Roma, isto é, o ponto mais alto da sua grandeza. Até nas artes e nas letras nunca houve tantos nomes notáveis. Basta citar dois poetas que vocês hão de ler um dia: Horácio e Virgílio. Horácio compôs uns versos chamados odes, que ficaram sendo os modelos do gênero; e Virgílio escreveu um poema épico chamado *Eneida*, no qual conta a história do troiano Eneias, remotíssimo antepassado de Rômulo e Remo, os fundadores de Roma. São esses os dois maiores poetas romanos.

Quando Augusto morreu foram erguidos templos em sua homenagem, onde era adorado como deus pelo muito que havia feito pela pátria. Seu nome entrou no calendário para designar o mês que, ainda hoje, nós chamamos agosto; que os ingleses chamam *august*; os franceses *août*; os espanhóis, *agosto*; os italianos, *agosto* e os alemães *august*: todos variações do nome de Augusto.

– O chá está na mesa – veio dizer Tia Nastácia.

J. N. R. J.

No dia seguinte, Dona Benta pulou de Augusto para Jesus Cristo.

– Augusto – disse ela – tinha sido o Senhor do Mundo. Havia encontrado uma Roma de tijolo e deixado uma Roma de mármore. Teve seu nome num dos meses do ano. Por fim, depois de morto, foi considerado deus. Parece impossível que um homem pudesse vir a ser mais, e, no entanto, um que seria bem mais já era menino de 14 anos quando Augusto morreu. Chamava-se Jesus e nascera numa pequenina cidade da Judeia, de nome Belém. Filho de um pobre carpinteiro, Jesus trabalhava com seu pai José no mesmo ofício. Só depois que chegou aos 30 anos é que saiu pelo mundo a espalhar as suas ideias.

– Que ideias eram, vovó? – perguntou Narizinho.

– Ideias novas, minha filha, ideias que viriam mudar completamente a situação do povo romano; isto é, da grande massa de povo que trabalhava e sofria. Jesus ensinou que todos os homens eram irmãos e deviam amar uns aos outros. Também ensinou aquela regra de ouro de Confúcio: "Não façais aos outros o que não quereis que vos façam".

Para alívio e consolo dos pobres escravos, cuja vida era um inferno de sofrimento, Jesus ensinou que havia outra vida, onde os bons seriam premiados e os maus castigados.

Os judeus pobres ouviram as palavras de Jesus e acreditaram nelas, ficando certos de que ele iria libertá-los do odioso jugo dos romanos. Já os judeus ricos e poderosos, bem como os sacerdotes, tiveram receio daquelas ideias, em tudo opostas ao que eles ensinavam e queriam que fosse. Começaram então a conspirar contra ele.

Quem por esse tempo governava a Judeia era um enviado de Roma, o Procônsul Pôncio Pilatos, sem ordem do qual era impossível aos sacerdotes se desembaraçarem de Jesus. Os judeus ricos foram se queixar a Pilatos. Inventaram que Jesus queria ser rei dos judeus. Chamado a explicar-se, Jesus declarou que quando falava em reino referia-se ao reino dos céus, não a nenhum reino da Terra; Pilatos compreendeu que Jesus estava pregando uma nova religião, coisa de nenhuma importância para um romano.

– Por quê?

– Porque os romanos tinham tão pouca preferência por esta ou aquela religião, que chegaram a erguer o Panteão, onde se viam reunidos todos os deuses existentes no mundo. Ora, uma religião a mais não queria dizer coisa nenhuma. Pilatos não podia, portanto, condenar Jesus à morte por um crime que para ele não era crime. Mas, a despeito de pensar assim, quis agradar aos judeus ricos e entregou-lhes Jesus, dizendo: "Vocês são todos judeus e, portanto, lá se arrumem". Era o que os sacerdotes queriam. Reuniram-se e condenaram Jesus a morrer crucificado.

No período em que andou pregando pela Terra, Jesus havia reunido doze discípulos, que viraram os apóstolos. Depois de sua morte, esses doze apóstolos espalharam-se pela Terra, ensinando aos povos as coisas que Jesus lhes havia ensinado. Muita gente aceitou tais ideias, e assim começou a crescer o número de partidários de Cristo, ou cristãos.

Quando o número dos cristãos aumentou de modo a dar na vista, os romanos impressionaram-se, convencidos de que eles procuravam criar um novo império, rival a Roma, e o período das perseguições teve começo. Os cristãos viram-se forçados a só se reunirem em lugares desertos ou em subterrâneos. Mesmo assim as ideias cristãs continuaram a espalhar-se. Por fim, criando coragem, os seus chefes puseram-se a pregar à plena luz do dia, sem medo nenhum.

Se eram presos mostravam a maior coragem e grande desamor pela vida. Sentiam até prazer em se sacrificarem pelas ideias de Jesus.

No primeiro século depois do nascimento de Cristo, inúmeros cristãos foram condenados a mortes horríveis, em vista das denúncias dos traidores. Eram chamados mártires. O primeiro mártir foi um homem de nome Estêvão, apedrejado no ano 33 A.D.

– A.D.? Que quer dizer A.D., vovó? – perguntou Narizinho.

– Quer dizer em latim, *Annus Domini*, o Ano do Senhor. O nosso calendário conta os anos a partir do nascimento de Cristo. O ano do seu nascimento é o ano UM. Os que ficam para trás contam como vocês já viram: ano tal a.C. ou antes de Cristo. Os que ficam para diante contam "em seco"; exemplo: 1947 ou com essas duas letras adiante: 1947 A.D.

Um dos homens que fez Estêvão morrer apedrejado chamava-se Saulo. Era um romano como todos os outros, cheio de orgulho, que considerava os cristãos como inimigos de Roma e os perseguia cruelmente. Em certo momento de sua vida, Saulo pensou melhor e viu que estava errado. Aceitou as lições de Cristo e com o nome de Paulo transformou-se no seu maior campeão.

– É São Paulo?

– Sim. Paulo passou a pregar a religião de Cristo com o mesmo ardor e entusiasmo com que antes a havia perseguido; acabou também condenado à morte. Como fosse cidadão romano, sua morte não podia ser na cruz. Gozaria do privilégio de ser decapitado, e foi decapitado. Depois de morto passou a ser um dos grandes santos do cristianismo. São Paulo e São Pedro foram os mais notáveis cristãos desse período.

A Pedro, que era um dos doze apóstolos, Jesus havia dito: "Eu darei a ti as chaves do reino do céu", que era o mesmo que dizer que ele seria uma espécie de seu sucessor na terra. Pedro foi lançado à prisão e condenado à morte na cruz. No momento do suplício, pediu que o pregassem de cabeça para baixo, pois não merecia a honra de receber morte igual à de Cristo. No lugar onde Pedro foi crucificado, ergueu-se mais tarde a maior igreja cristã do mundo: a Catedral de São Pedro de Roma.

– E que significam aquelas letras que aparecem no alto da cruz de Jesus Cristo: J. N. R. J.?

– Significam Jesus de Nazaré, Rei dos Judeus. Os homens que o fizeram morrer na cruz acusavam-no de querer ser rei da Judeia e puseram aquela inscrição por ironia.

O MONSTRUOSO NERO

– Como há gente ruim no mundo! – exclamou Narizinho. – Essa morte de Cristo, como a de Sócrates e a dos Gracos, até desanima a gente... Os verdadeiramente bons nunca são perdoados. Parece que o maior crime que existe é ser bom...

– Por isso é que eu gosto das minhocas – disse Emília. – Essas coitadinhas nunca deram cicuta a nenhum Sócrates de duas cabeças, nem crucificaram ninguém...

HISTÓRIAS DO MUNDO PARA CRIANÇAS

– Como há gente má no mundo! – repetiu Narizinho, suspirando.

– Se há! – emendou Dona Benta. – Mas o grande perigo é os maus ficarem em situação de poderem ser maus à vontade, como aconteceu ao imperador romano que veio alguns anos depois do grande Augusto. Chamava-se Nero, essa bisca.

– *Ui!* – exclamou Narizinho, que já conhecia alguma coisa da vida de Nero. – Só de lhe ouvir o nome já sinto um arrepio pelo corpo...

– Nero foi mesmo uma ruindade completa – continuou Dona Benta. – Matou a própria mãe. Matou sua mulher. Matou seu mestre, o velho filósofo Sêneca. Matou São Pedro e São Paulo. Incendiou Roma. Não há crueldade que esse diabo não tenha feito.

O sofrimento dos outros causava-lhe prazer. Com que gosto ia ao circo assistir ao espetáculo das feras estraçalhando pobres criaturas humanas! O fato de um homem ser cristão era o bastante para que Nero o torturasse da maneira mais horrível. Deu uma festa em palácio, durante a qual iluminou os jardins com tochas vivas. Sabem o que eram as tais tochas vivas? Cristãos untados de graxa e amarrados em espeques. Foram acesos como se acendem archotes...

– Ah! Um diabo desses é que merecia ser empalado num pau bem pontudo! – desabafou Emília.

– Não havia crueldade que lhe bastasse – continuou Dona Benta. – Para distrair-se, mandou incendiar a cidade e, enquanto a gigantesca Roma ardia, ficou de harpa em punho, gozando o quadro ao som de músicas por ele mesmo compostas. O incêndio durou uma semana e destruiu metade de Roma. Foi aí que a malvadez de Nero chegou ao apogeu. Ele mesmo ordenou o incêndio e depois, sabem o que fez? – pôs a culpa nos cristãos!

– Que horror, vovó! Como pode uma criatura ser má assim?... – exclamou a menina, horrorizada.

– Pôs a culpa nos pobres cristãos a fim de persegui-los com maior ferocidade ainda.

– Quem sabe se não era um louco, vovó?

– Devia ser. Só a loucura pode explicar muitos atos de sua vida. Certa vez, mandou construir um imenso palácio, forrado extravagantemente de ouro e madrepérola, tendo na entrada uma colossal estátua de si próprio, de 17 metros de altura.

– De madrepérola também? – perguntou Emília, ingenuamente.

– De bronze, que é sempre o material preferido para as estátuas que ficam ao ar livre. Esse palácio chamava-se a Casa de Ouro de Nero. Numa das invasões que Roma sofreu mais tarde, a estátua e o palácio foram arrasados, bem como a maioria dos monumentos existentes. O Coliseu, ou *Colosseum*, construído alguns anos depois, dizem que teve esse nome por causa da tal colossal estátua de Nero, que havia sido mudada para lá.

Nero tinha todos os defeitos; entre eles, o de uma vaidade sem conta. Imaginava-se grande poeta e grande cantor, gostando de recitar e cantar para os outros ouvirem. E ai de quem não abrisse a boca de admiração! Era o mesmo que condenar-se à morte.

Tais fez, que o povo romano, cansado de aturá-lo, decidiu dar o basta. Quando Nero percebeu que estava perdido, quis suicidar-se. Mas onde a coragem para isso? Não tinha. Era covarde, como em geral todos os homens ruins. Entretanto tinha de matar-se antes que os conspiradores, que já vinham perto, o matassem. Nero encostou o peito à ponta de uma espada e tremeu, sem ânimo de enterrar-se nela. Um escravo, a seu lado, impacientou-se e prestou aquele grande serviço à humanidade: meteu-lhe a espada no peito. Roma e o mundo respiraram. Dizem que suas últimas palavras foram: "Que grande artista o mundo vai perder!"

– Cachorro! – exclamou Pedrinho, indignado.

– Não insulte os cães – protestou Narizinho. – Inda está para haver um cachorro que tenha feito um milésimo das ruindades desse monstro, não acha, vovó?

– Está claro que sim, minha filha. Nero conquistou o campeonato da maldade e parece que até agora não cedeu o lugar a ninguém.

Mas continuemos. Tempos depois, estando no poder o imperador Vespasiano, os judeus cansaram-se da dominação romana e se revoltaram. Vespasiano mandou contra eles um exército comandado pelo seu filho Tito. Os judeus entrincheiraram-se na cidade de Jerusalém, que era a sua capital, mas foram vencidos. Tito destruiu completamente a cidade, matando cerca de um milhão de judeus, e saqueou o grande templo que lá existia. Tudo quanto era de valor foi levado para Roma.

A fim de celebrar o grande acontecimento, ergueu-se no Fórum um arco do triunfo, através do qual Tito passou com suas tropas vitoriosas. Uma das esculturas que ornavam esse arco representava Tito saindo de Jerusalém com os ornamentos do templo, dentre eles, um famoso candelabro de sete braços. Esse candelabro, ou castiçal, anda hoje reproduzido por toda parte. Lembro-me muito bem de um que havia em casa do meu avô.

– Coitada de Jerusalém! – exclamou Pedrinho. – Quantas vezes destruída! Parece até formigueiro que a gente desmancha com o pé e as formigas reconstroem de novo...

– De fato, os judeus reconstruíram Jerusalém mais essa vez; grande número deles, entretanto, abandonou a Judeia e espalhou-se pelo mundo para nunca mais tornar. Hoje, os holandeses vivem na Holanda, os franceses vivem na França, os alemães vivem na Alemanha; porém, os judeus vivem em toda parte.

Tito passou a ser imperador depois da morte de seu pai, e apesar do que tinha feito para os judeus foi considerado como as "Delícias do Gênero Humano". Adotara a mesma regra de conduta dos escoteiros de hoje: fazer pelo menos uma coisa boa cada dia.

– Como se explica isso, vovó, que um homem bom assim tivesse sido tão cruel com os judeus?

– É que os judeus tinham se revoltado contra a autoridade de Roma, e para Roma o maior dos crimes consistia justamente nisso. Tratava-se da legítima defesa do império, ponto em que os romanos se mostravam implacáveis.

No tempo de Tito, aconteceu um desastre célebre. Com certeza vocês sabem o que é o Vesúvio...

– Sei! – gritou Emília, que acabava de entrar da cozinha onde estivera atropelando Tia Nastácia. – Vesúvio quer dizer: Tu *vês*, mas o *u* já *vio*.

Todos se entreolharam, sem no primeiro instante compreenderem aquela famosa asneirinha. Em seguida, deixaram-na a explicar a charada ao Visconde e voltaram à história do Vesúvio.

– Pois é – disse Dona Benta. – Há na Itália um vulcão chamado Vesúvio, que vive fumegando e de tempos em tempos dá uns horríveis estouros e vomita fogo, cinza e lava, isto é, pedra derretida. Quando o Vesúvio faz isso, diz-se que está em erupção.

No tempo de Tito, existia perto do Vesúvio uma cidade chamada Pompeia, que estava para Roma como Petrópolis está para o Rio de Janeiro. Os romanos ricos tinham lá vilas, onde costumavam passar temporadas. Um belo dia, logo depois que Tito subiu ao poder, o Vesúvio começou de súbito a deitar fogo e cinza com enorme fúria, sem dar à gente de Pompeia tempo de fugir. Foram todos asfixiados pelos gases venenosos, e depois soterrados pela chuva de cinzas ardentes. Povo e casas, tudo ficou completamente recoberto, de modo a ser impossível adivinhar que uma cidade tivesse existido ali.

A violência do Vesúvio, porém, sossegou, e com o passar do tempo o povo esqueceu a grande tragédia; mas esqueceu-se de tal forma que séculos mais tarde – quase dois mil anos depois! – tratou de erguer no mesmo ponto outra cidadezinha. Estava um homem a cavar o chão para um poço, quando deu com uma munheca humana.

– Mão de carne e osso?

– Mão de estátua. A notícia logo se espalhou e todos se puseram a cavar a misteriosa terra. Encontraram mais coisas. Cavaram mais.

Mais. Mais. O governo veio escavar também; a extinta cidade de Pompeia foi completamente desenterrada, tornando-se uma das coisas mais curiosas existentes no mundo.

– Que interessante, vovó, visitar uma cidade que esteve enterrada durante quase dois mil anos! – exclamou Pedrinho. Abençoado Vesúvio! Se não fosse ele, não teríamos jeito de saber como era uma cidade antiga.

Só sinto que em vez de Pompeia não ficasse enterrada Nínive, ou Babilônia, ou Roma. Isso é que seria negócio.

– Mas que se vê nessa Pompeia desenterrada, vovó? – quis saber a menina.

– Oh! tanta coisa... Casas perfeitinhas, as tais onde os romanos ricos vinham passar temporadas. Lojas, templos, palácios, banhos públicos. Teatros e o mercado, ou Fórum, como eles dizem. As ruas mostram o calçamento antigo, feito de largas pedras, ainda com os sinais deixados pelas rodas dos carros. O assoalho das casas é de mosaico, todo feito de pedrinhas coloridas, formando desenhos.

No vestíbulo de uma das casas desenterradas pode-se ver um mosaico representando um cachorro. Embaixo está escrito: *Cave canem.* "Cuidado com o cachorro!" Quer isso dizer que até uma brincadeira feita há quase dois mil anos, lá ao pé do Vesúvio, tornou-se nossa conhecida!

Ossos dos que morreram no desastre; corpos petrificados, ainda em posição indicativa do terror dos últimos momentos; joias e ornatos usados pelas mulheres; vasos e enfeites caseiros; lâmpadas, panelas e pratos. Tudo conservado! O mais notável, porém, foi o encontro em de um prato de bolos em cima da mesa e de um pedaço de pão meio comido em certa casa; nessa mesma casa, mais isto: carne preparada para ir ao fogo, caldeirão ainda com cinzas embaixo, feijão e ervilhas e, ainda, imaginem! Um ovo perfeitinho!...

– Um ovo? – repetiu a menina. – Oh, com certeza é o ovo mais velho do mundo!

– E chocaram esse ovo? – perguntou Emília.

Dona Benta mandou que Tia Nastácia a levasse para a cozinha. Aquilo também era demais...

UM BOM IMPERADOR E UM MAU FILHO

Naquele dia, antes que Dona Benta recomeçasse a contar a história do mundo, Pedrinho esteve a ler um artigo de jornal em que encontrou uma palavra desconhecida. A frase era assim: "... e o pobre homem a tudo resistiu estoicamente". – Estoicamente, que quererá dizer isto? – perguntou ele a Narizinho, que ia entrando. A menina também não sabia.

– Só vovó sabe, Pedrinho. Vovó é um colosso! Não há o que não saiba.

Nisto entrou Dona Benta, que ia continuar a sua história do mundo.

– Antes de mais nada, vovó – gritou Pedrinho –, quero que me diga o que é estoicamente. Estou engasgado com essa palavra, que li no jornal.

Dona Benta sentou-se na sua cadeirinha de pernas serradas e disse:

– Havia, em Atenas, um filósofo de nome Zeno...

– Espere, vovó! – interrompeu o menino. – A senhora esqueceu-se de responder à minha pergunta.

– Vai ver que desta vez ela não sabe – cochichou Emília ao ouvido do Visconde. – Não sabe e está disfarçando com o tal Zeno...

Mas Dona Benta sabia, e sabia tão bem que desejava começar do princípio. Assim foi que disse:

– Estou respondendo, sim, Pedrinho. Mas para ser bem compreendida tenho de dar um pulo até Atenas e pegar esse filósofo. Zeno pregava uma teoria interessante. Dizia que o meio de sermos felizes neste mundo é não procurarmos os prazeres e aceitarmos com a mesma cara tudo o que vier, agradável ou não. Os homens que seguiam essa filosofia tinham o nome de estoicos. Esses estoicos praticavam o estoicismo, e foi do estoicismo que saiu o advérbio estoicamente; isto é, de modo estoico.

– Ah, compreendo agora! – disse Pedrinho. –"... e o homem a tudo resistiu estoicamente" quer dizer que o pobre homem não ligava importância ao que lhe acontecia de mau. Compreendo. Continue, vovó.

HISTÓRIAS DO MUNDO PARA CRIANÇAS

– Pois essa filosofia de Zeno ficou muito na moda e teve entre os seus seguidores um grande homem: o imperador Marco Aurélio.

Isto se passou um século depois do reinado de Nero; se este Nero foi o pior, Marco Aurélio foi o melhor de todos os imperadores romanos. Melhor de coração. Só há uma coisa que mancha a sua vida: ter deixado que no seu governo os cristãos continuassem perseguidos. Mas é necessário compreender que os romanos estavam mais que certos de que os cristãos eram inimigos do Império. Isto explica o fato de imperadores de bons sentimentos, como este Marco Aurélio, consentirem nas perseguições.

– Mas qual era, afinal de contas, a religião dos romanos, vovó?

– Os romanos viram tantas religiões pelo mundo que ficaram atrapalhados e acabaram não seguindo nenhuma; ou antes, acabaram seguindo a de Cristo, mais tarde. Os seus deuses oficiais eram os mesmos deuses gregos, Júpiter, Juno etc. Mas não tinham grande fé neles, conservando-os por força do hábito, e também "por via das dúvidas". Também "por via das dúvidas", os romanos passaram a respeitar quantos deuses havia pelo mundo, e para honrá-los erigiram aquele Panteão. A filosofia tinha para os romanos muito mais importância do que a religião. Cada homem seguia os ensinamentos de um certo filósofo. Uns acompanhavam aquele Zeno; outros acompanhavam outro também muito em moda, chamado Epicuro.

Zeno pregava a indiferença a respeito de tudo, fosse prazer ou dor. Epicuro ensinava que na vida só devemos procurar o prazer.

– Estou com este filósofo – disse Pedrinho. – Não vejo razão para a gente procurar o que não dá prazer.

– Perfeitamente, meu filho. Está certo. Mas cumpre distinguir o que é prazer. Há os prazeres que fazem bem à gente e aos outros; e há os prazeres que acabam fazendo mal à gente e aos outros. A sabedoria da vida está em separar estas duas espécies de prazeres. Epicuro, que foi um filósofo notável, queria que só procurássemos o prazer útil, o prazer de boa qualidade. Muita gente ruim, porém, faz quanta patifaria há e diz-se epicurista. O pobre Epicuro nada tem que ver com tais epicuristas.

Mas, voltando ao meu assunto, Marco Aurélio foi o maior dos estoicos, um verdadeiro filósofo que os acasos da vida puseram no governo do mundo. Lembra Acbar, o famoso imperador da velha Índia.

Quando estava com o seu exército em campanha, nunca esquecia de ter consigo a mesa de escrever, os pergaminhos, a pena e a tinta.

– Pergaminhos?...

– Sim, naquele tempo ainda não havia papel, de modo que a escrita era feita em pele de carneiro, bem curtida e muito alva a que chamavam pergaminho. Nos intervalos dos seus deveres de general, Marco Aurélio vinha para sua mesa escrever pensamentos. A coleção desses pensamentos forma uma obra muito notável, hoje traduzida em todas as línguas: *Meditações.*

Um dos seus preceitos era o perdão dos inimigos, e parece que Marco Aurélio tinha até prazer em criar inimigos só para depois perdoá-los. Tudo quanto Cristo pregou, Marco Aurélio praticou; embora não fosse cristão. Nenhum dos imperadores cristãos que vieram mais tarde valeu em virtudes este pagão que perseguia os cristãos.

Pois bem, Marco Aurélio, que foi o que foi, teve como sucessor uma verdadeira peste chamada Cômodo, seu filho! Parece que as lições de moral do pai o aborreceram tanto na meninice que ele jurou fazer tudo pelo contrário, logo que fosse imperador. O pai tinha sido um estoico? Muito bem. Ele seria um epicurista, mas epicurista no mau sentido, dos que só procuram os prazeres perversos. Enquanto governou, Cômodo só fez o que lhe deu na cabeça, sem o mínimo respeito por coisa nenhuma. Só cuidava de si e dos seus prazeres, por mais desastrosos que fossem para os outros.

Era um verdadeiro atleta, de belos músculos e belo rosto; e tudo tinha de girar em torno da sua beleza física. Numa estátua colossal, fez-se esculpir tão forte e musculoso como Hércules, e obrigou o povo a adorar a estátua.

Também tomava parte nos campeonatos de luta, ganhando sempre. Quem ousaria vencê-lo? Se ele mandava envenenar os que apenas o criticavam, imaginem o que não faria para quem o batesse na luta! Mas afinal foi vencido na luta; e não de brincadeira. Um lutador pilhou-o de jeito, agarrou-o e estrangulou-o, bem estrangulado.

– Toma! – exclamou Narizinho, que sempre se regozijava com o mau fim dos déspotas. – Vou botar o retrato desse lutador na parede do meu quarto. Limpou o mundo de uma bisca...

Emília piou: – Que coisa incômoda para um império ser "comodamente" governado!...

In Hoc Signo Vinces

– Depois que Jesus Cristo foi crucificado – continuou Dona Benta –, todos quantos seguiam a sua doutrina, isto é, todos os cristãos passaram a ser tratados cruelmente, ou seja, perseguidos. Perseguidos, punidos e mortos só por essa causa: serem cristãos. Uns eram chibatados; outros, apedrejados; outros, despedaçados; outros, queimados vivos; outros, lançados às feras. Mas, apesar do horror dessas perseguições, o número de cristãos aumentava sempre. A morte não lhes metia medo, porque acreditavam em outra vida, lá no céu, muito melhor do que a que tinham na Terra. Tal estado de coisas durou até que tomasse conta do poder o primeiro imperador cristão, lá pelo ano 300. Chamava-se Constantino.

– Nasceu cristão ou virou cristão, como aquele Paulo?

– No começo não era cristão. Adotava por força do hábito os mesmos deuses antigos, Júpiter, Marte etc., aos quais parece que não dava muita importância. Mas tudo mudou depois de certa batalha. Antes de começar a luta, Constantino teve um sonho no qual viu no céu uma cruz luminosa com estas palavras em latim: *In hoc signo vinces*, o que queria dizer: "Com este signo vencerás". Aquilo o impressionou tanto que Constantino resolveu fazer uma experiência. Mandou que os soldados conduzissem como insígnia ou bandeira uma cruz; a batalha foi ganha. Imediatamente, Constantino fez-se cristão e transformou o Império Romano num império cristão, coisa fácil, dado o enorme número de cristãos já existentes.

Para celebrar a vitória de Constantino, o Senado Romano decretou a construção de um arco de triunfo no Fórum, como havia feito para Tito. Por ele passou o primeiro imperador cristão ao regressar a Roma.

A mãe de Constantino, que se chamava Helena, acabou santa: Santa Helena. Foi das primeiras que adotaram a religião cristã, depois da volta do filho. Sua natureza piedosa, a fez abandonar a vida da corte para dedicar-se a obras religiosas. Construiu uma igreja em Belém e outra no Monte das Oliveiras, lugar onde Cristo esteve com os apóstolos pela última vez. Dizem que de passagem por Jerusalém,

Helena encontrou a cruz em que Jesus havia sido pregado três séculos antes, e que mandou para Roma um pedaço dela.

Constantino também construiu muitas igrejas, uma das quais no lugar onde o apóstolo Pedro tinha sido crucificado.

Mais tarde, esta igreja foi demolida para abrir espaço à Catedral de São Pedro de Roma, que, como vocês sabem, é a maior igreja do mundo.

Constantino não gostava de Roma. Preferia viver numa cidade chamada Bizâncio, e acabou mudando-se para lá e dela fazendo a capital do império com o nome de Constantinopla ou cidade de Constantino.

– Isso sei eu – disse Pedrinho. – Como sei também que Petrópolis, Florianópolis, Higienópolis, Anápolis, querem dizer cidade de Pedro...

– De Pedro não – protestou Emília. De Petro!...

– Pedrinho está certo – disse Dona Benta. – *Petrus* é a forma latina do nome Pedro.

O menino continuou:

– ... cidade de Floriano, cidade da Higiene, cidade de Ana.

– Ana Bolena? – perguntou Emília.

Narizinho gritou para Tia Nastácia que levasse a boneca para a cozinha, pois caso contrário a história de Constantino não poderia continuar. Dona Benta prosseguiu:

– Depois que Constantino mudou de crença, tudo mudou para os cristãos, como era natural. Foi como aqui na vila quando o partido oposicionista ganhou a eleição e tomou conta da câmara. Quem iria dar as cartas, mandar dali por diante, seriam eles. Mas surgiram logo brigas, porque um queria que as coisas da religião fossem de um jeito e outros queriam que fossem de outro jeito. O ponto mais grave da divergência: resolver se Jesus Cristo era igual a Deus ou não.

Constantino fez uma coisa. Convidou a todos os que estavam discutindo aqueles assuntos para uma grande reunião, ou concilio, na cidade de Niceia. "Agora discutam e assentem de uma vez o que é e o que não é. O que a maioria decidir, ficará sendo." O concilio decidiu então que Cristo era igual a Deus. Também fez um resumo das principais coisas que um cristão deve crer, e esse resumo foi o Credo, que desde então todos aprendem de cor e repetem diariamente. Credo quer dizer: eu creio.

HISTÓRIAS DO MUNDO PARA CRIANÇAS

– Creio em Deus Padre Todo-Poderoso, senhor do Céu e da Terra... – murmurou Tia Nastácia, que havia entrado na sala para recolher Emília.

– Estão vendo? – disse Dona Benta. – Até Tia Nastácia, que é uma pobre negra analfabeta, sabe de cor o Credo de Niceia, isto é, o resumo da religião cristã feito pelo concilio lá reunido no ano 325, ou seja, 1621 anos antes deste ano de 1947 em que estamos hoje...

O concilio de Niceia também escolheu um dia da semana para ser dedicado à adoração de Deus. Foi assim que nasceu o domingo.

– Não havia então domingos antigamente, vovó? – perguntou a menina, muito admirada.

– Não. Em Roma, todos os dias da semana eram iguais.

– Credo! Que coisa sem graça não devia ser! – murmurou Tia Nastácia, retirando-se para a cozinha com a boneca no bolso do avental.

Todos riram. A pobre negra vivia dizendo: "Credo! Credo!" sem saber que usava essa exclamação por causa de um imperador romano chamado Constantino que havia reunido os principais chefes cristãos na cidade de Niceia no ano 325!...

– Constantino – continuou Dona Benta – foi o chefe do Império Romano só numa parte: a parte governo. Na parte espiritual, ficou sendo chefe o bispo de Roma, com o nome de papa, ou Pai dos Cristãos. Por muitos séculos o chefe de todos os cristãos foi o papa. Era ele quem decidia tudo. Depois houve briga e formaram-se dois partidos, um que continuou a ter como chefe o papa e outro que ficou sem chefe. Os cristãos do primeiro grupo são os católicos e os do segundo grupo são os protestantes.

– Que interessante! – exclamou Pedrinho. – Está aí uma coisa que eu vivia querendo saber...

OS BÁRBAROS

– Mas o Império Romano – continuou Dona Benta – ia ter fim, porque tudo neste mundo tem começo, meio e fim. Já havia crescido demais e estava envelhecendo. Ia morrer.

– Os impérios então morrem, como gente, vovó? – perguntou Narizinho.

– Morrem de um modo especial. Espedaçam-se, e cada fragmento vira um país independente. A maior parte dos países modernos, como Inglaterra, Alemanha, França, Espanha, Itália, Portugal etc., são pedaços do Império Romano que ficaram autônomos e tomaram o seu caminho na vida.

– E como foi que o Império Romano se despedaçou?

– Foi despedaçado pelos bárbaros. Bárbaros eram chamados todos os povos não pertencentes aos grupos formados nas costas do Mar Mediterrâneo. Para que vocês compreendam o que eram os bárbaros vou contar a coisa como está explicada no livro de Mister Hillyer. Diz ele que em sua meninice havia um bando de moleques que moravam atrás do gasômetro da cidade. Moleques esfarrapados, sempre sujos, que nunca estiveram em escola; mas terríveis para brigar. O chefe chamava-se Mug Mike, um nome que apavorava a meninada. De vez em quando Mug Mike invadia o bairro com o seu bando para fazer estragos: quebrar vidros de vidraças, dar surras nos meninos que vinham da escola, desafiar os soldados de polícia etc. Diz ele que certa vez caiu na asneira de engalfinhar-se com o bando de Mug Mike; apanhou tal sova que daí por diante bastava ouvir aquele nome para encolher-se todo.

– Lá na cidade também havia um menino assim, um tal Zé da Luz. Que peste, vovó! A senhora nem imagina. Até faca de ponta ele usava. Um dia chegou a dar em dois soldados e até feriu um na barriga.

– Pois durante séculos – continuou Dona Benta – lá pelas beiradas do Império Romano existiram Mugs Mikes e Zés da Luz em bandos enormes. Volta e meia atravessavam as fronteiras e vinham fazer estrepolias nas províncias romanas: roubar, saquear cidades, matar. Isso obrigava os romanos a uma eterna vigilância. Júlio César, por exemplo, passou uma época de sua vida lutando e derrotando esses bárbaros invasores, que eram chamados teutões, em geral.

Tinham cabelos louros e olhos azuis. Os romanos e todos os povos do Mar Mediterrâneo tinham cabelos pretos e olhos escuros; eram morenos, em suma. Vocês dois são morenos. Quer dizer que descendem da gente do Mediterrâneo. Já a Berta, filha do João Melado, é de olhos azuis e loura...

– Loura, vovó? Cabelo branco, de boneca, isso sim! "Melada" é o que Berta é.

– ... portanto, descende dos teutões. O verdadeiro nome de João Melado é João Müller; o povo pôs-lhe o apelido de Melado justamente porque ele tem a pele e os cabelos daquela cor.

Os teutões eram terríveis. Usavam peles de animais em vez de roupas de pano e viviam em palhoças como os índios. No entanto, pertenciam à raça ariana, que se julga a melhor de todas. As suas mulheres plantavam, criavam animais (vacas e cavalos). Os homens dedicavam-se à caça e a certos ofícios ligados com a guerra, como, por exemplo, o de ferreiro. Praticavam nesse ofício para terem armas: espadas, lanças e o mais. Era tão importante entre os teutões ser ferreiro, que a palavra ficou um dos nomes mais usados para batizar gente: João Ferreiro, Pedro Ferreiro, Henrique Ferreiro, Ernesto ou Carlos Ferreiro. Na língua deles, ferreiro é *smith* e, por isso, ainda hoje há tantos Smiths e Schmidts na Inglaterra e na Alemanha.

Os teutões usavam na guerra, em vez de capacetes, cabeças de animais: de lobos, de urso ou de touro com chifre e tudo. Para assim ficarem com o aspecto ainda mais feroz e meterem medo aos inimigos.

A maior virtude para os teutões era a bravura. Um homem podia ter todas as más qualidades: mentir, furtar, ser assassino, mas se era um bravo na guerra, estava perdoado e posto na classe dos homens bons.

Rei não tinham. Costumavam eleger, ou escolher um chefe, que devia ser sempre o mais bravo de todos. Esse chefe, porém, não tinha o direito de passar o poder para os filhos, como acontece com os reis. E isso era muito certo, porque o filho do mais bravo dos homens pode sair o mais poltrão de todos, e com que direito um poltrão governa um povo?

MONTEIRO LOBATO

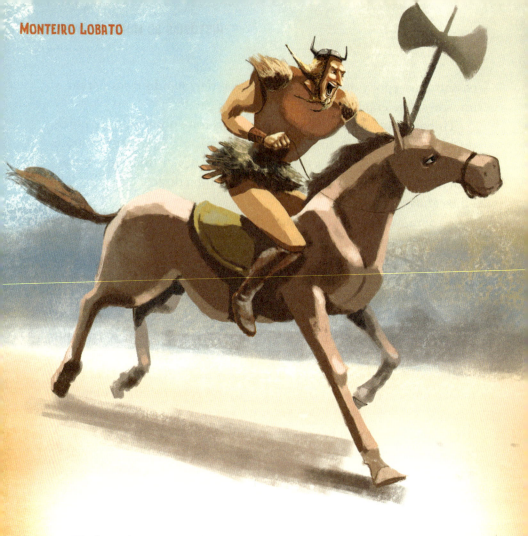

Tudo neles variava dos romanos. Os deuses, por exemplo, nada tinham que ver com os deuses da Grécia e de Roma, ou de qualquer outro povo do Mediterrâneo. Adoravam um feroz deus da guerra, chamado Odin, que era também o deus dos céus, uma espécie de Júpiter misturado com Marte. Odin vivia num maravilhoso palácio, lá em cima no azul, chamado Valhala. Além de Odin havia deuses menores, como Thor, deus do trovão e do raio. Thor andava armado do malho com o qual venceu os enormes gigantes que viviam perto dos polos, nas regiões sempre geladas. Outro deus era Tiu, e outro, Freya. Pelo menos para uma coisa esses deuses serviram: dar nome aos dias da semana nas línguas teutônicas. Quarta-feira, em inglês, por exemplo, é *wednesday*, que quer dizer dia de Odin. Quinta-feira é *thursday*, ou dia de Thor.

HISTÓRIAS DO MUNDO PARA CRIANÇAS

– Thur ou Thor, vovó? – quis saber Narizinho.

– No começo era Thor, depois ficou Thur, por isso no começo dizia-se *thorsday*. As palavras de todas as línguas vão mudando sempre. Tomemos as palavras "Nariz" e "Pedro". No tempo dos romanos, nariz era *nasus* e Pedro era *Petrus*. Mudaram ou foram mudando lentamente. No futuro, é possível que em vez de nariz se diga *naiz*. Um dia havemos de conversar sobre esta contínua mudança das palavras que é assunto muito interessante. Agora temos de voltar aos teutões, porque eles têm muita importância na história do mundo.

– Por que, vovó? Uns bárbaros dessa ordem...

– Oh, porque foi deles que saíram os principais povos modernos: os ingleses, os franceses e os alemães. Eram bárbaros, selvagíssimos, mas possuíam inteligência e muita capacidade para aprender coisas depressa.

Lá pelo ano 400, eles começaram a inquietar seriamente os romanos com as suas invasões. Invadiram, por exemplo, a Britânia, aquela província que Júlio César havia conquistado; e lá ficaram para sempre. Os romanos acharam melhor retirarem-se da Britânia e não mais pensaram nela. Esses teutões estavam divididos em numerosas tribos, cada qual com o seu nome. Os que se meteram na Britânia pertenciam à tribo dos Anglos. Daí ficar-se chamando esse país *Angleland*, terra dos anglos, ou como eles escrevem hoje: *England*. Nós dizemos Inglaterra em português, terra dos anglos.

Outra tribo de teutões, os vândalos, invadiu a Gália e depois a Espanha, roubando, incendiando, destruindo tudo pelo caminho. De lá atravessaram o mar e foram para o norte da África. Tais estragos fizeram, que hoje a palavra "vândalo" é usada como sinônimo de destruidor.

– Então Rabicó é um vândalo, porque outro dia entrou na horta e comeu todo o canteiro de alface – sugeriu a menina.

Dona Benta riu-se.

– Não, minha filha, Rabicó não passa de um porquinho de bom apetite e de bom gosto, porque alface é um excelente vegetal, com várias vitaminas. Seria um vândalo se entrasse aqui na sala e me quebrasse os vasos e a mobília, tudo revirando de pernas para o ar. Então sim...

– Pipoca! pipoca! – berrou lá na cozinha Tia Nastácia, e naquela noite ninguém mais quis saber dos teutões.

OS BÁRBAROS AMARELOS

Os teutões eram bárbaros, mas de sangue ariano, ou brancos – disse Dona Benta, no dia seguinte. – Havia outros bárbaros ainda mais bárbaros do que eles, porém amarelos, de sangue mongólico. Chamavam-se hunos, e iam por sua vez devastar a Europa. De onde vinham, ninguém sabia. Vinham das florestas do Leste, regiões inteiramente desconhecidas.

Tão terríveis lutadores se revelaram estes hunos, que até os teutões lhes tinham medo; e se estavam a invadir as províncias do Império Romano era para se afastarem dos hunos. Julgavam preferível bater-se contra os romanos a bater-se contra os amarelos.

– Hunos! – exclamou Pedrinho. – Essa palavra ainda nos arrepia hoje...

– Se arrepia hoje, imagine naquele tempo! Mais pareciam bichos ferozes do que gente. Vestidos de peles, nômades, montados em cavalinhos muito feios, mas de extraordinária resistência; armados de arcos, formavam uma imensa multidão, que de repente aparecia como verdadeira nuvem de gafanhotos. Atrás daquela infinidade de cavaleiros vinham os carros com as mulheres e crianças. Esses carros eram suas casas. Os hunos entravam num país, devastavam tudo e ficavam vivendo nele até que não houvesse mais nada para roer. Depois tocavam para diante.

– Exatinho como os gafanhotos!

– Comandava-os um chefe de grande valor, Átila, que havia sido educado em Roma, onde aprendera muita coisa necessária à guerra. Guiados por Átila, os hunos tornaram-se poderosíssimos e foram levando de vencida os teutões e os romanos até a Gália. Neste país, deu-se a famosa batalha de Chalons, no ano 451. Teutões e romanos combateram desesperadamente e conseguiram derrotar o chefe huno pela primeira vez. Átila, forçado a desistir da sua marcha para a frente, voltou às regiões desconhecidas de onde havia vindo. Passou então vários anos a treinar os seus hunos na arte bélica de Roma, por ter verificado que a sua derrota em Chalons fora causada por falta de conveniente preparo militar. Átila, que tinha ódio aos romanos, jurara arrasar o império.

HISTÓRIAS DO MUNDO PARA CRIANÇAS

Quando se sentiu preparado, invadiu a Itália e foi levando de vencida todas as forças romanas mandadas ao seu encontro. Uma por uma, as cidades iam caindo em seu poder e, dia após dia, se aproximava mais de Roma.

Impossível resistir. O imperador romano resolveu então negociar a paz e pediu ao papa daquele tempo, Leão I, que se encarregasse de salvar o império. O papa, com os seus cardeais e bispos, dirigiu-se, com todo o aparato, ao encontro do rei huno, que já estava bem perto da cidade. Tiveram uma conferência longa, os dois sozinhos, à beira de um rio. Terminada a conferência, Átila voltou para o seu acampamento e deu ao exército ordem de retirada. O papa voltou para Roma com a notícia de que tudo estava salvo.

– Que foi que eles combinaram?

– Ninguém sabe. Ficou sendo um mistério a conversa de Átila com o Papa Leão I. O que se sabe é que o Império Romano escapou por um triz de ter a cabeça cortada. Tomar a capital de um império é cortar-lhe a cabeça.

Mal havia Átila desaparecido da cena, vieram os vândalos, que depois da devastação da Gália e da Espanha tinham descido para o Norte da África. Chegaram até Roma, que com a maior facilidade foi tomada e saqueada.

– Saqueada? – exclamou Pedrinho, admirado.

– Sim, aquela Roma que por séculos vivera do saque de cidades e da pilhagem de todos os países, foi por sua vez saqueada e pilhada. Os vândalos levaram tudo quanto quiseram.

Pobre Roma! Era o começo do fim. Tinha sido a campeã do mundo por muitos séculos, mas estava velha, reumática, enfraquecida pelos vícios e incapaz de resistir a ataques que nos bons tempos aguentaria brincando. Ia ser invadida por outros bárbaros e finalmente despedaçada por completo.

O último imperador romano chamou-se Rômulo Augústulo: o mesmo nome do fundador da cidade, acrescentado de Augústulo, que queria dizer pequeno Augusto. Apesar da imponência desse nome, o coitado não pôde resistir ao assalto da gente do Zé da Luz daquele tempo. Era como um menino de família rica, criado no luxo dos palácios, que visse de súbito entrar pela sala adentro o terrível Zé armado de faca de ponta. O coitado só poderia fazer uma coisa: tremer de medo e sumir-se. Foi o que Rômulo Augústulo fez. Tremeu e sumiu.

– Quando foi isso, vovó?

– No ano 476. O império, que já estava dividido em dois (o outro, tinha como capital Constantinopla), quebrou como um vaso de porcelana se quebra, e os chefes teutões ficaram donos dos pedaços. Desses pedaços, nasceram todos os países modernos da Europa.

– E a outra metade do império, a que tinha como capital Constantinopla?

– Essa iria ainda viver bastante tempo, cerca de dez séculos. Mas era um pedaço muito menor, e de muito menos importância.

Esse ano de 476 foi considerado pelos historiadores como o fim da Idade Antiga. Ia começar a Idade Média, e depois da Idade Média teríamos a nossa, que é a Idade Moderna.

A Idade Antiga vem desde os tempos mais afastados até Rômulo Augústulo. Durou quantos séculos? Nem tem conta. Desde Menés, aquele rei do Egito que é o primeiro referido pela História. Durou, portanto, desde 4241 antes de Cristo até 476 depois de Cristo. Esse ano 4241 é a mais antiga data da História. Tudo somado dá...

– 4.717 anos! – gritou Narizinho.

– Isto mesmo – confirmou Dona Benta. – Depois vieram os 700 e tantos anos da Idade Média ou Idade Escura, como lhe chamam os ingleses. Essa idade escura durou até o fim da última cruzada, em 1270. Daí por diante temos a nossa era: a Idade Moderna.

– Por que chamam Idade Escura à Idade Média, vovó? – perguntou Pedrinho.

– Porque durante todo esse tempo os bárbaros e ignorantes teutões, gente que nem ler e escrever sabia, governaram a Europa; dominando povos que eram educados e haviam atingido uma alta civilização, como os gregos e os romanos. Imaginem vocês, o estado a que ficaria reduzida uma grande escola superior, uma grande universidade, se fosse governada de maneira despótica por um bando de bugres do mato! Assim foi com a civilização ocidental durante cinco séculos.

Os bárbaros, porém, tinham inteligência e grandes qualidades naturais. Só não tinham cultura ou educação. Foram-se educando. Foram abandonando os seus deuses, tornaram-se cristãos e por fim viraram esses grandes povos modernos que hoje mandam no mundo.

Com a língua dos bárbaros aconteceu uma coisa curiosa. Eles tinham de aprender o latim para falar com os seus novos súditos, os romanos. Aprenderam mal aprendido, e disso nasceram diversas misturas de línguas bárbaras e latim. A mistura feita na Gália deu a língua francesa de hoje. A mistura feita na Espanha deu o espanhol. A mistura feita em Portugal deu o português.

– E na Bretanha, ou Inglaterra?

– Lá o latim não havia ainda se espalhado entre o povo, de modo que os anglos não misturaram a sua língua e continuaram a falar isso que é hoje o inglês. Também não mudaram de deuses. Continuaram com o Thor e Odin, e os outros, até o ano 600. Por esse tempo aconteceu um caso interessante, que até parece anedota.

– Conte, conte, vovó!

– Certa vez, apareceram no mercado de escravos de Roma alguns rapazes ingleses de rara beleza. O papa os viu e perguntou quem eram.

– "São anglos" – responderam-lhe.

– "Belos como anjos, isso sim, e merecedores de virarem cristãos" – disse o papa, e logo mandou para a terra dos anglos missionários que os convertessem. Não houve dificuldade. Os deuses antigos foram abandonados e a Inglaterra entrou para a lista dos países que seguem a religião de Cristo.

NOITE ESCURA

– Lá pelo ano 500 – continuou Dona Benta –, a Europa ficou tal qual cidade com desarranjo na iluminação. Estava completamente às escuras. Os bárbaros, donos de tudo, não sabiam ler, não sabiam escrever; só sabiam lutar. Mas o pedaço do Império Romano que não fora destruído, e tinha como capital Constantinopla, esse continuava iluminado. O imperador de então, Justiniano, notou que havia leis demais no seu império, leis que estavam atrapalhando o povo, porque uma mandava fazer uma coisa e outra mandava fazer outra. Era preciso harmonizar aquilo.

Justiniano chamou vários jurisconsultos, isto é, homens que entendem muito de leis, e lhes deu ordem para que as arrumassem.

Conseguiu assim botar em ordem todas as leis, de modo a não brigarem umas com as outras. Fez códigos. Código é isso: um conjunto de disposições legais sobre certo assunto. E tão bons e sábios ficaram os códigos de Justiniano que até hoje andam em uso.

Foi também Justiniano quem construiu a famosa Igreja de Santa Sofia, o mais belo monumento de Constantinopla. Essa igreja ainda existe, embora transformada em mesquita, que é o nome dado pelos maometanos aos seus templos.

– Quer dizer que os tais maometanos tomaram Constantinopla...

– Havemos de ver isso mais tarde. Tomaram, sim, e até hoje estão lá. Outra coisa muito importante que fez Justiniano foi o seguinte: viajantes que tinham conseguido chegar até a China voltaram com histórias maravilhosas e também com objetos desconhecidos na Europa. Trouxeram, por exemplo, uns tecidos de deslumbrante beleza, feitos de um fiozinho finíssimo que certa lagarta produz. Era a seda. A gente da Europa, que jamais vira aquilo, abriu a boca. Ficaram todos assombrados com o mistério, a ponto de suporem, uns, que era tecido feito pelas fadas, e outros, que era coisa caída do Céu. Justiniano conseguiu arranjar algumas daquelas preciosas lagartas tecedoras e fez criação, conseguindo assim introduzir a seda na Europa. Foi um acontecimento de grande importância para os países do Ocidente.

– E fora do império de Justiniano, vovó?

– Fora, andavam os bárbaros teutões a governar como bárbaros podem governar. Mas, por fim, também se foram civilizando, embora tenham levado séculos nisso. A Gália, por exemplo, que por ter sido apossada pela tribo dos francos passou a se chamar França; quem governava, em certa época, era um rei Clóvis, casado com uma rainha Clotilde. Clóvis adorava os deuses Odin, Thor, Tiu e outros, mas Clotilde, que não tinha por eles grande simpatia, começou a prestar atenção no cristianismo. Estudou, viu bem como era e por fim se fez cristã, sendo batizada. Depois tratou de converter o marido.

Certa vez, quando Clóvis ia partir para a guerra, Clotilde o fez prometer virar cristão, caso vencesse. Clóvis venceu e cumpriu a palavra e também virou cristão, batizando-se e fazendo batizar todos os seus soldados. Foi este Clóvis quem transformou Paris em capital da França.

Mais ou menos por esse tempo, a Inglaterra estava sendo governada pelo rei Artur[14], sobre o qual correm muitas histórias maravilhosas.

---

14. Nota da editora: O rei Artur é um personagem que aparece em narrativas medievais e histórias de cavalaria, comandando a Grã-Bretanha contra a invasão anglo-saxã nos séculos V e VI.

Uma delas se refere à espada Excalibur. Essa lâmina fora cravada fundo numa rocha, de onde ninguém conseguia arrancá-la. Surgiu a crença de que o homem que a arrancasse da rocha seria o rei da Inglaterra. Sabendo disso, Artur foi vê-la; e com a maior facilidade arrancou-a e tornou-se rei da Inglaterra.

O rei Artur reuniu na sua corte uma porção de fidalgos, que para discutir e beber se sentavam com ele em redor de uma mesa-redonda. Daí vêm as famosas histórias dos Cavaleiros da Távola Redonda. Távola é o mesmo que mesa. Um dia hei de ler para vocês essas famosas aventuras do rei Artur.

OS MONGES DA IDADE MÉDIA

– E por que não agora? – perguntou Narizinho.

– Porque agora, minha filha, estou querendo falar dos monges da Idade Média, cujos bons serviços prestados à civilização merecem ser recordados.

A Europa estava o que pode estar uma terra onde só a valentia vale, porque os bárbaros que destruíram o Império Romano só queriam saber de valentias. A ignorância tornou-se pavorosa; e a ignorância, como vocês sabem, traz consigo todos os males. A pior coisa do mundo é não saber. E eles não sabiam, porque não estudavam, não liam e nem sequer sabiam que é preciso saber. Por causa dessa ignorância grossa como o couro do Quindim, os séculos da Idade Média ficaram os mais feios da História, a ponto de serem considerados como a noite escura da humanidade. Só os monges se dedicavam a algum estudo; só eles liam e escreviam.

– Mas, afinal de contas, vovó, que vinha a ser um monge? – perguntou o menino.

– Eram homens que se retiravam do mundo para servirem a Deus lá do modo que imaginavam certo.

– E era certo, o modo dos monges?

- Para eles era, desde que estavam convencidos disso. Para os teutões, o certo era ser bravo. Para os atenienses, o certo era cultivar a beleza. Para os estoicos, o certo era não ligar importância a coisa nenhuma. Para os epicuristas, o certo era cultivar o prazer. Para os mártires cristãos, o certo era sofrer e morrer por Jesus Cristo. Foi desta ideia dos mártires que surgiram os monges. Estavam certos de que para bem servir a Jesus Cristo era preciso retirarem-se do convívio dos homens e viverem no deserto ou num lugar isolado.

Um homem de nome Simeão Estilita, por exemplo, imaginou servir a Cristo de um modo muito especial. Subiu a uma pilastra de 16 metros de altura e nunca mais desceu. Viveu o resto da vida de cócoras no topo da pilastra, ao sol e à chuva, de dia e de noite, pelo verão e pelo inverno. Seus amigos e admiradores punham toda semana uma escada para lhe levar comida.

- E a polícia deixava, vovó? - exclamou a menina, surpresa.

- Tudo era diferente naqueles tempos - explicou Dona Benta. - Hoje, de fato, se alguém quiser fazer isso numa praça pública, dá com os costados no hospício. Mas naquela época havia a ânsia de servir a Deus, e por mais estranho que pareça o modo escolhido por Simeão era um modo como outro qualquer. Ninguém tinha o direito de intervir.

Mas esses homens que se retiravam do mundo para melhor servir a Jesus começaram a reunir-se em grupos e a formar uma sociedade muito especial. Nasceram assim os mosteiros, ou abadias; isto é, casas onde diversos monges se juntavam para viver em comum, debaixo da chefia de um deles: o abade.

No ano 529, um monge italiano de nome Bento, imaginou que para bem servir a Cristo um homem não devia possuir dinheiro, nem coisa nenhuma, isso porque na *Bíblia* há uma passagem assim: "Se queres ser perfeito, vende tudo o que tens e dá o dinheiro aos pobres". Com esta ideia na cabeça, Bento formou uma ordem de monges obrigados a fazer três coisas: "Não ter dinheiro. Obedecer. Não casar." Esses monges chamaram-se beneditinos.

- E houve gente que quis obrigar-se a isso? - perguntou Pedrinho, que planejava ser muito rico e casar-se com uma linda moça.

- Houve, e ainda há, porque até hoje existem beneditinos. Todos os que concordam em fazer as três coisas imaginadas por Bento vieram ter com ele e formaram a ordem.

HISTÓRIAS DO MUNDO PARA CRIANÇAS

Em regra, os monges viviam em pequenas celas, como as das prisões, e levavam a vida mais simples possível, rezando em horas certas e trabalhando noutras. Alguns mosteiros foram erguidos em terrenos péssimos, que não serviam para coisa nenhuma; e justamente por isso haviam sido doados aos monges. Mas eles trabalharam de rijo, drenaram a terra, fizeram secar os brejos, araram, plantaram e transformaram esses maus terrenos em verdadeiros jardins, de onde obtinham tudo quanto necessitavam para o sustento.

Esses homens assim retirados do mundo enchiam as horas de folga escrevendo ou copiando livros. Como ainda não fora inventada a imprensa, todos os livros tinham de ser feitos à mão, um por um. Às vezes vários monges escreviam enquanto um ditava. Esses livros, feitos em folhas de pergaminho, tinham o nome de manuscritos, isto é, escritos à mão. Hoje valem muito dinheiro e andam guardados nas grandes bibliotecas das grandes cidades. Muitos eram ilustrados de lindos desenhos, com a primeira letra de cada capítulo toda floreada e as margens de cada página com ornatos de flores e pássaros; trabalho artístico que lhes vinha aumentar o valor. O serviço prestado à civilização pelos monges foi grande; sem eles, muitas das mais preciosas obras escritas pelos gregos e romanos estariam completamente perdidas.

Além dessas cópias, os monges compunham livros contando o que se passava, e desse modo juntaram material que mais tarde muito serviu aos historiadores para escreverem a história da Europa. Não existindo jornais, como existem hoje, essas crônicas manuscritas dos acontecimentos da época adquiriram grande valor informativo.

Como eram os únicos que estudavam, os monges ficaram sendo os únicos homens educados desse período escuro da vida europeia. Só eles sabiam algumas ciências e, portanto, só eles podiam ensiná-las aos que desejavam aprender. Os mosteiros faziam o papel das escolas superiores de hoje.

Também serviam de hospedarias aos viajantes, porque quem quer que pedisse pousada e comida era servido, pagasse ou não. Os monges ajudavam os pobres como podiam. Do mesmo modo socorriam os doentes que vinham até eles em procura de remédios ou conselhos. Não havendo hospitais, o serviço assim prestado era grande. O resultado foi que muita gente socorrida lhes fez mais tarde presentes de toda ordem. Inúmeros mosteiros ficaram desse modo riquíssimos, embora os monges continuassem com o mesmo voto de pobreza.

Só quem estuda por miúdo a história do horror que foi a Idade Média pode compreender a ação dos monges. Hoje tudo está mudado. Há escolas públicas. Há jornais e livros. Há hospitais. Há assistência aos pobres; portanto, a ação dos mosteiros e monges já não tem razão de ser. Mas naqueles tempos eram eles que faziam o papel da imprensa, da escola, do hospital e da assistência aos pobres. Foram assim os mais úteis cidadãos da época. E dessa maneira serviram muito bem a Cristo, que tanto recomendou aos homens que se amassem uns aos outros.

– Coisa interessante a vida, vovó! – filosofou Pedrinho. – Eu, hoje, por nada no mundo seria monge, porque gosto da vida livre e do que é bom. Mas, se vivesse naquele tempo, era bem capaz de ser monge. Parece que naqueles tempos eles estavam mais certos que os outros.

Nesse momento, bateram na porta. Era um tropeiro que vinha falar com Dona Benta.

– Bom – disse ela. – Fica o resto para amanhã. Tenho agora de combinar umas coisas aqui com este freguês...

O TOCADOR DE CAMELOS

No dia seguinte, Dona Benta começou assim:

– Aquele tropeiro de ontem me fez lembrar a história de um famoso tocador de camelos.

Ao ouvir falar em camelos, Emília veio correndo sentar-se em seu lugarzinho. Bichos eram com ela!

– Tocador de camelos deve ser o mesmo que tropeiro de camelos – disse Pedrinho.

– E é – confirmou Dona Benta – e nunca houve um tropeiro que exercesse maior influência no mundo que o da história de hoje. Esse homem nasceu no século XI[15]. Não era romano, nem grego, nem teutão, nem huno. Não era nem rei, nem general, nem papa, mas simplesmente um tocador de camelos. Lá nos países áridos, onde se usam camelos em vez de burros de tropa, há cameleiros, em vez de tropeiros. Esse cameleiro nasceu numa pequena cidade da Arábia chamada Meca.

– Já sei! – exclamou Pedrinho. – A senhora vai falar de Maomé.

---

15. Nota da editora: Registros indicam que Maomé nasceu no século VI, na Arábia Saudita.

– Exatamente. Esse Maomé devia ser um rapaz muito atrativo e insinuante, porque indo uma vez tocar uns camelos para uma rica dama árabe, deixou-a apaixonada por ele, e apesar de tratar-se de uma dama rica e de um simples tropeirinho, acabaram casando-se. Depois disso, Maomé largou os camelos e viveu no cômodo até a idade de 40 anos.

Maomé tinha o hábito de ir frequentemente a uma certa gruta do deserto, perto da cidade, para estudar e pensar. Ele pensava muito...

– Devia então ser parente daquele papagaio que o caipira vendeu ao inglês – disse Emília, referindo-se a uma anedota que ouvira contar dias antes. – Um papagaio que não falava, mas pensava muito...

Dona Benta prosseguiu:

– Um dia quando estava na gruta, Maomé dormiu e teve um sonho, no qual o Anjo Gabriel lhe apareceu com um recado de Alá, para que saísse pelo mundo a fim de ensinar ao povo uma nova religião. Alá em árabe quer dizer Deus.

Voltando para casa, Maomé contou o sonho à mulher, a qual piamente em tudo acreditou, tornando-se a primeira seguidora da nova religião. Depois se dirigiu a todos os seus parentes, aos quais também converteu. Mas, quando foi fazer o mesmo a outras pessoas que não eram parentes, encontrou resistência. Viraram-lhe as costas. Chamaram-lhe louco. E como Maomé insistisse, consideraram-no louco perigoso e planejaram dar-lhe sumiço, ou mesmo matá-lo, se fosse preciso. O esperto Maomé percebeu o que o povo estava planejando e fugiu com a esposa para a cidade de Medina. Isso no ano 622, que ficou sendo o ano da Hégira. Hégira em árabe quer dizer fuga.

Parecia mesmo uma perfeita maluquice tudo aquilo; no entanto, a sua nova religião foi crescendo, crescendo, até ficar uma das mais espalhadas do mundo. Ainda hoje uma grande parte da humanidade a segue. Os seguidores de Maomé chamam-se maometanos, e para eles o tempo é contado a partir do ano da Hégira. Para os romanos era contado a partir da fundação de Roma. Para os gregos era contado a partir da primeira Olimpíada. Para os cristãos, a partir do nascimento de Cristo.

– Quer dizer que há no mundo vários anos I – observou Pedrinho.

– Perfeitamente, e o ano I dos maometanos corresponde ao nosso ano 622. Essa nova religião chamou-se a religião do Islã. Maomé, que sabia fazer as coisas, de quando em quando anunciava ter recebido

HISTÓRIAS DO MUNDO PARA CRIANÇAS

uma mensagem direta de Alá, do mesmo modo que Moisés afirmou ter recebido ordens de Jeová no topo do Sinai. Nessas mensagens, Alá lhe dava ordens para fazer isto e aquilo, ou esclarecia pontos da nova religião. Reunidas mais tarde em livro, formaram o famoso *Corão*, que é a bíblia dos maometanos.

– Era esse livro escrito em pergaminho? – perguntou Emília.

– Sim – respondeu Dona Benta, sem saber onde ela queria chegar.

– E pergaminho não era um "courinho" de carneiro, muito fino?

– Sim. E que tem isso?

– Então... então... – disse a terrível atrapalhadeira –, então como é que esse livro se chamava *Corão?*

Dona Benta "passou" a graça e continuou:

– A cidade natal de Maomé tornou-se para os maometanos o que era Jerusalém para os cristãos. Para lá começaram a dirigir-se peregrinos e, até hoje, todo maometano, pelo menos uma vez na vida, há de ir a Meca. E onde quer que esteja, faz sempre as suas orações com o rosto voltado para os lados de Meca.

As igrejas deles chamam-se mesquitas. Mas não rezam só nelas. Rezam cinco vezes por dia onde quer que estejam. Há nas mesquitas umas torres chamadas minaretes, onde uma espécie de sacerdotes, chamados muezins, sobem a certas horas para gritar ao povo: "Só há um Deus, que é Alá. Rezai, rezai!". Ao ouvirem isso, os maometanos largam do que estão fazendo e, seja em casa ou na rua, ajoelham-se com o rosto dirigido para os lados de Meca, e oram, de cabeça inclinada para o chão. Muitos andam com um tapetinho enrolado, tapete de rezar, que estendem por terra cada vez que soa a voz do muezim.

Essa religião cresceu rápida, porque muita gente gostou das promessas que Maomé fazia para depois da morte. O paraíso por ele descrito era um lugar de todas as delícias, de modo que em poucos anos houve no mundo tantos maometanos como havia cristãos.

No começo, os maometanos procuravam converter os povos por meio de argumentos, razões e provas de que a sua religião era melhor do que as outras. Depois trataram de converter à força, à moda dos bandidos de estrada que dizem: "A bolsa ou a vida!". Eles diziam: "Bolsa, vida ou *Corão*. Escolha!" Ora, entre ser roubado ou assassinado e mudar de religião, a maior parte dos assaltados preferia a última hipótese e, desse modo, o número de convertidos foi aumentando enormemente. Eles explicavam tal violência dizendo que Alá queria que todos os homens da terra virassem maometanos, não admitindo nenhum com outra crença. Agiam como os cristãos passaram a agir depois que ficaram de cima.

Maomé viveu apenas mais dez anos depois da Hégira. Morreu em 632. Apesar disso os seus discípulos não perderam tempo, e de espada na mão converteram meio mundo. Entre esses discípulos estavam os grandes chefes chamados califas. O segundo califa que houve, Omar, tomou a cidade de Jerusalém e construiu uma mesquita maometana justamente no sítio do famoso templo de Salomão; mesquita que ainda hoje está de pé.

– Ficaram então os maometanos com a cidade sagrada dos cristãos! – exclamou Pedrinho muito admirado.

– É a verdade. Conquistaram-na e só a perderam 463 anos depois. Mais tarde a retomaram e, até a Grande Guerra, Jerusalém esteve nas mãos da Turquia, que é um país maometano. Durante essa guerra, toda a Palestina (de que Jerusalém é a capital) foi conquistada pelos ingleses, que a transformaram na pátria dos judeus espalhados pelo mundo.

Os árabes maometanos dirigiram-se para os lados da Europa e foram conquistando e convertendo para a sua religião os povos vencidos. Quem se recusava, morria. Chegaram, sempre vitoriosos, até Constantinopla, que é a porta entre a Ásia e a Europa; mas os defensores dessa cidade souberam resistir. Os árabes então abandonaram aquela porta e trataram de entrar por outro lado. Seguiram pelo norte da África, atravessaram o Egito, que foi logo convertido ao Islã, e penetraram na Espanha pelo estreito de Gibraltar. E foram seguindo, sempre vitoriosos, até entrarem na França, dando a impressão de que iam conquistar a Europa inteira. Junto à cidade de Tours, entretanto, foram detidos por Carlos Martelo.

– Detidos não, vovó – disse Narizinho. – Foram pregados!...

– Ou isso. Esse Carlos Martelo era apenas o mordomo do palácio do rei da França, mas valia muito mais que o rei. Foi quem reuniu os guerreiros francos e barrou a marcha, até ali vitoriosa, dos califas. Essa batalha, de resultados tão importantes para a Europa, deu-se no ano 732, justamente 110 anos depois da Hégira; o que mostra a rapidez com que a religião de Maomé havia caminhado. Não conseguiu dominar a Europa, mas na Ásia e na África ficou de cima até hoje. Depois invadiram a Índia e arrasaram a civilização lá existente, implantando a sua. Quando estudarmos a história da Índia, havemos de travar conhecimento com os tremendos reis muçulmanos que reinaram naquele país.

– Muçulmano é o mesmo que maometano?

– É a mesma coisa, sim.

– Que bom! Quer dizer que a senhora vai falar das *Mil e uma noites*...

MIL E UMA NOITES

Pedrinho e Narizinho conheciam os árabes das *Mil e uma noites*. O príncipe Amede, Codadade, a Sherazade eram personagens bastante familiares no sítio de Dona Benta. Por esse motivo, ficaram muito interessados em saber coisas históricas dos árabes.

– Gosto deles, vovó – disse o menino –, e sinto muito que o tal Martelo não quebrasse o cabo quando martelou os árabes em Tours. Seria tão interessante se eles conquistassem a Europa...

– Que horror! – exclamou Narizinho. – Eram uns malvados com as mulheres. Não as deixavam sair à rua de cara descoberta, mas sempre enleadas num xale onde havia dois buraquinhos para os olhos. Imaginem o mundo inteiro assim. Que horror!...

– Cada um de vocês tem uma parte da razão – resolveu Dona Benta. – Os sarracenos possuíam grandes qualidades, e também grandes defeitos. Mas ninguém nega que foram um dos povos mais notáveis que apareceram no mundo. Tinham o gênio inventivo e muito amor ao estudo.

– Que é que inventaram?

– A numeração que usamos foi inventada por eles e nos tem prestado tantos serviços como: o alfabeto 1, 2, 3, 4, 5 etc. são algarismos árabes. Os romanos usavam letras do alfabeto em vez de números, um sistema que dificultava muito as contas. Escreva num papel, Narizinho, estes números romanos e some.

E Dona Benta ditou:

$$IV + XIV + XL + VII + MCVIII$$

– E você, Pedrinho, faça esta multiplicação:

$$MCMXL \times XIV$$

Os dois meninos escreveram aqueles algarismos romanos e lutaram inutilmente para fazer as contas.

– Impossível, vovó! – disseram ambos ao mesmo tempo. – Isto é uma besteira.

– Não falem assim grosseiramente – observou Dona Benta. – Digam que o sistema dos romanos era inferior ao dos árabes; e a prova disso é que hoje os algarismos romanos só são usados nos mostradores dos relógios e em certos livros para numerar capítulos. Em tudo mais, em todas as escriturações que existem, quem falar em algarismos romanos faz papel de humorista, ou fazedor de graça.

Além disso, os árabes foram notáveis na arquitetura, criando um estilo inteiramente diverso do estilo grego, romano e egípcio. A principal diferença estava nas portas e janelas, que em vez de quadradas ou redondas em cima tinham a forma de ferradura. Nos cantos das mesquitas, elevavam-se os elegantes minaretes, do alto dos quais os muezins davam aviso ao povo da hora de rezar. As paredes dos monumentos eram recobertas de belos mosaicos e desenhos.

Uma coisa curiosa nesses desenhos é que jamais representavam qualquer coisa existente na natureza: animal ou vegetal. Isso por causa de um mandamento do *Corão*, que diz: "Não farás nada que represente qualquer coisa que exista debaixo do céu, sobre a terra ou no fundo das águas". Os artistas árabes, não podendo copiar a natureza, como fazem os nossos artistas, inventaram o arabesco, isto é, um sistema de linhas retas e curvas que pinoteiam de todos os jeitos possíveis e imagináveis, sem copiar coisa nenhuma da natureza. Só com esses elementos, quero dizer, só com essas linhas, eles conseguiram ornamentações da mais rara beleza.

– Se eram artistas assim – disse Pedrinho –, imaginem o que não fariam se tivessem a liberdade de copiar a natureza!

HISTÓRIAS DO MUNDO PARA CRIANÇAS

– Realmente. Os árabes possuíam grandes dons artísticos, como provaram na arquitetura e na poesia, isto é, nas artes em que tinham alguma liberdade. Foram também os descobridores do café.

– Como isso, vovó?

– Há várias lendas a respeito. Uma diz que os árabes notaram que quando as cabras comiam as cerejas de um certo arbusto silvestre da Arábia ficavam mais espertas. Isso os fez experimentar de vários modos o uso das tais cerejas, até descobrirem que as sementes, depois de torradas e moídas, davam uma bebida preta, de sabor e cheiro muito agradáveis. Desse modo nasceu o café, conhecido hoje no mundo inteiro e que nós aqui produzimos em grande quantidade. Até eu sou produtora de café. O ano passado vendi duas mil arrobas, que neste momento estão... Onde estarão? Em que país estará sendo bebido o meu cafezinho do ano passado?

– Quem sabe se na Arábia, vovó! – sugeriu Pedrinho.

– Pode ser. Como também pode ser que o estejam queimando lá em Santos...

Os árabes igualmente inventaram o álcool. Viram que fermentando o caldo de certas plantas açucaradas aparecia esse líquido transparente que pega fogo e que, bebido, deixa os homens fora de si, como loucos. Espantados com os efeitos do álcool, perceberam tratar-se de um veneno lento. Daí proibirem o seu uso da maneira mais terminante. Quer dizer que se os árabes houvessem conquistado o mundo, como pretendiam, talvez estivéssemos hoje livres do vício de beber, que tantos males tem causado à nossa pobre humanidade.

Também descobriram o algodão. Antes do algodão, os homens só se vestiam de tecidos de lã. Mas isso de lã é coisa cara, porque é preciso tosar o pelo de vários animais para vestir um homem; e há ainda que criar os animais. Sai cara a lã e, portanto, só os ricos poderiam andar vestidos, se só houvesse lã no mundo. Já o algodão se planta, e tudo que se planta vem mais em conta, porque pode ser produzido em grandes quantidades. Hoje o mundo inteiro veste-se de algodão, graças aos árabes.

– Sim – disse Narizinho –, mas se eles não tivessem descoberto o algodão, outros o teriam feito.

– Muito certo isso, mas os que primeiro o descobriram e utilizaram foram os árabes e, portanto, o benefício que a humanidade tirou da descoberta tem de ser creditado a eles. Foram os primeiros a produzir tecidos dessa fibra, muito lindos e duráveis. Também foram os inventores da estamparia, isto é, dos desenhos em cores impressos nos tecidos, coisa que muito veio alegrar o mundo. Quando você, minha filha, puser aquele seu vestido de chita de rosinhas, de que todos gostam tanto, lembre-se dos árabes. Seja agradecida...

– Vou ser – disse a menina. – Estou começando a perdoar-lhes o modo de tratar as mulheres.

– Também inventaram, no campo metalúrgico, meios de temperar o ferro, fazendo o aço. O aço de Damasco, que era uma cidade da Arábia, e depois o aço de Toledo, uma cidade da Espanha por eles conquistada, ficaram os dois aços mais famosos do mundo. Até hoje, os poetas falam nas "lâminas de Damasco ou de Toledo", referindo-se às espadas que vergavam como junco, sem se quebrarem. Esses aços adquiriam o corte fino das navalhas. Um fio de cabelo boiante n'água podia ser cortado por um golpe de tais lâminas.

Perto do lugar onde outrora existiu a cidade de Babilônia, os árabes construíram Bagdá...

Ao ouvir a palavra Bagdá, Emília assanhou-se. Já conhecia as histórias das *Mil e uma noites* e andava com a cidade de Bagdá na cabeça.

– Viva, viva Bagdá! – exclamou ela. – Quando eu crescer é onde vou morar. Hei de ter um tapetinho mágico para voar daqui para ali, dali para lá, de lá para ló, delóparalu...

– Feche a torneirinha, Emília! – gritou a menina. – Deixe vovó falar de Bagdá.

– Bagdá era a capital de metade do império árabe; a capital da outra metade era Córdoba, na Espanha. Em Córdoba e Bagdá, foram fundadas duas grandes escolas, as quais valiam para aqueles tempos o que as universidades modernas valem para nós. Os árabes estudavam, liam muito e tornaram-se um povo de sábios e letrados; isto num tempo em que a Europa andava mergulhada na mais crassa ignorância. Tinham bibliotecas importantíssimas. Jogavam o xadrez, que é o jogo das pessoas que fazem uso do cérebro; e parece mesmo que foram os inventores desse jogo[16]. Inventaram também o relógio.

– Como é que se marcava o tempo antes da invenção do relógio?

– De três maneiras. Uma, com a ampulheta, instrumento no qual se usava a areia; outra, com a clepsidra, em que se usava a água; e

---

16. Nota da editora: A origem do xadrez ainda é um pouco controversa. Estudos mais recentes atribuem à Ásia, mas ainda é difundida a ideia de que o jogo foi inventado na Índia.

outra, por meio da sombra do sol. A ampulheta era enchida de areia na parte de cima, a qual se comunicava por um buraquinho com a parte debaixo. Quando acabava de cair na parte debaixo toda a areia da parte de cima era sinal de haver passado uma hora, por exemplo. Em seguida virava-se a ampulheta, para que a parte com areia ficasse de cima.

– Marcava uma fatia de tempo, não marcava o tempo inteiro, como os relógios – observou Narizinho.

– Isso mesmo; tinham esse defeito. E os relógios de sombra tinham o grave defeito de não funcionarem em dia sem sol. Os árabes resolveram o problema com a invenção do relógio de pêndulo. Lembre-se deles, Narizinho, cada vez que o cuco da sala de jantar fizer *hu-hu*.

– Hei de me lembrar, vovó. A senhora já me fez perdoá-los completamente.

– Não os perdoe completamente antes de ouvir mais um pedacinho a respeito do modo de tratarem as mulheres. Eles as consideravam como seres inferiores, boas para escravas do homem apenas, não para companheiras. Deviam pertencer aos homens como animais de luxo. Por isso cada homem podia ter quantas mulheres quisesse. Você agora resolva se lhes perdoa ou não.

Narizinho vacilou, indecisa, e quem resolveu o caso foi Emília.

– Que castigo para um homem ter muitas mulheres! – disse ela. – Uma só já os deixa tão tontos...

Todos riram-se e Narizinho perdoou aos árabes completamente.

UMA LUZ NO ESCURO

Dona Benta continuou:

– Durante cinco séculos foi aquela escuridão na Europa. No entanto, aqui e ali apareciam pontos luminosos; mas tão poucos que não davam para clarear muito longe. No ano de 768, porém, surgiu uma luz bem grande, um homem, um rei que, apesar de quase analfabeto, soube iluminar. Esse homem era um teutão, como se vê logo pelo nome: Carlos; neto daquele outro Carlos, que martelou os árabes em Tours. Os franceses chamavam-lhe Charlemagne, que quer dizer Carlos Magno, ou Carlos, o Grande.

Carlos Magno foi um rei da França que não se contentou com isso. Achou a França pequena para ele: conquistou a Espanha e a Alemanha e mudou a capital de Paris para a cidade de Aix-la-Chapelle,

HISTÓRIAS DO MUNDO PARA CRIANÇAS

onde havia umas excelentes águas minerais; como ele gostasse de banhos, talvez fosse essa a razão da mudança.

Por esse tempo o papa, que governava a Itália, vendo-se atrapalhado com a rebeldia de certas tribos do Norte pediu socorro a Carlos Magno. Carlos Magno o atendeu, e logo botou os rebeldes dentro da ordem. O papa, muito agradecido, quis dar-lhe um presente. Mas qual? Que presente pode ser dado a um rei como Carlos Magno? O papa ficou pensando.

Era costume dos tempos chegarem cristãos de toda parte em peregrinação a Roma, a fim de verem o papa e fazerem suas rezas na Catedral de São Pedro. No ano 800, apareceu entre os peregrinos, quem? Carlos Magno! E, no dia de Natal, estava o grande rei fazendo as suas rezas na igreja, quando o papa entrou de súbito e lhe pôs uma coroa na cabeça. A coroa da Itália! E como naquele tempo quem fazia e desfazia os reis era o papa, Carlos Magno ficou sendo o imperador da Itália. Foi o presente com que o papa lhe recompensou o auxílio prestado.

– Pobres povos! – exclamou Narizinho. – Dava-se um povo de presente como hoje nós damos um gatinho novo.

– A consequência disso – continuou Dona Benta – foi que Carlos Magno passou a governar um império tão grande como o Império Romano do tempo em que os bárbaros, aqueles tais vândalos, o destruíram. Quer dizer que um novo Império Romano surgia, tendo desta vez à sua frente um imperador teutônico.

Carlos Magno não havia recebido educação, como em geral todos os teutões. Mas como dava grande valor ao saber, resolveu ilustrar-se. Para isso procurou um bom mestre. Não o achando em seus domínios, fez vir da Inglaterra um monge de nome Alduíno, que tinha fama de grande sábio. Alduíno ensinou-lhe latim, poesia grega, ciências; ensinou-lhe também a sabedoria dos filósofos antigos, e tudo Carlos Magno aprendeu muito depressa. Só não pôde aprender a ler e a escrever. Não houve meio, por mais que se esforçasse. Ler, ainda chegou a ler um bocadinho; mas escrever, só o seu próprio nome. E dizem que dormia com caderno e lápis debaixo do travesseiro, para exercitar-se nas horas de insônia. Tanto estudou, o coitado, que ficou o homem mais instruído da Europa.

– O analfabeto mais instruído da Europa, a senhora deve dizer! – lembrou Narizinho, que lia e escrevia muito bem e orgulhava-se disso.

– Seja – concordou Dona Benta –, mas o fato é que Carlos Magno virou um grande foco de luz na escuridão de breu daqueles tempos. Embora fosse o homem mais poderoso da época, tinha hábitos modestos, vivendo com simplicidade. Educou as princesas, suas filhas, no trabalho. Todas sabiam tecer, costurar e cozinhar.

– Mas duvido que cozinhassem tão bem como Tia Nastácia, que é uma pobre negra da roça – disse Narizinho. – Eu não tomava nenhuma delas como cozinheira...

– Pois o tal Carlos Magno – continuou Dona Benta – era isso tudo, e, no entanto, deixava que na justiça empregassem o Ordálio...

– Ordálio? – repetiu Pedrinho franzindo a testa. – Que raio de coisa esquisita será essa?

– Uma prova judiciária para saber se o acusado era culpado ou inocente. O desgraçado tinha de andar dez metros carregando uma barra de ferro em brasa, ou meter os braços num caldeirão de água fervendo, ou passear de pés nus sobre brasas vivas.

– Que horror, vovó!

– Se os acusados nada sentissem, é que eram inocentes. Se berrassem de dor e ficassem queimados, é que eram culpados...

– Que estupidez! – exclamaram os meninos, horrorizados. – Que museu de monstruosidades é a História...

– Pois essa barbaridade durou séculos, e foi praticada até no reinado de reis "luminosos" como esse Carlos Magno...

– Estou vendo que foi grande sorte nossa termos nascido nos tempos de hoje, vovó!

– E está vendo certo, meu filho. As garantias de que a vida humana está hoje cercada nos países democráticos são enormes. Inda há abusos, sim; mas por força da lei não se comete mais nenhuma monstruosidade como essa e tantas outras que a História menciona.

Existiu no tempo de Carlos Magno, lá no mundo dos árabes, um califa que pela sabedoria e altas qualidades ficou tão célebre quanto o imperador teutônico. Foi o Califa Harum, que passou à História com o cognome de "ai Raxide". Quando vocês lerem o nome de Harum ai Raxide fiquem sabendo que significa Harum, o Justo.

Embora fosse o chefe de um império sempre em luta com os cristãos, Harum ai Raxide queria muito a Carlos Magno, chegando a mandar-lhe ricos presentes, entre os quais um maravilhoso relógio que fazia o imperador abrir a boca sempre que dava as horas. Foi talvez o primeiro relógio entrado na Europa.

Harum tinha o hábito de vestir-se como gente do povo e insinuar-se na multidão para ouvir opiniões francas a respeito de si próprio e do governo. Descobriu assim muitas injustiças perpetradas pelos seus ministros, e as corrigiu todas. Tinha a preocupação de ser justo e fazer tudo quanto fosse bom para o povo.

– E que aconteceu com o segundo Império Romano ressuscitado por Carlos Magno?

– Ah, levou a breca logo que o grande imperador morreu. Não foi encontrado outro homem que tivesse as mesmas qualidades e pudesse continuar sua obra.

– Vaso quebrado e remendado com cola-tudo é assim mesmo, vovó – observou Narizinho. – Não aguenta.

OS COMEÇOS DA INGLATERRA

No dia seguinte, Dona Benta recebeu um pacote de livros ingleses, e de noite a lição, muito naturalmente, recaiu sobre os ingleses.

– A grandeza de um país – disse ela – não depende do tamanho do território. Reparem que a Grécia era pequenina, que Roma era uma coisinha de nada. Não tinham território, mas tinham certas qualidades que acabam dando tudo ao povo que as possui. Hoje vou falar da pequena ilha onde estava em formação o povo criador do maior império de todos os tempos.

– Aposto que vai falar dos ingleses! – disse Pedrinho.

– Justamente. Parece incrível que vindos de uns começos tão bárbaros, e habitando uma ilha de mau clima e sem fertilidade de terras, os ingleses conseguissem chegar ao ponto a que chegaram. O Império Britânico, com suas colônias e seus sócios, chegou a ocupar quase a quarta parte do mundo, com uma população de mais de quatrocentos milhões de criaturas. Ora, é interessante ver como esse povo começou, lá na sua ilhazinha perdida no mar.

Um século antes de Carlos Magno, a Inglaterra teve um rei que ficou lendário: o rei Alfredo[17]. Em menino mostrou-se a princípio o mais rebelde da irmandade. Recusava-se a estudar, não queria aprender a ler. Certa vez, porém, sua mãe apareceu com um maravilhoso livro de figuras coloridas, que mostrou de longe a todos, dizendo: "Quem aprender a ler primeiro, ganhará este livro". Alfredo tomou a sério o desafio, estudou com o maior afinco e acabou aprendendo a ler e a escrever muito antes dos outros. Foi a primeira vitória que o futuro rei obteve na vida.

Quando Alfredo subiu ao trono encontrou a Inglaterra muito atormentada pelos terríveis piratas dinamarqueses. Os anglos já estavam um tanto civilizados e haviam se convertido ao cristianismo. Os tais dinamarqueses, porém, tribo teutônica da mesma família dos anglos, continuavam bárbaros e brutos. Vinham de suas terras em barcos velozes, desciam nas costas britânicas e saqueavam as cidades. Depois fugiam. Tal qual moleques que pulam muros para furtar mangas dos quintais e somem-se assim que os donos aparecem. Por fim, nem isso os dinamarqueses faziam; não sumiam quando os donos vinham. Punham-lhes a língua e os desafiavam.

O rei Alfredo resolveu dar-lhes uma lição. Reuniu o exército, avançou e... levou uma surra tremenda, a ponto de ser obrigado a fugir a pé. Contam que nessa ocasião deu com os costados numa casinha de campônios perdida numa serra, onde encontrou a dona assando bolos ao forno. Vendo-o roto e sujo de lama, a boa mulher o tomou por um vagabundo qualquer, e em certo ponto lhe disse: "Olhe fique aqui tomando conta do forno enquanto vou tirar leite das vacas. Cuidado, hein? Não deixe o bolo queimar". O pobre rei Alfredo, que só pensava no meio de libertar seu país dos dinamarqueses, ali se quedou rente ao forno, mergulhado em profundas reflexões. Resultado: os bolos queimaram-se. Quando a mulher voltou e viu o desastre, ficou furiosíssima e passou-lhe uma grande descompostura...

– E que fez ele?

– Nada, minha filha. Sorriu apenas. Mais tarde Alfredo compreendeu que sem navios de guerra lhe era impossível lutar contra os piratas e construiu uma boa esquadra. Com ela, enfrentou-os e começou a ter vantagens. A esquadrinha do rei Alfredo foi a origem da grande

---

17. Nota da editora: Carlos Magno viveu entre 742 e 814. O rei Alfredo viveu entre 847 e 899, ou seja, quase um século depois de Carlos Magno.

esquadra com que os ingleses conseguiram formar e manter o seu imenso império. A atual esquadra britânica tem, pois, 1.000 anos de idade.

– Mil anos! – exclamou Pedrinho. – Por isso ninguém pode com ela. Parece a velha serpente Kaa, da história de Mogli, o menino-lobo: sempre tão sábia e invencível. Continue, vovó.

– A luta contra os dinamarqueses durou anos, apesar das coisas melhorarem muito depois da construção da esquadra. Por fim, Alfredo teve a bela ideia de propor-lhes um negócio. Já que os ingleses e dinamarqueses eram primos, podiam muito bem viver na mesma terra e, portanto, que viessem e ficassem de uma vez na ilha. Os dinamarqueses aceitaram a ideia, vieram. Localizaram-se nas terras oferecidas, viraram cristãos, e pronto!

– Sim, senhora! – exclamou Narizinho. – Está aí um meio decentíssimo de resolver uma pendenga. Não era à toa que esse Alfredo deixava queimar bolos no forno. Ele devia pensar muito e pensava certo.

– De fato, pensava bem. Fez leis muito severas, que foram cumpridas à risca pelo povo. Andou tudo tão em ordem no seu tempo que uma pessoa podia deixar um montinho de moedas no meio da rua sem que ninguém se atrevesse a furtá-las. Também mandou vir de outros países homens instruídos, que ensinaram aos meninos ingleses tudo quanto lhes convinha saber. Uma das escolas do rei Alfredo virou com o tempo a famosa Universidade de Oxford, que é hoje das mais afamadas do mundo. Até coisas ele inventava. Inventou, entre outras, um meio de marcar o tempo, uma espécie de relógio.

– Como isso?

– Uma vela toda cheia de marcas. À medida que a vela ia se consumindo, as marcas iam indicando as horas.

– Ora, ora, ora! – exclamou Pedrinho. – Coisas assim até Rabicó inventa.

– Meu filho, naqueles tempos de ignorância crassa, inventar uma coisinha qualquer valia por notável acontecimento e, portanto, Alfredo merece muito crédito pela sua vela-relógio. E também pela lanterna que imaginou.

– Lanterna?

– Sim. Teve a lembrança de pôr uma vela dentro de uma caixa, feita de lâminas transparentes de chifre de boi. A isso se chamou a lâmpada de chifre –, ou *lamphorn*. *Horn* em inglês quer dizer chifre. Invenções dessas nos fazem rir hoje. Mas devemos ter presente que uma coisa sai de outra, e que foi pelo fato de os nossos antepassados terem inventado coisinhas assim que nós pudemos depois inventar maravilhas, como o rádio, o avião e tantas outras mais. Esse rei Alfredo merece toda a nossa simpatia. Soube dar começo à Inglaterra atual, que é o colosso que vocês sabem.

– A plantinha estava nascendo. Ele foi um bom jardineiro. As plantinhas novas exigem muito cuidado no começo. Depois encorpam e vão por si – filosofou Pedrinho.

– E em que época foi isso, vovó? – quis saber a menina.

O FIM DO MUNDO

– Ah! Foi pouco antes de uma das coisas mais curiosas da história humana: o ano 1.000.

– O ano 1.000? – repetiu Narizinho franzindo a testa. – Coisa curiosa por quê?

– Porque era o ano marcado para o fim do mundo. Por causa de certa frase da *Bíblia* a Europa inteira se convenceu de que o mundo iria acabar no ano 1.000... Para a maior parte dos europeus isso seria uma verdadeira felicidade, tal o estado de miséria em que viviam. Consideravam-se tão desgraçados, tão infelizes... Que bom se morressem todos de uma vez! Iriam direitinhos para o Céu. Mas como para o Céu só poderiam ir os bons, os que praticassem o bem na Terra, toca toda gente a praticar o bem, com o olho ferrado na recompensa futura.

Outros havia, entretanto, nada ansiosos pelo fim do mundo: os ricos, os que possuíam alguma coisa e de nenhum modo se consideravam infelizes. Esses tratavam de aproveitar a vida, de gozar o mais possível, uma vez que tudo ia acabar-se.

O resultado dessa crença geral no fim do mundo foi um desastre. Ninguém mais queria trabalhar, nem estudar, nem começar qualquer obra nova. Para quê? Não estavam tão perto do fim de tudo?

– E afinal?

HISTÓRIAS DO MUNDO PARA CRIANÇAS

– Afinal chegou o tal ano 1000 e nada aconteceu. O sol continuou a levantar-se pela manhã e a deitar-se à tarde. Veio a primavera, depois, o verão, o outono e o inverno – tudo como sempre. Foi um desapontamento geral.

– Desapontamento ou contentamento, vovó?

– As duas coisas. Mas surgiram logo os sabidões, que explicaram ter havido erro na contagem; o fim do mundo seria no ano seguinte. E o mundo toca a esperar mais um ano. Passou-se mais esse ano e nada. Nada de o mundo acabar...

Outros sabidões apareceram, que explicaram que a data dos mil anos devia ser contada da morte de Cristo e não do seu nascimento. E toca todo o povo a esperar pacientemente que se passassem mais 33 anos, pois que a morte de Cristo se dera no ano 33. Correm os 33 anos e nada. O mundo continuava vivinho como sempre.

Houve novas explicações dos sábios, e novas esperas. Por fim, a profecia do Milênio ficou desmoralizada e todos foram voltando ao trabalho.

– Que interessante! – exclamou Pedrinho. – Eu queria estar lá para ver as ideias daquela gente, discutir com eles... Com que então, tudo parado?

– Sim. Só não ficou parado um povo da mesma família dos dinamarqueses. Chamavam-se normandos, ou *vikings*, esses teutões bem do Norte que ainda não haviam se convertido ao cristianismo e tinham ideias muito diferentes das do resto da Europa.

Eram amigos do mar, os *vikings*. Viviam navegando, tal qual os antigos fenícios. Usavam embarcações de um tipo próprio criado por eles, sempre pintadas de preto, com caraças de monstros marinhos esculpidas na proa.

– Não são a essas caraças que o povo chama figuras de proa?

– Justamente. Figura de proa é isso, e quando dizemos que fulano ou sicrano é uma figura de proa, queremos significar que é um sujeito inútil, que apenas serve para figuração. Os *vikings* realizaram navegações importantíssimas, nas quais descobriram as terras da Islândia e da Groenlândia. Mais tarde, chegaram às costas da América sob o comando de um chefe de nome Leif Ericson. Como nessas costas encontrassem parreiras selvagens, deram à terra o nome de Vinholândia ou o correspondente a isso lá na língua deles. Mas não se afastaram da praia, nem suspeitaram estar pisando um imenso mundo desconhecido. Supuseram que fosse alguma ilha.

— Que grandes ignorantes! — berrou Emília. — Descobriram a América e não perceberam. Por que não perguntaram a algum esquimó se a tal Groenlândia não fazia parte da América?

Narizinho fulminou-a com um olhar terrível. Claramente, Emília estava "mangando" com eles. Dona Benta riu-se e continuou:

— Mas aquela enorme ilha estava tão longe da Europa, e seus habitantes lhes pareceram tão feios, que os *vikings* não quiseram saber de histórias. Reembarcaram para a Europa sem a mínima intenção de voltar, e nunca mais voltaram. A América teve de ser novamente descoberta por Cristóvão Colombo 500 anos mais tarde.

— Grandes idiotas, os tais *vikings*! — exclamou Pedrinho. Perderam a oportunidade de ter monumentos em todas as capitais da América, como tem Colombo.

— Isso não impede que a chegada dos *vikings* à América seja uma coisa maravilhosa. Lembrem-se que eles viajavam sem bússola, e parece até um milagre que suas pequenas embarcações pudessem avançar tanto sem bússola. Sem esta, o navegante tem de se limitar a seguir só por onde pode conservar terra à vista. Os *vikings* alcançaram a América uma vez. Se quisessem alcançá-la mais vezes, ou regularmente, como é preciso para a navegação comercial, não o poderiam. Isso só se tornou possível depois que a bússola, inventada pelos chineses, foi conhecida dos europeus.

OS CASTELOS

Tanta coisa tinha Dona Benta para contar que às vezes pulava do assunto A para o assunto Z. Assim, pulou de navegação dos *vikings* para os castelos dos senhores feudais.

– Castelo! – disse ela. – Vamos ver quem sabe o que é um castelo.

Todos disseram que sabiam, porque andavam com as cabeças cheias dos castelos dos contos de fada; mas quando Dona Benta exigiu explicação mais minuciosa, ninguém soube dá-la.

Durante a Idade Média – começou Dona Benta –, a Europa encheu-se de castelos. Uma verdadeira vegetação de castelos, como há vegetações de chapéus-de-sapo em certos lugares de muito esterco. Por que isso? Ouçam.

Depois do espedaçamento do Império Romano, cada chefe teutônico tratou de estabelecer um reinozinho na parte que lhe coube. Mas a luta não parava, luta de um chefe contra outro. E sempre que um vencia, dava como recompensa aos seus generais pedaços do novo quinhão conquistado. Estes generais, por sua vez, distribuíam pedacinhos dos seus quinhões aos oficiais menores, que também os haviam ajudado. O território do antigo império foi sendo assim cada vez mais dividido e subdividido.

Os donos dos pedacinhos menores ficaram sendo os nobres, ou senhores feudais. Tinham de obedecer ao chefe mais graúdo que lhes dera as terras com a obrigação de o servirem e lutarem ao lado dele sempre que fosse necessário.

Isso não era brincadeira, não! O nobre via-se obrigado a jurar da maneira mais solene obediência e serviço; e havia que repetir esse juramento todos os anos, de joelhos diante do graúdo. Chamavam a essa cerimônia prestar homenagem ou vassalagem.

Recebido o seu pedaço de terra, o nobre tratava de construir um castelo que lhe servisse ao mesmo tempo de morada e fortaleza, porque, como viviam em luta, sempre que podia um tomava a terra do outro. Por isso erguiam os castelos de preferência em lugares altos, topos de montanhas ou blocos de rochedos, de modo a dificultar o assalto dos inimigos. Também os rodeavam com fortes muralhas de pedras, às vezes com quatro metros de largura, e abriam valos com água junto às muralhas.

– E o povo? Que fim levou o povo? – perguntou Pedrinho.

– O povo ficava fora do castelo, morando em casebres humildes, a cultivar as terras de parceria com o senhor. Este dava ao povo o menos que podia e lhe arrancava o máximo. Quando o castelo era atacado, os homens do povo, ou servos...

– Servo não é o mesmo que escravo, vovó? – perguntou o menino.

– Quase o mesmo. A única diferença é que o senhor tinha o direito de matar ao escravo, mas não ao servo.

– Oh, então a diferença era enorme!

– Parece. Não tinha o direito de matá-lo, mas tinha direito de castigá-lo de maneiras horríveis, piores que a morte. O servo que fugisse ficaria para sempre liberto se passasse um ano e um dia sem ser apanhado. Porém, se era apanhado dentro desse tempo, o senhor tinha o direito de surrá-lo quanto quisesse, de marcá-lo com ferro em brasa, de cortar-lhe as mãos...

– Que horror!

– Quando um castelo ia ser atacado, os servos recolhiam-se lá dentro com toda a sua quitanda: móveis, mantimentos e animais. Por isso eram os castelos tão vastos, com acomodações para centenas de famílias. Alguns até pareciam cidades. Tinham capela, armazéns de depósito, cavalariças, cozinhas comuns, mil coisas. Na parte principal, ficava a moradia do senhor.

Todo castelo possuía a sua grande sala de jantar comum, ou comedouro, porque semelhante coisa não merecia o nome de sala de jantar. Verdadeiros estábulos com cochos. Tábuas postas sobre cavaletes serviam de mesa, que depois das refeições eram retiradas. Os servos comiam sem garfo, sem colher, sem faca. Comiam com os dedos e limpavam-nos na roupa. Quando muito, aparecia no fim da refeição uma gamela d'água, para algum mais "enjoado" que quisesse lavar os "talheres". Por causa desta mesa formada de simples tábuas soltas, apoiadas sobre cavaletes, até hoje os ingleses usam a expressão *boardinghouse* para denominar as casas de pensão. *Board* em inglês quer dizer tábua.

Depois das refeições, os servos de mais habilidade cantavam e tocavam instrumentos para divertir os amos. Esses servos cantores chamavam-se menestréis.

– Os poetas daquele tempo...

– Sim, os poetas. Hoje os poetas vestem-se como toda gente e publicam os seus versos em livros. Mas os poetas daquele tempo não podiam publicar livros, e para viver tinham de pôr-se às sopas dos senhores feudais, fazendo-lhes versos em que diziam deles mil maravilhas. Os senhores "tinham" o seu poeta, como "tinham" o seu pajem ou o seu cozinheiro.

Quando o senhor e seus servos se fechavam no castelo, era muito difícil desalojá-los. Em primeiro lugar, o inimigo tinha de transpor os fossos exteriores. Se o conseguiam, davam com o nariz nas muralhas de pedra, com uma só abertura de entrada, e essa mesma com ponte levadiça, isto é, uma ponte que podia ser erguida do lado de dentro, deixando o castelo sem entrada nenhuma. O meio então era romper a muralha. Mas como?

– Com dinamite! – berrou a Emília. – Garanto que com um cartucho de dinamite eu arrombava as muralhas de qualquer castelo.

– Mas onde dinamite naquele tempo, se nem a pólvora ainda fora inventada? Quando a ponte levadiça estava erguida, era um problema muito difícil tomar um castelo. Se o assediavam, o assédio podia durar anos, porque sempre havia nele muito mantimento acumulado. Entrar pelas janelas, impossível; os castelos não tinham janelas, e sim seteiras, minúsculas aberturas por onde os de dentro lançavam flechas. Se por acaso o inimigo ficava debaixo das muralhas, vinha lá de cima água fervendo ou alcatrão em chamas. Mas mesmo assim muitos castelos eram tomados.

– Como, vovó? Não posso descobrir o meio – disse Pedrinho.

– De vários modos. Às vezes o inimigo abria túneis, que passavam por baixo dos fossos externos e dos alicerces das muralhas, indo sair lá dentro. Outras vezes construíam uma pesadíssima máquina de arrombar muralha chamada aríete. Tais máquinas tinham esse nome, que vem do latim *aries*, carneiro, porque imitavam um carneiro a dar marradas, e ainda porque terminavam por uma cabeça de carneiro feita de ferro. Outras vezes os assaltantes usavam umas torres de madeira montadas sobre rodas, bem altas, que se aproximavam do castelo e permitiam que de cima os besteiros pudessem à vontade lançar flechas para dentro. Outras vezes usavam aparelhos de lançar a distância grandes blocos de pedra.

 Emília deu uma risada.

– Que é, boba?

– Estou rindo desses besteiros que lançavam flechas. Eles deviam lançar besteiras...

Dona Benta explicou que os besteiros eram os homens que usavam bestas, um aparelho de lançar flechas muito diferente dos arcos que os índios usam para o mesmo fim.

– E por que não há mais castelos hoje? – quis saber Narizinho.

– Por causa da pólvora, minha filha. Depois que a pólvora apareceu na Europa, tudo começou a mudar. Veio a espingarda. Veio o canhão. As muralhas de pedra passaram a não valer coisa nenhuma. Com meia dúzia de barricas de pólvora podemos fazê-las voar pelos ares.

O mundo está sempre mudando por causa das invenções. A invenção da pólvora viria determinar mudança ainda maior. Mas paremos aqui. São horas de dormir. O Visconde está "pescando". Olhem o jeitinho dele...

OS TEMPOS DA CAVALARIA

Antes do serão do dia seguinte, Dona Benta teve de passar um pito na Emília por causa dos bigodes retorcidos que ela desenhou nas figuras de um *Dom Quixote* de Narizinho.

– Veja, vovó, como ficou meu livro! Tudo de bigode, até as mulheres; os bigodes mais malfeitos do mundo. Os espanhóis não usam bigodes assim; isto é, bigode de português de venda... e com a borracha foi desfazendo aquela reinação da Emília.

Dona Benta aproveitou-se do caso para falar da cavalaria da Idade Média.

– Estes tempos que estou recordando – disse ela – são os chamados tempos da cavalaria andante, a qual deu assunto a tantos livros, inclusive o *Dom Quixote*. Para a Europa dessa época só tinham importância duas coisas: as damas e os cavaleiros andantes. O resto da humanidade era composto dos vilões, isto é, do povo, gente sem direito a coisa nenhuma. Para os nobres e os cavaleiros, tudo; para o povo, nada. Ninguém cuidava dele.

– Nem escolas públicas havia?

– Escolas! – exclamou Dona Benta. – Isto é coisa dos nossos tempos, menina. Naquela época, o povo era ensinado a trabalhar para os nobres, nada mais. Educação, só os nobres a tinham. Oh, e estes a tinham primorosa!

– Primorosa, vovó?

– Sim, lá da moda deles. Educadíssimos em dois pontos: lutar e ser cavaleiro. Ser cavaleiro não era ser peão ou domador de cavalos, como vocês poderiam supor. Coisa muito mais importante.

O sistema de educar um fidalguinho era o seguinte: até os 7 anos ficava ele grudado às saias da mamãe. Chegando a essa idade virava pajem; e pajem permanecia até os 14 anos. Ser pajem consistia em dedicar-se exclusivamente ao serviço das damas do castelo. Tinha de fazer tudo quanto elas mandassem: dar recados, levar encomendas, servi-las à mesa etc. Também recebia as primeiras lições de equitação, de valentia e de cortesia.

HISTÓRIAS DO MUNDO PARA CRIANÇAS

Aos 14 anos, o pajem virava escudeiro, e escudeiro ficava até os 21. A obrigação do escudeiro era servir aos homens, como a do pajem era servir às damas. Tinha de lhes cuidar dos cavalos e ir com eles aos combates, levando de reserva um animal, lança e as mais armas que por acaso tais guerreiros pudessem precisar.

Se o rapaz dava boas contas de si como escudeiro, aos 21 anos era elevado a cavaleiro, isto com maior cerimônia do que a usada hoje quando um rapaz conclui os estudos e vira doutor. A primeira parte do cerimonial consistia num banho, bem esfregado.

– Um banho? – exclamou Pedrinho. – Então não tomavam banho todos os dias?

– Isso de banho todos os dias é coisa moderníssima – observou Dona Benta. – Na Idade Média, era feio tomar banho. Gente havia que passava anos sem saber que gosto tem a água na pele. Até reis e rainhas não se lavavam... Por isso a primeira parte da cerimônia resumia-se na coisa seríssima e raríssima que era um banho. Depois vestiam o escudeiro de trajes novos em folha e assim, lavado e vestido, ele tinha de passar uma noite inteira na igreja, rezando. Ao romper da manhã, aparecia diante do povo reunido à porta da igreja e jurava solenemente quatro coisas: ser bravo e bom; lutar pela religião de Cristo; proteger os fracos; honrar as damas. Só. Em seguida, punham-lhe à cintura um cinto de couro branco, e nas botas um par de esporas de ouro. Desse modo arreado, o escudeiro ajoelhava-se e o seu senhor batia-lhe com o chato da espada no ombro, dizendo: "Eu te faço cavaleiro!".

– Tudo isso está no *Dom Quixote*, vovó – lembrou Pedrinho.

– Um cavaleiro – continuou Dona Benta – ia para a guerra vestido de armadura, composta de chapas circulares de ferro que se metiam umas pelas outras, ou de placas de aço ao jeito das escamas de peixe; levava um elmo na cabeça, ou máscara de ferro que a recobria toda. A armadura o livrava das flechas e lanças do inimigo.

Ficavam de tal forma escondidos dentro das armaduras, que quando a peleja se travava era impossível distinguir o amigo do inimigo. Para evitar os desastres de semelhante mistura, os cavaleiros usavam a cota de armas, isto é, uma insígnia ou marca qualquer: um leão, uma rosa, uma cruz, uma ave. Tais marcas hoje são motivo de grande orgulho para os descendentes desses cavaleiros, que as usam sobretudo para enfeitar o papel de carta.

(Neste ponto, Emília cochichou ao ouvido do Visconde, perguntando-lhe que marca tinha o sabugo que dera começo à ilustre família dos Viscondes de Sabugosa).

– Como já disse – continuou Dona Benta – os cavaleiros eram especialmente ensinados a ser corteses com as damas; por isso hoje, quando vemos um sujeito muito amável com as mulheres, dizemos que é "um perfeito cavalheiro." Cavalheiro é uma forma elegante da palavra cavaleiro.

– E eu, vovó, que sempre pensei que "perfeito cavalheiro" queria dizer um domador que não cai do cavalo por mais bravo que seja! – confessou a menina. – Veja que boba fui!...

– Não é ser boba, minha filha, é não saber. Uma criança não tem culpa de não saber, e para que saiba uma porção de coisas úteis é que as vovós contam estas histórias do mundo. Mas a amabilidade dos cavaleiros com as damas chegava a ponto de, ao passarem por perto de uma, terem a pachorra de tirar da cabeça a horrível armação do tal elmo. Sabem para quê? Para significar que ele a considerava amiga e, portanto, não necessitava estar com a cabeça na gaiola, como era de uso em presença de inimigos. Desse ato dos cavaleiros medievais veio o costume dos homens modernos tirarem o chapéu na rua quando passam por uma dama, ou por outros homens que eles respeitam.

– Que engraçado, vovó! – exclamou Pedrinho. – A menor coisa que hoje a gente faz sem pensar tem uma explicação histórica...

– Está claro. Tudo tem a sua razão de ser. Até estes costumes dos cavaleiros da Idade Média, que hoje nos parecem ridículos, tinham a sua razão de ser, como vocês verão um dia, quando estudarem bem a fundo a História. Também tinham muita razão de ser os jogos em moda naqueles tempos.

– Quais eram?

– O principal era o torneio. O torneio na Idade Média correspondia aos Jogos Olímpicos da Grécia, às corridas de carros e lutas de gladiadores de Roma, às touradas da Espanha, ao boxe dos americanos e ao futebol nosso.

– Nosso, não. O futebol não é coisa daqui, veio de fora – alegou Narizinho; mas Pedrinho, que era zagueiro do Picapau Futebol Clube, não concordou.

– Os sertanistas que estudaram os índios lá da Amazônia – disse ele – descobriram tribos nas quais o jogo era uma espécie de futebol, com bola de borracha maciça e regras muito parecidas com as do futebol inglês. Por isso acho que vovó está certa e podemos falar em "nosso" futebol.

– Mas quais os jogos em moda naquele tempo? – quis saber a menina. – Qual o principal?

– Havia a liça, correspondente à arena dos lutadores, ou ao campo dos jogadores de bola. A multidão rodeava a liça, levando bandeiras para enfeitar o ar e trombetas para fazer barulho. Sem barulho jamais houve festa no mundo; daí os foguetes, as charangas, o vivório, as palmas, o berreiro, as vaias. Na liça, os cavaleiros apareciam divididos em partidos contrários, a fim de se engalfinharem em lutas de mentira. Por isso traziam as pontas das lanças enchumaçadas, de modo que não ferissem gravemente os rivais. Dado o sinal, os cavaleiros, montados em cavalos também cobertos de armaduras, avançavam de lança em riste uns contra os outros, procurando derrubarem-se mutuamente das selas. Os vencedores recebiam como prêmio uma fita ou distintivo qualquer oferecido pelas damas; e estes prêmios, ou troféus, eram grandemente estimados. Os heróis nunca deixavam de trazê-los quando iam às batalhas de verdade. Hoje os prêmios são, sobretudo, taças; um costume que também tem a sua origem histórica.

Outra diversão favorita dos cavaleiros era a caça com o falcão: uma ave de rapina que se deixa amestrar. Ensinavam os falcões a caçarem certas aves e pequenos animais, como coelhos e lebres, e os trazerem para os seus donos.

– Como os cachorros perdigueiros de hoje, vovó – lembrou Pedrinho.

– Sim. Esses falcões faziam o papel de cachorros com asas. Eram levados ao campo presos por uma correntinha ao pulso do caçador e com a cabeça coberta por pequena carapuça. Assim que a caça era avistada, um pobre pombo ou uma pobre lebre, tiravam-lhes a carapuça e os soltavam. O falcão caía, qual flecha, sobre o coitadinho, e o agarrava nas terríveis unhas afiadíssimas; depois o trazia ao caçador, se era ave; ou ficava a segurá-lo no chão, se era animalzinho. O caçador apanhava a caça, punha outra vez a carapuça no falcão e o prendia à corrente.

– Malvados! – exclamou Narizinho. – Estou vendo que a história do mundo podia muito bem chamar-se história da malvadez humana...

– As damas, apesar de serem muito sensíveis e todas cheias de não-me-toques-não-me-deixes, gostavam imenso das caçadas com falcão. Já os homens preferiam caçar o javali, um feroz porco-do-mato de dentuça terrível, por ser esporte mais perigoso e, portanto, mais próprio de homem.

– *Hum, hum!* – fez a menina.

– *Hum, hum,* por quê? – indagou Pedrinho.

– Estou me admirando da importância que os homens dão à valentia. Gostam desse esporte porque é mais perigoso. *Hum, hum!*...

– Os homens – disse Dona Benta – ainda estão muito próximos da barbárie primitiva. Isso explica o alto valor que ainda dão à coragem física. Quando Madame Curie, a descobridora do radium, chegou a Nova Iorque, foi recebida por um pequeno número de pessoas; porém, naquela hora, uma enorme multidão estava recebendo um famoso jogador de boxe com uma trovoada de palmas e gritos; isto é, um bruta-montes cujo mérito é quebrar o queixo de outro antes que esse outro lhe quebre o seu. Madame Curie valia um milhão de vezes mais que o jogador de boxe, mas o povo ainda não tinha a cultura necessária para perceber isso.

O NETO DO PIRATA

No dia seguinte, Dona Benta falou novamente dos ingleses.

– Depois que o rei Alfredo se arrumou lá com os piratas – disse ela –, o rei da França resolveu fazer o mesmo com os normandos, que também se divertiam em piratear pelas costas da França, comandados por um terrível pirata de nome Rollon. Não podendo vencê-los, o rei negociou, autorizando-os a ocuparem um pedaço do território francês. Mas para guardar as conveniências era preciso que Rollon fingisse que agradecia o donativo do rei da França e lhe prestasse homenagem em público, beijando-lhe os pés.

Rollon, na realidade, não havia recebido presente nenhum. Havia conquistado. Presente à força não é presente; é conquista da boa. Assim, ao saber que tinha de prestar homenagem ao rei, refletiu lá

HISTÓRIAS DO MUNDO PARA CRIANÇAS

consigo e respondeu que sim, que faria o que fosse necessário. Ele e seus homens beijariam o pé do rei.

Ao realizar-se a tal cerimônia, tudo começou muito bem. Os normandos desfilaram diante do trono, ajoelharam-se e beijaram o pé real. Mas ao chegar a vez de Rollon aconteceu uma coisa inesperada. Em vez de baixar-se como os outros para dar o beijo, o pirata ergueu o pé do rei à altura da boca, e lá o revirou, com o trono e tudo, de pernas para o ar!

– Espere, vovó! – gritou Pedrinho entusiasmado.

– Quero tomar nota do nome desse pirata para nunca mais o esquecer. Está aí um homem que vale a pena! Virar um rei de pernas para o ar! Essa é de primeiríssima!

Emília, cujo sonho sempre fora ser mulher de um grande pirata, veio logo com a sua asneirinha.

– Ah! – exclamou ela – se eu fosse Madame Rollon havia de ir com ele a essa cerimônia, para virar também a rainha da França de pernas para o ar!

Depois que arrefeceu aquele entusiasmo, Dona Benta prosseguiu:

– A parte da França que havia sido dada aos normandos passou a chamar-se Normandia, nome que se conserva até hoje. Tornou-se uma terra muito curiosa pelos costumes e pela qualidade das gentes. Em certa época, houve lá um duque, Guilherme, neto de Rollon, que dominava toda a província. Um homem levado da breca, muito forte de corpo e de vontade. No atirar flechas com o arco ninguém o batia, como também não havia ninguém que conseguisse dobrar o seu arco.

Guilherme tinha abandonado o deus Odin para fazer-se cristão, mas era cristão só na aparência; nos atos parecia até o próprio deus Odin. Quando queria uma coisa, queria mesmo!

Um dia enjoou-se de ser apenas duque. Quis ser rei. Se outros menos fortes eram reis, por que não seria ele rei também? Ora bolas! Mas rei do quê? De que país? Pensou, pensou e afinal resolveu ser rei da Inglaterra, país separado da Normandia pelo Canal da Mancha.

Andava com essas ideias na cabeça, quando um jovem príncipe inglês naufragou nas costas da Normandia, sendo salvo e levado à sua presença. Guilherme achou boa a ocasião para fazer um negócio: obrigá-lo a prometer que quando subisse ao trono, ele, Haroldo (chamava-se Haroldo, o príncipe), faria a ele, Guilherme, presente da Inglaterra!

– Que graça! – exclamou Narizinho. – E Haroldo prometeu?

– Que remédio? Guilherme sabia arranjar as coisas. Para maior segurança, fez Haroldo jurar diante de um altar do castelo. Logo que Haroldo jurou, Guilherme ergueu a tampa do altar e mostrou-lhe uma porção de ossos de santos. Jurar sobre ossos de santos era, naquele tempo, o maior e mais grave juramento possível, de modo que Guilherme não teve receio de que o príncipe jamais se atrevesse a quebrar tão solene jura.

Depois disso, Haroldo voltou para sua terra, e mais tarde subiu ao trono. E agora! Que fazer? Entregar o país a um estranho era um absurdo; o povo inglês jamais o consentiria. Mas o juramento? Oh, o juramento não valia nada porque fora arrancado por meio de traição. Quando jurou não sabia que debaixo do altar estivessem ossos sagrados. E Haroldo resolveu continuar rei da Inglaterra e mandar Guilherme às favas.

Quando Guilherme soube disso, ficou furioso e imediatamente reuniu um exército para invadir a Inglaterra.

Ao desembarcar nas costas inglesas aconteceu um pequeno acidente. O bote no qual Guilherme se dirigia à praia encalhou de súbito na areia, fazendo-o cair por terra. Esse tombo, tão fora de propósito, equivalia a péssimo sinal, ou mau agouro. Os generais e soldados normandos sentiram pelo corpo um arrepio de medo. Mas Guilherme enxergava longe e pensava rápido como um raio. Ergueu-se com as mãos cheias de terra, dizendo que caíra de propósito, para mostrar como iria cair sobre as Ilhas Britânicas e segurar com ambas as mãos todas as suas terras. Os soldados entusiasmaram-se com o dito e ninguém mais pensou no mau agouro.

– Que esperto, vovó! – exclamou Pedrinho. – Transformou o mau em bom enquanto o diabo esfrega o olho! Bem se vê que era neto de pirata!...

– Muito hábil, sim – concordou Dona Benta. – Era Guilherme, na realidade, o que um filósofo alemão chama super-homem, isto é, um homem que é mais que um homem. Logo depois, o iria mostrar na batalha travada com o exército de Haroldo. Os ingleses, que estavam defendendo a sua terra, bateram-se com a maior fúria; e já iam vencendo, quando Guilherme os enganou a todos. Fingindo-se derrotado, deu ordem de retirada. No maior delírio de contentamento, os ingleses lançaram-se na perseguição dos normandos, sem ordem nenhuma, transformados em multidão que corre às cegas. Súbito Guilherme dá contraordem; seus soldados voltam-se contra os ingleses e os destroçam completamente. Haroldo morreu com um dos olhos atravessado por uma flecha; assim terminou a batalha de Hastings, que é das mais célebres da História pelas consequências que teve.

– Que azar tinha esse Haroldo! – exclamou Pedrinho.

– Guilherme, vencedor, fez o exército normando marchar incontinente para Londres, onde coroou a si próprio rei da Inglaterra no dia do Natal do ano de 1066. Desde então passou a ser conhecido como Guilherme, o Conquistador. Estava iniciada uma nova dinastia de reis, a dinastia normanda, que entroncava num chefe de piratas.

Os olhos de Emília brilhavam. A palavra "pirata" bulia com ela. Seu sonho era sempre o mesmo: ser a esposa de um pirata "para mandar num navio..."

– Guilherme dividiu a Inglaterra entre os nobres da sua corte, como se o país fosse um queijo. Tinham esses nobres de lhe prestar vassalagem, isto é, de lhe jurar obediência todos os anos e de lutar por ele quando chamados. De posse da sua fatia de queijo inglês, cada nobre normando tratou de construir nela um castelo. Guilherme levantou o seu em Londres, à margem do rio Tâmisa. Nessa mesma margem, Júlio César havia construído um forte, que desapareceu; o rei Alfredo, depois, construiu lá um castelo, que também desapareceu; só ficou, e ainda lá está, a construção erguida por Guilherme. Chama-se a Torre de Londres, um dos monumentos mais célebres do mundo pelas numerosas tragédias que se passaram dentro dos seus muros.

– Vai para o meu caderno essa Torre – disse Pedrinho. – Quando for a Londres, não deixarei de passar algumas horas lá dentro.

– Mas Guilherme era realmente um homem de valor, que bem merecia ser rei de uma grande nação. Tinha o espírito prático. Uma das primeiras coisas que fez foi levantar a lista de todas as pessoas e propriedades do reino, lista que ficou servindo de base para o seu governo. Era a avaliação da Inglaterra, cálculo que pela primeira vez se fazia. Guilherme queria saber a quantas andava; queria ver claro. Assim como uma casa comercial dá balanço no negócio por meio dos guarda-livros, assim fez ele a escrita da Inglaterra inteira e deu balanço.

No livro chamado o *Domesday book* foi lançado tudo, desde o nome de cada habitante até o último porquinho que houvesse num quintal.

– Que danado! – exclamou a menina. – Que negociante!...

– E muito mais coisas fez o terrível normando. Estabeleceu, por exemplo, uma lei para evitar crimes e distúrbios durante a noite. A certa hora, quando os sinos tocavam, todos tinham de apagar as luzes e ir para a cama.

Uma das suas novidades causou grande ódio aos ingleses. Guilherme gostava muito de caçar, e como não houvesse boas matas perto, mandou destruir uma série de vilas e aldeias nas imediações de Londres, transformando a terra assim obtida num bosque ao qual deu o nome de Nova Floresta. Até hoje existe, sempre com o mesmo nome.

– Interessante, vovó! – observou Narizinho. – As coisas que esse Guilherme fazia ficaram para toda a vida: o seu castelo, a sua floresta, a sua Inglaterra...

– Foi um construtor não há dúvida. Em seu governo fizeram-se muitas coisas sérias e úteis ao povo. Depois de Guilherme, a Inglaterra passou a ser um dos países do mundo mais seguros para viver; daí vem a ser o ano 1066 considerado o ano I dos ingleses.

– E era neto de um pirata! – exclamou Narizinho, pensando em Cômodo, filho de Marco Aurélio, e outros filhos de reis que nunca prestaram para coisa nenhuma.

Enquanto os meninos comentavam os feitos de Guilherme, o Conquistador, Emília cochichava para o Visconde, combinando o levantamento da escrita e o balanço do sítio de Dona Benta.

– Mas há de ser trabalho muito bem-feito, ouviu? – recomendava a diabinha. – É preciso que não escape nada, nem a porteira, nem os pés de couve, nem os cupins do pasto.

E piscando para o velho Sabugosa:

– Vai ver, Visconde, que eu ainda acabo a Rollona deste reino, e se você me escrever o *Domesday book* do sítio bem direitinho, eu o farei cavaleiro andante; depois de um bom banho de água quente...

A AVENTURA DOS CRUZADOS

No jantar do dia seguinte, Pedrinho perguntou a Dona Benta qual iria ser o assunto histórico daquela noite.

– Podemos falar dos Cruzados – respondeu ela, depois de refletir uns instantes. – É assunto dos mais pitorescos e foi coisa de muitas consequências para o mundo.

Pedrinho bateu palmas. Já conhecia alguma coisa dos Cruzados; e isso de guerras, invasões, caçadas de feras em Uganda ou na Índia era com ele. "Não sei por quem Pedrinho puxou esse espírito belicoso", vivia dizendo a menina. "De vovó não foi, porque vovó é pacifista."

E porque o assunto ia ser de guerra, Pedrinho achou jeito do serão daquela noite começar dez minutos mais cedo.

– Ande, vovó, comece logo, que estou aflito.

E Dona Benta começou.

– As tais cruzadas, meu filho, vieram em consequência da exaltação do fanatismo religioso na Europa. Havia na Idade Média tamanho entusiasmo de fé entre os cristãos, que de todos os cantos saíam viajantes com rumo à Palestina. Era lá a cidade de Jerusalém. Eles queriam ver com os próprios olhos a terra onde Cristo fora crucificado e rezar diante de seu túmulo. Esses viajantes chamavam-se peregrinos e a viagem que faziam era a peregrinação. Trazer de Jerusalém uma folha de palmeira, ou qualquer outra lembrança para mostrar aos amigos e pendurar nas paredes, era o ideal de toda gente.

A viagem durava meses, às vezes anos. Nada de trens, como hoje. Nada de hotéis pelo caminho e outras comodidades. Os peregrinos tinham de se sujeitar a mil incômodos e padecimentos.

O pior, entretanto, era Jerusalém estar nas mãos dos turcos[18], povo maometano que detestava os seguidores de Cristo. Depois de os peregrinos vencerem as mil dificuldades da viagem, tinham ainda, quando chegavam, de sofrer os maus-tratos dos turcos, ou infiéis, como eles diziam. Isso começou a desesperá-los; e como a situação fosse ficando cada vez pior, lá pelo ano 1099, o Papa Urbano, que era o chefe da

---

18. Nota da editora: Jerusalém era governada pelos muçulmanos nesta época.

cristandade, resolveu reagir. E lançou uma proclamação, convidando todos os cristãos a se reunirem em exército para expulsar os turcos de Jerusalém.

Um monge de nome Pedro, o Eremita, homem de grande eloquência, também se sentiu revoltado e saiu pelo mundo a pregar a guerra santa.

– Que quer dizer eremita, vovó?

– Quer dizer um homem que se aborrece dos outros e vai viver sozinho no deserto, ou nalguma caverna, onde possa rezar o tempo que queira sem que ninguém se implique. Pedro era desses. Vivia numa gruta, ou num eremitério[19], sofrendo toda sorte de privações; meio que ele achava o melhor para conseguir o reino dos céus. Pedro já havia estado em Jerusalém, de onde voltara tinindo de indignação. Por isso começou a contar a todo mundo os maus-tratos que os cristãos sofriam, frisando ainda o absurdo de o Santo Sepulcro estar nas mãos dos piores inimigos da cristandade. Falava ao povo nas igrejas, nas ruas, nos mercados, pelas estradas; onde quer que encontrasse ouvidos e, graças à sua eloquência, conseguiu impressionar os ouvintes.

Não demorou muito tempo e os cristãos começaram a juntar-se aos milhares: moços e velhos, homens, mulheres e até crianças, com o fim de marchar para Jerusalém e arrancá-la das mãos dos turcos. Esses vingadores usavam como distintivo uma cruz de pano vermelho pregado ao peito. Daí o nome de cruzados, que receberam, e o nome de cruzadas, que tiveram as suas investidas em massa.

Quem partia para uma cruzada tinha bem pouca esperança de voltar, e por isso dispunha de todos os seus haveres: casa, mobília, gado, plantações. Seguia limpo. A maior parte dos peregrinos marchava a pé. Outros iam a cavalo, entre estes, os nobres.

– Os nobres também iam?

– Como não? Até príncipes e, por fim, até reis, como vocês vão ver. O plano do papa era organizar uma grande cruzada que partisse para o Oriente no ano de 1099; mas tal era a ânsia daquela gente por combater, que não houve meio de a segurar. Com Pedro, o Eremita, e outros chefes à frente, lá partiram os primeiros cruzados muito antes de estar completa a organização imaginada pelo papa.

Semelhante multidão, cuja ignorância de tudo era profunda, não tinha a menor ideia da distância a que ficava Jerusalém. Geografia

19. Nota da editora: local onde vivem os eremitas.

HISTÓRIAS DO MUNDO PARA CRIANÇAS

para eles era coisa não existente. Mapa, não havia um para remédio. Informações, todas incompletas ou erradas. Ninguém pensava no modo de obter alimento e agasalho pelo caminho, nem nas coisas necessárias durante a marcha. Confiavam cegamente em Pedro, o Eremita, e o seguiam. Deus havia de olhar por eles durante a viagem.

"Para a frente, soldados de Cristo!" era o grito de guerra, a cujo som imensas massas humanas rolavam rumo a Jerusalém. A quantidade dos que morriam pelas estradas não tinha conta, de fome ou doença. Iam indo, indo. Cada vez que avistavam ao longe uma cidade, inquiriam ansiosos: "Jerusalém?".

MONTEIRO LOBATO

– Devia ser tal qual correição de formigas – observou Pedrinho.

– De fato, era um formigueiro em marcha, às cegas.

– E os turcos, vovó? Que fizeram quando a notícia chegou lá?

– Quando os turcos souberam daquela marcha de milhares e milhares de homens, reunidos em exército para expulsá-los da Palestina, saíram-lhes ao encontro, bem armados e bem comandados. A matança feita nos cristãos foi tremenda. O próprio Pedro, o Eremita, não escapou. Acabaram todos destruídos.

Mas atrás deles vinham, muito mais em ordem, outras levas imensas, que haviam sido organizadas pelo Papa Urbano e partido no tempo que ele marcara. Houve também mortandade grande pelo caminho, mas por fim chegaram a Jerusalém, os sobreviventes. Quando se viram diante das muralhas da cidade sagrada, rompeu entre eles um verdadeiro delírio de alegria. Caíram de joelhos e rezaram e cantaram hinos, agradecendo a Deus por terem conseguido chegar ao termo daquela interminável e dolorosa jornada.

– E depois?

– Depois atacaram a cidade com fúria de assombrar aos próprios turcos. Nada pôde resistir ao ímpeto do assalto; Jerusalém lhes caiu nas unhas. A matança que fizeram aos habitantes foi terrível. Pelas ruas da cidade de Cristo correram verdadeiros riachos de sangue. O principal chefe, chamado Godofredo de Bulhão, tomou conta da praça e estabeleceu um governo cristão e, desse modo, terminou a primeira cruzada.

– Primeira, vovó? – perguntou Pedrinho. – Tiveram outras, então?

– Sim, tiveram nove, isso no espaço de dois séculos, porque logo depois os turcos retomaram Jerusalém, massacraram todos os cristãos e nunca mais saíram de lá[20].

Narizinho fez cara de horror e piedade.

– Que coisa triste, vovó! Tão bom que foi Jesus Cristo, a ponto de morrer no suplício por amor a nós; e os seus seguidores, na própria cidade onde ele estava enterrado, diante do seu próprio sepulcro, a transformarem as ruas em riachos de sangue. Cada vez mais me horrorizo com a estupidez dos homens. Que imensos desgraçados...

Dona Benta calou-se.

20. Nota da editora: Hoje, as terras de Jerusalém pertencem a Israel.

OS REIS CRUZADOS

No dia seguinte, Dona Benta continuou:

– Temos três reis metidos nas cruzadas: Ricardo, rei da Inglaterra; Filipe, rei da França; Frederico Barba Ruiva, rei da Alemanha.

Jerusalém estava novamente nas mãos dos turcos, o que punha os cristãos na maior das cóleras. Não podiam admitir semelhante injúria. Era necessário lançar nova cruzada; a segunda cruzada começou.

A segunda! Quantas iam haver ainda!... Por duzentos anos, as cruzadas se fizeram como uma coisa espontânea, que nasce ninguém sabe como e acaba ninguém sabe porquê. Eram ondas que se quebravam contra um rochedo. Algumas se desfaziam antes de alcançar a Palestina. Em outras, os cruzados alcançavam-na, retomavam por um momento Jerusalém e logo a perdiam.

Nesta segunda cruzada, os três reis não tomaram parte. Estavam reservados para a terceira, que começou no ano 1189, quase cem anos depois da primeira.

– Três reis! Imaginem! Estou quase com dó dos turcos...

– Não perca o seu dó, Pedrinho, porque ainda é cedo. Esses três reis nada conseguiram. Frederico Barba Ruiva...

– Que nome! – interrompeu Narizinho. – Quem era ele?

– Parente de Barba-Azul com certeza – gritou Emília.

– Não – disse Dona Benta. – Barba Ruiva era um rei da Alemanha, que tinha a sua corte naquela cidade de que Carlos Magno fizera a capital do império. Vamos ver quem se lembra...

– Aix... – começou Pedrinho; lá... – continuou Narizinho: *Chapelle* – concluiu Emília.

– Muito bem. Aix-la-Chapelle. Mas no tempo de Barba Ruiva essa cidade era apenas a capital da Alemanha e não de um império. Embora Barba Ruiva quisesse formar um grande império como o de Carlos Magno, não o conseguiu, porque não tinha as qualidades de governo, ou o jeitinho do outro. Faltava-lhe juízo, e a prova foi meter-se na terceira cruzada, já idoso como era. Resultado: não chegou a ver Jerusalém, morreu no caminho, afogado. E ficaram em campo dois reis somente.

– É a primeira vez que encontro um rei que morre afogado – disse Pedrinho. – Em geral, morrem assassinados ou decapitados, como aquele Luís XVI da França...

– O segundo rei, o tal Filipe, também não viu Jerusalém. Enchendo-se de ciúmes do seu companheiro Ricardo por vê-lo muito querido de toda gente, voltou para a França. O rei inglês ficou sozinho.

– Aposto que o inglês viu Jerusalém! – berrou Pedrinho.

– Viu, sim. Este Ricardo foi um grande rei, e ainda maior seria se tivesse ficado em casa cuidando do seu povo. Mas não resistiu à tentação da grande aventura. Era um homem querido dos homens e muito amado das mulheres: bondoso, inteligente, gentil; além disso, bravo e enérgico. Ficou na História com o nome de Ricardo Coração de Leão. O povo o amava, porque era duro com os malfeitores e muito justiceiro. Durante séculos existiu na Inglaterra o costume de as mães meterem medo às crianças manhosas dizendo: "Quietinha, senão o rei Ricardo vem te pegar!"

– Virou cuca depois de morto, o coitado! – exclamou Narizinho.

– Era querido até dos adversários, como se vê do que aconteceu entre ele e o Sultão Saladino, que reinava em Jerusalém por ocasião da terceira cruzada. Saladino estava sendo atacado pelas forças de Ricardo, mas tanta era sua simpatia pelo rei inglês que lhe propôs um acordo bom para os dois lados. Nesse acordo ficou assente que os turcos não mais maltratariam os peregrinos cristãos vindos a Jerusalém. Conseguido isso, Ricardo fez-se de volta para a Inglaterra, desse modo, pondo fim à terceira cruzada.

No seu regresso aconteceu uma coisa que até parece fita de cinema. Foi raptado pelos ladrões! Raptado e oculto numa prisão que ninguém sabia onde ficava; os raptores exigiram da Inglaterra uma grande soma em troca da sua liberdade, mas como poderiam os seus amigos resgatá-lo, se não sabiam onde estava, nem podiam comunicar-se com os raptores?

– E então... – disse Narizinho.

– E então – repetiu Dona Benta –, entrou em cena um Blondel, que era o menestrel favorito de Ricardo. Havia este Blondel, tempos atrás, composto uma canção de que o rei gostava muito. Quando o seu senhor desapareceu, teve Blondel a ideia de sair pelo mundo cantando essa canção por toda parte, junto às muralhas de todos os castelos, na esperança de que o rei a ouvisse e o reconhecesse.

HISTÓRIAS DO MUNDO PARA CRIANÇAS

Cantou, cantou Blondel e um dia, por acaso, cantou justamente ao pé da torre onde estava metido o rei. Ouvindo a canção querida, Ricardo logo reconheceu a voz de seu menestrel e, também cantando, respondeu com o estribilho. Assim foi descoberto. Seus amigos pagaram o resgate e ele voltou muito lampeiro para a Inglaterra.

– Que engraçado, vovó! – exclamou Narizinho. – Afinal de contas a História não passa de um romance de capa e espada como aquele de Alexandre Dumas que a senhora nos leu...

– E assim é, minha filha. Ricardo Coração de Leão voltou para a Inglaterra, mas não sossegou. Por esse tempo, o famoso Robin Hood andava por lá pintando a saracura, sem que ninguém pudesse prendê-lo. Roubava os viajantes nas estradas e batia os soldados do rei sempre que eles se atravessavam no seu caminho.

– Eu já vi a fita de Robin Hood – disse Pedrinho. Há lá um frade que é um número!...

– Ricardo danou e dispôs-se a dar cabo de Robin Hood. Para isso disfarçou-se em monge, dando jeito de fazer-se capturar por ele. Queria conhecer de perto quem era o tal Robin, para depois apanhá-lo, bem apanhado. Mas sabem o que aconteceu? Ricardo gostou tanto de Robin Hood, tomou-se de tais amores pelo bandido, que o perdoou, a ele e a toda a quadrilha!

– Que criatura extraordinária, vovó! – exclamou Pedrinho. – A senhora não imagina como gosto de homens assim, que fazem as coisas diferentes dos outros e sempre de sua cabeça! Esse Ricardo vai para meu caderninho. Espere aí...

– Então ponha também no seu caderninho que a cota de armas de Ricardo trazia três cabeças de leão, uma em cima da outra; desenho que mais tarde entrou para o escudo da Inglaterra.

Pedrinho tomou nota de tudo, enquanto Dona Benta bebia água, tomava fôlego e prosseguia.

– Depois dessa terceira cruzada veio...

– A quarta! – berrou Emília.

– Está claro que a quarta, bobinha. Mas o que eu ia dizer é que veio uma só de meninos no ano 1212.

– Meninos, vovó? – exclamaram todos, de olhos arregalados.

– Sim, meninos, criançada. Chamou-se mesmo a Cruzada das Crianças. Teve origem na França, com um menino de nome Estevão que era, ou devia ser, um maluquinho de marca. Começou ele a entusiasmar os seus amigos e conhecidos e a coisa pegou fogo. Surgiram de todos os cantos da França meninos que escapavam dos pais com a ideia de irem a Jerusalém surrar os turcos. Reunidos em grande bando, mais de trinta mil, os cruzadinhos marcharam para as costas do Mediterrâneo, na esperança de que as águas se abrissem para lhes dar passagem, como a *Bíblia* diz ter acontecido no Mar Vermelho no tempo dos hebreus. Mas o Mediterrâneo ficou quieto, por mais intimações que recebesse para se abrir. Nisto surgiram alguns marinheiros, que vieram conversar com os cruzadinhos e souberam de suas intenções. Esses marinheiros piscaram lá entre si e depois se ofereceram para levá-los de navio a Jerusalém. A meninada aceitou com entusiasmo. Dias depois apareceram os navios e grande número de meninos embarcou... e foram levados para a costa da África e vendidos como escravos aos maometanos, justamente aos seus piores inimigos. Eram navios de piratas...

Narizinho assombrou-se.

– Estou vendo, vovó, que não existe nada de mais nos contos de Grimm, Andersen e outros. Que diferença entre a História e os contos de fadas? Aqueles reis, aqueles castelos, aqueles piratas; tudo a mesma coisa. A única diferença é que a História tem coisas ainda mais fantásticas do que os contos de fadas, como essa história dos cruzadinhos, por exemplo...

– Tem razão, minha filha. A realidade é, às vezes, ainda mais fantasiosa do que a fantasia dos escritores. Um puro romance. Mas voltemos às cruzadas. Ocorreram ainda outras, e por fim veio a oitava, que levou como chefe o rei Luís IX da França, o mesmo que mais tarde virou São Luís. Também esta falhou, tendo o pobre rei morrido em caminho, de peste. Desse modo, apesar de todo o esforço dos cristãos durante duzentos anos, os turcos não foram desalojados de Jerusalém; e lá ainda estão até agora. Isto é, lá ficaram até 1918. Neste ano, os ingleses, em guerra com os turcos, armaram uma expedição contra Jerusalém e a ocuparam.

– Quer dizer, vovó, que foram os ingleses que fizeram a última cruzada e a única vencedora? – sugeriu Pedrinho.

– Está com jeito de ser – respondeu Dona Benta. – Mas os ingleses são um povo civilizado. Fizeram um acordo com os turcos, deixando-os lá; o mesmo que fez Ricardo Coração de Leão. Não houve matança ao sistema antigo, só mudança de governo.

– O que eu acho muitíssimo interessante, vovó, é todas essas matanças serem feitas em nome de Cristo!...

– Ah, minha filha, se Cristo voltasse ao mundo havia de horrorizar-se com os milhões de crimes cometidos em seu nome... Não há pior calamidade que o fanatismo religioso. A História é atravessada por um Amazonas de sangue derramado por causa desse fanatismo. Mas é preciso notar que nem todos os que tomavam parte nas cruzadas eram seguidores de Cristo...

– Nem todos, não, vovó! – protestou a menina. – Nenhum! Onde se viu um seguidor de Cristo andar matando gente?

– Sim, minha filha, mas eles ingenuamente se davam como seguidores de Cristo; além desses, inúmeros eram levados apenas pelo espírito de aventura, com olho no roubo e nos saques. Saquear cidades deve ser uma delícia, pois a maior recompensa que os grandes generais dão aos seus soldados é justamente isso: licença para saquear...

Apesar dos pesares, as cruzadas trouxeram o seu benefício, porque nada ensina tanto como viajar, ver novas terras, novas gentes, novos costumes. Os cruzados que morreram, morreram; mas os que voltaram vieram sabidíssimos, e ensinaram aos que não foram mil coisas novas. Para a ignorância espessa da Idade Média, isso valeu muito. Serviu para quebrar a crosta do "não sei". Serviu tanto, que depois delas começou a raiar nova luz na Europa. A derradeira cruzada marcou o fim da Idade Média[21].

---

21. Nota da editora: Hoje, sabe-se que o fim da Idade Média chegou quando os turcos-otomanos conquistaram a cidade de Constantinopla.

UM MAU REI

– Estou com saudades do rei Ricardo, vovó – disse Pedrinho no dia seguinte. – Conte mais alguma coisa dele.

– Eu bem disse que todos o amavam. Até você ficou caidinho, hein? E, no entanto, Ricardo tinha um irmão detestável, o príncipe João. Quando Ricardo esteve fora, à frente da terceira cruzada, João fez uma tentativa para apossar-se do trono. Começou assim a mostrar quem era. Mais tarde, depois da morte de Ricardo, subiu ao poder e então pôde sossegadamente acabar de mostrar quem era.

Nas fitas de cinema, há sempre um vilão: um sujeito ruim, que passa a vida a fazer ruindades e patifarias, recebendo o castigo no último ato. Também a História está cheia de vilões com a coroa real na cabeça. Infelizmente, não aparece no último ato nenhum castigo para eles.

Logo que subiu ao trono, João fez matar, ou matou com suas próprias mãos, um menino chamado Artur, seu sobrinho, com medo de que de um momento para outro viesse a reinar.

– Devia ser um menino muito reinador – disse Emília.

Ninguém achou graça e Dona Benta continuou:

– Logo depois desse horrível crime, teve uma desavença com o papa, lá em Roma. O papa era naquele tempo o chefe supremo da cristandade e, portanto, só a ele competia dizer faça isto, faça aquilo, em qualquer assunto da religião. Pois bem, o papa havia nomeado um bispo para a Inglaterra e o rei não reconheceu a nomeação. Queria que o bispo fosse um amigo seu, com certeza algum pândego da sua marca.

Era aquilo uma ofensa muito séria feita ao papa, o qual, em resposta, ameaçou de fechar todas as igrejas da Inglaterra. João sacudiu os ombros. Que fechasse! Então, o papa foi e fechou todas as igrejas e mandou que ficassem fechadas até que o rei cedesse.

Nos tempos de hoje, poucos compreendem o papel das igrejas na Idade Média. A igreja era tudo, mas tudo mesmo. Era o centro de reunião diária do povo para rezar e pedir benefícios a Deus; para aliviar-se dos remorsos, confessando os pecados; para pedir conselhos aos padres, únicos homens instruídos; para acender uma vela no altar da Virgem Maria ou simplesmente para se encontrarem uns com os outros e darem a sua prosinha.

Também nela se batizavam as crianças e se casavam os noivos. Se a igreja se fechava, vocês compreendem que a vida de todos sofria um transtorno horrível, porque ninguém mais podia casar-se as crianças morriam sem batismo, não podendo entrar no céu as consciências ficavam sujíssimas de pecados; e os mortos ficavam privados de um enterro que lhes garantisse o sossego da alma.

Imaginem agora o desastre que para o povo inglês representava o fechamento de todas as igrejas. Daí o ódio que nasceu contra o causador daquilo. Ódio tão grande que o rei João principiou a sentir medo. Por fim, o papa ameaçou de colocar outro rei no trono; sim, porque era o papa quem fazia e desfazia os reis naquele tempo. Quando as coisas chegaram a esse ponto, o rei João cedeu; abaixou a crista. Aceitou o bispo nomeado pelo papa e fez tudo mais que o papa quis.

Mas João não tinha conserto. A ideia que fazia do seu papel de rei era ótima para ele, mas muito má para a nação. Rei, para João, equivalia a ser dono de tudo, inclusive do povo. Este existia apenas para servi-lo, trabalhar para ele, ganhar dinheiro para ele, fazer tudo quanto ele mandasse, por mais absurdo e sem propósito que fosse. João tinha o costume, quando precisava de dinheiro, de exigir que os ricos lhe dessem grandes somas. Se a vítima se recusava, ia para a prisão, onde sofria torturas horríveis antes de ser morta.

E em vez de melhorar com a idade, o rei João piorava sempre. Ficou uma tal peste, que os seus barões, isto é, os homens importantes do reino, o prenderam numa pequena ilha do Rio Tâmisa, na qual foi obrigado a assinar uma declaração muito importante, escrita em latim, que se chamou a Magna Carta ou a Grande Carta.

– Quantas páginas teria essa carta grande assim? – perguntou Emília.

– Carta aqui – explicou Dona Benta – não é o que você pensa. Era uma declaração solene, uma declaração de direitos.

– Que quer dizer isso de declaração de direitos, vovó?

– Quer dizer um papel onde o rei declarava que ele, e todos os outros reis que depois dele viessem, não podiam fazer tais e tais coisas, ou tinham o direito de fazê-las. Nessa Magna Carta, foi declarado que todas as pessoas tinham o direito de ser as donas exclusivas do dinheiro que ganhassem, não podendo o governo, nem rei nenhum, tirar-lhes à força nem um níquel. Uma pessoa tinha também o direito

MONTEIRO LOBATO

de não ser presa, ou castigada pelo governo, ou pelo rei, a não ser no caso de ter cometido algum crime, ou feito qualquer coisa que as leis proíbem. Eram esses os principais direitos declarados na Magna Carta, pois ainda havia outros.

O rei João teve de assinar aquilo, embora espernasse como criança que precisa, mas não quer, tomar óleo de rícino. E sabem como assinou? Com o seu selo real, isto é, um sinete de ouro com o qual carimbava sobre pingos de lacre derretido. Não sabia escrever nem o próprio nome, esse grandissíssimo João... Assinada a Magna Carta, foi solto, voltando para o trono.

– E cumpriu o que assinou?

– Não. Na primeira oportunidade desrespeitou a assinatura do seu carimbo de ouro. Mas desta vez não foi preciso que os barões o pusessem novamente na ilhazinha do Tâmisa. A morte encarregou-se de levá-lo. Morreu João, mas a Magna Carta ficou e os reis que vieram em seguida começaram a respeitá-la cada vez mais. Foi isto em 1215, uma data muito importante, porque a partir daí o povo deixou de servir aos reis e os reis começaram a servir ao povo. A Magna Carta foi a mãe do que hoje chamamos Constituição.

– Oh, já sei! – exclamou Pedrinho. – Compreendo agora. Constituição é uma declaração de direitos, haja, ou não, rei.

– Perfeitamente. Na sua Constituição, um povo declara como quer ser governado. Põe de um lado o que as pessoas têm direito de fazer e de outro lado o que os encarregados do governo têm direito de exigir das pessoas; e quando fulano ou sicrano desrespeita o que está ali combinado, cai sobre a sua cabeça um castigo. Ninguém hoje compreende que um povo possa viver sem Constituição, parecendo-nos até absurdo que durante séculos e séculos todos os países passassem sem ela.

MARCO POLO

– Tenho notado uma coisa – disse Pedrinho. – A senhora só fala dos países da Europa, como se o mundo fosse apenas a Europa. E as outras terras?

– As outras terras não nos interessam tanto como as da Europa, ou do Ocidente. O Oriente, isto é, a parte onde estão os maiores países da Ásia, constitui para nós um verdadeiro mundo da lua. Hoje já não tanto, porque há jornais e há o Japão. Os jornais, com a sua mexeriquice, contam o que se passa no mundo todo, e o Japão, depois que virou a Alemanha da Ásia, não para de fazer coisas que nos atraem os olhos. Mas naquele tempo não havia jornais, nem Japão moderno, sendo assim ninguém sabia o que se passava lá longe.

Da Ásia, os antigos europeus só conheciam aquela região entre o Tigre e o Eufrates, onde tanta coisa interessante se passou. O resto, para além desses rios, era uma terra muito vaga, que tinha o nome genérico de "lados de Catai".

Onde ficava esse Catai? Lá da outra banda do globo terrestre. Catai era antípoda da Europa. Sabem o que é antípoda?

– Sei, sim – disse Narizinho – aprendi isso na história de *Alice no país das maravilhas*. Antípoda é uma terra que está do lado oposto a outra.

– Pois bem – continuou Dona Benta –, a terra de Catai ficava do lado oposto à Europa. Lá vivia um povo amarelo, de cabelos corridos; gente da raça mongólica. Hoje sabemos disso muito bem, e dessas terras recebemos muita coisa: leques de papel, cestinhas de bambu, caixas de charão, bichas de soltar no dia de Santo Antônio. Como também sabemos que lá ficam a Índia e a China; os dois povos mais importantes do mundo em antiguidade de civilização e requintes a que chegou tal civilização. Hoje os maiores sábios do Ocidente falam com o maior respeito desses dois povos, mas para a antiga Europa, a Ásia praticamente não existia. A Europa começou a conhecer os amarelos quando eles vieram passear no Ocidente.

– Como passear, vovó? Não estou entendendo...

– Foi assim. Lá pelo século XII, uma das raças existentes na Ásia, os mongóis ou tártaros, despejou-se sobre o Ocidente, como avalancha de gelo ou nuvem de gafanhotos e com tal fúria, que ameaçou de arrasamento todos os países cuja história ando a contar. Vinham a cavalo, comandados por um terrível guerreiro de nome Gengis Khan. Uma espécie de Átila e seus guerreiros eram uma espécie de hunos, mas piores.

Se fosse possível formar um exército de tigres e leões, não seria tal exército mais feroz que o de Gengis Khan. Galopavam arrasando tudo, queimando cidades e povoados aos milhares, e trucidando homens, mulheres e crianças aos milhões. Ninguém podia resistir-lhes à fúria, de modo que tudo fez crer que a raça branca ia ser destruída, e com ela tudo quanto os brancos haviam criado.

Mas em certo momento Gengis Khan parou. Estava já com um império que se estendia do oceano Pacífico até junto da Europa, império maior que o romano ou o de Alexandre. Nisto, morreu.

– É o que vale, vovó! – disse Pedrinho. – É o que vale, haver a morte. Quando essas pestes ficam perigosas demais, vem a Magra com o seu garfo e zás! Fisga o monstro para o assar no inferno.

– Morreu, sim, mas as coisas não melhoraram, pois Gengis Khan deixou um filho mais terrível que ele, o qual conquistou e arrasou novos países. Por fim, a morte fisgou também esse, e subiu ao trono o grande Kublai Khan. Apesar de neto de Gengis, Kublai não havia herdado a sua ferocidade. Nascera com espírito criador, não com espírito destruidor. Foi quem fez de Pequim a capital da China e a encheu de monumentos. Tantos palácios e jardins maravilhosos levantou lá que obscureceu a glória de outros reis, como Salomão, por exemplo; reis amigos do que se chama fausto. Kublai Khan foi o maior rei que a China possuiu.

– Na Índia, o maior foi Acbar, a senhora já nos contou.

– Sim, mas na China foi esse Kublai. Um belo dia apareceram por lá dois venezianos. Quem sabe o que é veneziano?

– O marido das venezianas! – gritou Emília apontando para as janelas da sala.

Ninguém achou graça.

– Veneziano quer dizer um homem natural da cidade de Veneza.

E Veneza? Quem sabe de Veneza?

Silêncio. Dona Benta explicou:

HISTÓRIAS DO MUNDO PARA CRIANÇAS

– Veneza era uma cidade muito curiosa da Itália, a única no mundo construída sobre água. As ruas não se pareciam; e não se parecem, porque Veneza ainda existe, com as ruas que todos nós conhecemos. Não são ruas, propriamente, mas canais. Em vez de carros, navegam nas ruas uma espécie de botes, chamados gôndolas. Pois bem, lá pelo ano de 1300 vivia em Veneza a família dos Polos. Dois deles encasquetaram a ideia de conhecer as regiões misteriosas de Catai. Puseram-se a caminho. Viajaram sem parar, sempre na direção leste, isto é, na direção do Oriente, e tanto andaram que foram parar diante dos maravilhosos palácios de Kublai Khan.

Quando o rei soube que dois homens brancos estavam de boca aberta diante do palácio, mandou que os trouxessem à sua presença. Os Polos apareceram, e longamente falaram, contando maravilhas da Europa, coisas inteiramente novas para Kublai Khan. Esses venezianos sabiam contar histórias, sabiam ser interessantes, de modo que o rei

logo se agradou de ambos. Mandou que os hospedassem da melhor maneira para que todos os dias lhe viessem contar mais coisas. Depois os tomou a serviço e os empregou em altos postos do governo. Desse modo, os Polos permaneceram na corte de Kublai Khan por vinte anos.

Um dia, sentindo saudades de Veneza, planejaram a volta. Estavam riquíssimos e sequiosos por contar aos parentes e amigos as suas extraordinárias aventuras. Mas Kublai gostava tanto deles que não quis deixá-los partir. Foi preciso prometerem que deixavam Catai por pouco tempo, voltando logo que as saudades de Veneza estivessem bem matadas.

Ao chegarem a Veneza, ninguém os reconheceu. Todos duvidaram que eles fossem os dois Polos que haviam partido dali vinte anos atrás. Parecia impossível que aqueles dois sujeitos esfarrapados e sujos da longa viagem fossem os homens que diziam ser; além disso, falando mal a língua italiana.

Os Polos ficaram desapontados. As histórias maravilhosas do reino de Kublai Khan eram ouvidas como contos de fadas. Ninguém acreditou. Por fim, eles fizeram como no cinema; despiram as roupas esfrangalhadas e, abrindo as malas, tiraram de dentro os mais luxuosos trajes de seda, os de uso na corte de Kublai. Também abriram as caixas de rico charão, exibindo joias do mais fino lavor. Eram rubis e diamantes e esmeraldas e safiras em quantidade que dava para abrir uma joalheria. Os venezianos então arregalaram os olhos, vendo que era bem certo tudo quanto eles diziam.

Um dos Polos narrou mais tarde essas histórias a um homem que sabia escrever, e assim nasceu um dos livros mais famosos do mundo: *Viagens de Marco Polo*. Tais aventuras parecem contos de fadas, mas não são, embora muita coisa seja exagero de Marco Polo com o fim de espantar os leitores.

– Vovó, vovó! – exclamaram os dois meninos – mande logo buscar esse livro para o lermos. Que lindo não há de ser!

– Nesse livro – continuou Dona Benta –, Marco Polo descreve a magnificência dos palácios de Kublai Khan. Conta da enorme sala de jantar onde milhares de convivas podiam sentar-se à mesa ao mesmo tempo. Conta de uma ave tão grande que podia voar com um elefante no bico.

– É o Pássaro Roca! – berrou Emília. – Nosso velho conhecido.

HISTÓRIAS DO MUNDO PARA CRIANÇAS

– Conta ainda – concluiu Dona Benta –, que ao passar pelo Monte Arará soube que a Arca de Noé ainda estava lá no alto, embora ninguém pudesse vê-la em razão da imensa altura desse monte, todo de gelo do meio para cima...

– Que potoqueiro, vovó! – exclamou Pedrinho.

A AGULHA MÁGICA E O PÓ INVENCÍVEL

– Depois do regresso dos dois venezianos – continuou Dona Benta –, os povos da Europa começaram a ouvir falar de duas coisas maravilhosas: uma agulha mágica e um pó invencível, trazidos de Catai.

– Há de ser o pó de pirlimpimpim! – gritou Emília.

– Era a pólvora. Até o ano de 1300 ninguém sonhava na Europa com espingardas e canhões. Os homens nas guerras matavam-se com as armas brancas, isto é, espadas, facas, lanças; ou com armas de arremesso, como flechas e máquinas de jogar pedras, armas todas elas de pequeno alcance. A espada, por exemplo, só vale à distância de um metro do soldado que a maneja, e com uma boa armadura, o inimigo defende-se dos seus golpes. Também a flecha não vai muito longe. Mas com a espingarda ou canhão, a conversa fia mais fino. Diante da espingarda e do canhão, as armaduras nada valem; as muralhas dos castelos não resistem. Isso fez que o uso da pólvora viesse mudar completamente muita coisa no mundo. A arte da guerra teve de ser reformada.

– Arte da guerra! – exclamou Narizinho. – Que monstruosidade isso de arte da guerra, arte de matar gente...

– Filosoficamente é assim, minha filha; mas, na realidade, a arte da guerra é a coisa a que os homens dão a maior importância. Defesa própria e conquista: essas duas expressões justificam a guerra.

– E acha a senhora que a guerra se justifica, vovó?

– Para mim, não se justifica. Para Jesus Cristo, também não se justificava. Mas eu não posso nada no mundo, e o próprio Cristo, cujas

191

ideias tomaram conta do Ocidente, pôde tanto como eu em matéria de guerra. Muitas houve em que os homens levavam à frente dos batalhões, como estandarte, a cruz de Cristo. O homem é mesmo aquilo que você diz, Narizinho. Continuemos.

Embora Marco Polo seja o suposto introdutor da pólvora na Europa, muita gente sustenta que a pólvora foi inventada pelo monge inglês Roger Bacon. Este Bacon era um homem de ideias mais adiantadas que os outros e, por isso, foi considerado mágico e metido na prisão. Tinha parte com o diabo, diziam. Se houvesse nascido hoje, seria honrado com a admiração universal. Seria um Marconi, ou um Santos Dumont, ou um Edison, inventores do telégrafo sem fio, do aeroplano e do fonógrafo. Do mesmo modo, Edison, Dumont e Marconi seriam metidos em prisões caso tivessem nascido no tempo de Bacon. Tudo tem de vir a seu tempo. Roger Bacon nasceu errado. Devia esperar para nascer agora.

Outros atribuem a invenção da pólvora a um químico alemão de nome Schwarz. Dizem que estava a fazer experiências, moendo umas drogas num pilãozinho de ferro...

– Diga logo almofariz que nós entendemos, vovó – observou Pedrinho.

– Estava Schwarz moendo umas drogas num almofariz, ou graal, quando, de repente, a mistura explodiu, lançando para o teto a mão do pilãozinho. Schwarz assombrou-se e repetiu a experiência, já com a ideia de utilizar na guerra a força daquela mistura; fazendo os pilões lançarem a mão contra o inimigo. E assim nasceram a espingarda e as mais armas de fogo.

– Que pena ter a mão do almofariz batido no teto em vez de bater na cabeça dele! – disse Narizinho. – Se naquela ocasião, Schwarz tivesse levado a breca, quem sabe se o mundo não estaria livre de espingardas e canhões?...

– Que mistura é essa que produz a pólvora, vovó? – quis saber Pedrinho.

– Uma mistura de carvão em pó, enxofre e salitre. Não digo a proporção de cada droga para que você não se meta a fabricante de pólvora cá no sítio.

– Muito bem para o pó invencível, vovó, mas e a agulha mágica?

HISTÓRIAS DO MUNDO PARA CRIANÇAS

– A agulha mágica era a bússola. Os chineses tinham descoberto que uma agulha de ferro imantado, pendurada horizontalmente de um fio, tinha a propriedade de conservar-se sempre na mesma posição, com uma das pontas voltada para o norte.

– Que coisa misteriosa, vovó!

– Que coisa importante, deve você dizer, pois foi graças a essa agulhinha que o homem pôde criar a grande navegação, e assim descobrir mundos novos, inclusive esta América onde vivemos.

Parece incrível que uma coisinha tão insignificante na aparência, tivesse tamanho valor para a humanidade. Antes da bússola, a navegação só se fazia rente da terra. Se os navegadores perdiam de vista as costas, ficavam logo aflitos, como se houvessem perdido os olhos. Também pela posição do sol e das estrelas podiam se guiar, mas e quando o tempo estava encoberto e não havia sol nem estrelas? Cegueira pura. Guiados pela agulhinha, entretanto, podem cortar todos os mares com absoluta certeza de chegar ao ponto para onde se dirigem.

– Mas nesse caso, vovó, devemos uma grande coisa aos chineses! – disse Narizinho, muito admirada.

– Está claro que devemos, sobretudo nós aqui da América. Não fossem eles com a sua bússola, e quem lá sabe se nós existiríamos? Pelo menos não estaríamos aqui neste momento, pois embora a América pudesse ser descoberta, como o foi pelos *vikings*, não poderia ser colonizada, por impossibilidade de estabelecer linhas regulares de navegação. Tire o chapéu quando encontrar algum chinês pela rua, Pedrinho, porque é muito certo que você deve alguma coisa à China.

– Esta vai para o meu caderninho de notas, vovó!

E Dona Benta concluiu:

– Pois apesar de ser a bússola o que é, custou a ver-se adotada pelos marinheiros do Ocidente. Consideravam-na como arte do diabo, ou feitiçaria, e receavam que levada num navio causasse sérios transtornos...

– Nossa bússola vem vindo! – exclamou a menina ao ver Tia Nastácia aproximar-se. Tia Nastácia também aponta sempre para o estômago...

– O chá está na mesa – disse a boa criatura, muito admirada de receber o nome de "bússola beiçuda" que lhe deu a Emília.

A GUERRA DOS CEM ANOS

No outro dia, Dona Benta avisou Pedrinho de que ia dar um prato muito de acordo com a belicosidade dele: uma guerra de cem anos. Mas a menina protestou.

– Chega de matança, vovó! – disse ela fazendo cara de misericórdia. – Já ando cansada de mortandades...

– A história do mundo, minha filha, é a história das guerras e das invenções. Guerras e invenções vão constantemente mudando a face das coisas. Infelizmente as invenções, às quais devemos todas as melhorias da nossa vida, são, logo que aparecem, postas a serviço da guerra. Veja o aeroplano. Quando Santos Dumont o inventou, nem por sombras lhe veio à cabeça que o maravilhoso aparelho voador iria ser aplicado para matar gente e destruir cidades. E dizem que o que lhe apressou a morte foi ver sua máquina de voar planando sobre as cidades para jogar bombas lá de cima. Por isso, minha filha, apesar dessa carinha de enjoo que você está fazendo, vou contar alguma coisa da Guerra dos Cem Anos.

– Pois conte, já que não há remédio...

– Começou com o rei Eduardo III da Inglaterra, que não passava de um estúpido ambicioso. Entendeu de ser rei da França, visto considerar-se com mais direitos ao trono do que o rei que lá estava. E assim, no ano de 1338, declarou guerra à França, mandando contra esse país uma esquadra cheia de soldados. Logo depois do desembarque, os ingleses travaram com os franceses a batalha de Crécy.

O exército francês era um exército de luxo, composto principalmente de nobres, possuidores de belos cavalos. Já o exército inglês só contava com peões, isto é, homens a pé, gente do povo, munidos de uns arcos bastante reforçados, que lançavam flechas muito longe. Travada a batalha, os nobres franceses foram batidos.

Essa batalha tem fama na história por ser a primeira na qual se usaram canhões. Mas que canhões! Uns canhõezinhos que pareciam pistolões – bum! *pluf!* – e a bala caía perto, apenas espantando os cavalos. Esse engenho de matar e destruir, entretanto, iria aperfeiçoar--se constantemente até chegar a ser o que foi na Grande Guerra, em que o canhão Berta, dos alemães, lançou enormes balas de aço a cem quilômetros de distância.

A batalha de Crécy marcou o princípio da Guerra dos Cem Anos, que tanto atraso trouxe para a Inglaterra e para a França. No ano seguinte, rompia uma célebre peste na Europa, conhecida como a Peste Negra.

– Como aquela que arrasou Atenas no tempo de Péricles?

– Pior. A peste de Atenas ficou só em Atenas, mas a Peste Negra do ano 1339 espalhou-se por toda parte. Tinha vindo das bandas de Catai e ninguém pôde fugir dela. Matou quanto quis. Matou mais, talvez, do que todas as guerras juntas. Tinha o nome de Peste Negra porque começava com umas manchas negras pelo corpo dos doentes; a morte vinha, às vezes, em horas; outras vezes, em dois, três dias. Como não tinha remédio, muitos se suicidavam logo que as manchas apareciam.

Durou dois anos essa horrenda peste, que chegou a destruir cidades inteirinhas a ponto de não ficar quem enterrasse os mortos. Os pestosos caíam na rua, e ali apodreciam. As colheitas perderam-se por falta de quem delas cuidasse, o que trouxe a fome. Cavalos e vacas andavam soltos, vivendo ao deus-dará, porque seus donos tinham deixado de existir ou nem sequer aguentavam consigo. A peste foi até para o mar. Atacava às vezes tripulações inteiras. Talvez viesse daí a lenda dos navios fantasmas, que vagavam pelos oceanos ao sabor dos ventos, com esqueletos a bordo em vez de maruja.

E apesar desse horror imenso, a guerra não parou. Assim que a peste dava uma estiada, os franceses e ingleses engalfinhavam-se de novo...

Dona Benta fez uma pausa para ver a cara de Narizinho. Estava vermelha de cólera ante a estupidez dos homens.

– Muitas batalhas – continuou Dona Benta – vieram depois dessa de Crécy. Os soldados de Crécy já não existiam mais; seus filhos estavam velhinhos, e a guerra continuava. Por fim, ficaram os franceses em péssima situação. Seu rei não valia nada, não tinha pulso, não sabia querer. Tipo do rei que serve apenas para enfeitar o trono. Nisto um acontecimento maravilhoso veio salvar a França. Surgiu uma mocinha...

– Já sei, já sei! – gritou Pedrinho. – Joana d'Arc!...

– Isso mesmo. Surgiu Joana d'Arc lá dos fundos de uma aldeia desconhecida, mas hoje muito conhecida porque ficou histórica. Domrémy, chamava-se a terrinha de Joana. Era uma pastora de carneiros. Certo dia teve uma visão na qual vozes a chamavam para salvar a França. Sem demora Joana partiu para Paris, a fim de contar ao rei e aos nobres a visão que tivera. Ninguém lhe deu crédito, está claro. Uma pastora com visões, ora, ora! Mas como Joana insistisse, aqueles estupidíssimos nobres resolveram pregar-lhe uma peça. Vestiram um deles com a roupa do rei e o puseram no trono. O rei verdadeiro, um imbecil de marca maior, ficou ao lado, para "gozar a peça". Fizeram, em seguida, a pobre rapariga entrar. Joana entrou sem embaraço nenhum e, com grande espanto dos engraçados, dirigiu-se ao rei verdadeiro, sem sequer olhar para o rei falso, que estava repimpado no

trono. Chegou-se a ele e disse: "Vim, senhor, para conduzir os vossos exércitos à vitória".

Impressionado com aquelas palavras, o rei deu-lhe uma armadura e o seu estandarte real. Joana foi então pôr-se em contato com as tropas. Os soldados franceses imediatamente criaram alma nova. Acreditaram que para conduzi-los à vitória, Deus lhes havia enviado um dos seus anjos; e desde esse momento lutaram com tanto valor que os ingleses foram destroçados.

Se os soldados franceses consideravam Joana um anjo mandado por Deus, já o mesmo não acontecia com os soldados ingleses. Para esses, a mocinha não passava de uma terrível feiticeira mandada pelo Diabo.

Mas a guerra é cheia de azares, e um dia a heroica rapariga foi feita prisioneira. Aqui começa o drama: o rei de França, apesar de ela haver salvado o seu trono e a nação, nada fez em seu favor. Agora que tudo estava mudado, achou bom o momento para ver-se livre de uma criaturinha que mandava na França mais do que ele próprio. Os soldados franceses, também cansados de ser dirigidos por uma mulher, ficaram satisfeitos de se verem livres dela. Abandonada assim por todos, foi a coitadinha julgada por uns bispos muito estúpidos, que a condenaram a morrer na fogueira. E Joana d'Arc, a salvadora da França, acabou na fogueira, devorada pelas chamas...

Dona Benta olhou para Narizinho. A menina não dizia nada. Estava, porém, tão vermelhinha de cólera, e a bater o pé com tanta impaciência, que Dona Benta gritou para Tia Nastácia que trouxesse água.

– Sossegue, minha filha – disse a boa senhora, enquanto Narizinho bebia o copo d'água. – O mundo é torto mesmo, e torto de nascença. Em compensação a humanidade inteira de hoje admira e venera essa rapariguinha heroica. Fizeram-na até santa. Hoje na França e na Inglaterra, todos falam com o maior respeito de Santa Joana d'Arc.

– Triste consolo! – exclamou Narizinho, cuja fala havia desamarrado, afinal. – Assam uma criatura na fogueira e depois a fazem santa...

– E depois, vovó? – quis saber Pedrinho.

– Depois? Depois o ânimo que Joana havia dado aos soldados franceses persistiu, e eles acabaram pondo os ingleses fora. Terminou, assim, a Guerra dos Cem Anos.

SURGE A IMPRENSA

No dia seguinte, Dona Benta começou sossegando a menina.

– Não temos guerra hoje, nem gente queimada viva. Vou contar a história da imprensa, inventada pelo senhor Gutenberg depois de já ser muito velha na China. Até o aparecimento desse homem, não existia no Ocidente um só livro impresso, um só jornal, uma só revista. Estamos hoje de tal modo acostumados aos livros, ao jornal e à revista, que nos parece impossível que assim fosse!

Os livros que existiam eram todos feitos à mão, ou manuscritos. Ora, é fácil de compreender como isto os tornava caros. Só os reis e a gente muito rica podiam dar-se ao luxo de ter alguns. Uma *Bíblia*, por exemplo, custava tanto quanto uma casa. Por esse motivo, as que havia nas igrejas, às ordens de quem as quisesse ler, eram presas a argolas por meio de correntes de ferro. Medo de que as furtassem. Quem se lembraria, atualmente, de furtar uma *Bíblia*, hoje que os propagandistas andam a distribuí-las pelo mundo, de graça e aos milhões?

Tudo iria mudar, porém. Em 1440, o tal Gutenberg imaginou o meio mecânico de fazer livros. Esculpiu em madeira separadamente todas as letras do alfabeto, formando assim tipos. Com esses tipos formou palavras. Depois, passando tinta sobre os tipos e comprimindo-os contra um papel, obteve a primeira coisa impressa. Estava inventada a imprensa. O Ocidente conseguira, afinal, o meio de sair do estado de estupidez crassa em que vivia. Com o livro e o jornal impressos mecanicamente, aos milheiros e por preço ao alcance de todos, quem é ignorante hoje é porque quer. Meios de iluminar o cérebro não faltam.

Em 1440, Gutenberg imprimiu na Alemanha o primeiro livro: uma *Bíblia* em latim. O primeiro livro impresso na Inglaterra, sabem qual foi? Um tratado sobre o jogo de xadrez, feito por um tal Caxton!...

O fato de antigamente ninguém saber ler vinha da impossibilidade de haver livros ao alcance da bolsa do povo. Se hoje, por um acaso, os livros subissem de preço, vindo a custar, digamos, 2 contos de réis cada um, o povo rapidamente recairia na velha ignorância. Não basta querer ler, é preciso poder ler.

– Mas então querer não é poder, vovó? – perguntou Narizinho.

– Nem sempre. Por mais que um pobre diabo queira ir à Lua, não fará essa viagem antes que haja uma linha de foguetes da Terra à Lua. Assim também a humanidade com a leitura. Antes de aparecer a imprensa, isto é, antes de surgir a arte de produzir livros na maior quantidade e a preços baratíssimos, a pobre humanidade não podia ler; e quem não lê não se instrui, fica asno a vida inteira.

A invenção de Gutenberg mudou tudo, daí o espantoso progresso que o mundo fez em pouco tempo. A marcha do progresso é hoje tão rápida que nem dá tempo ao homem de adaptar-se às novas condições que os inventos vão criando. Esse mal-estar em que anda o mundo, e a que chamam crise, vem disso; vem de que a marcha do progresso é mais veloz do que o passo do homem, e o coitado vai ficando na rabeira. Crise quer dizer ficar na rabeira. Quem está na frente, quem puxa fila, não sabe o que é crise.

Mas, voltando ao livro, quantos teremos aqui em casa?

– Uns duzentos, vovó, não contando os da Emília.

(Emília tinha também a sua biblioteca, feita com pedacinhos de papel de jornal, cortados do tamanho de palhas de cigarro e presos com alinhavo muito malfeito...)

– Pois é – disse Dona Benta. – Duzentos; e isso é nada, absolutamente nada. Há casas por aí com mil, dois mil livros. Na Idade Média, quem possuía um livro já contava prosa. Quem tivesse duzentos, como eu, Nossa Senhora! Ficava célebre...

Estas coisas que venho contando são coisas mínimas, que qualquer pessoa hoje pode saber. Basta que compre um livro. Se não fosse Gutenberg e não houvesse livros, não estariam vocês ouvindo esta conversa da história do mundo. Estariam com certeza preparando-se para irem à vila ver enforcar algum desgraçado. Ver enforcar gente era um dos grandes divertimentos das épocas sem livros. Hoje, quem quer se divertir abre um volume e passeia pelo mundo, como estamos passeando pela História. E fica sabendo mil coisas que não sabia. Fica sabendo, por exemplo, que quando terminou a Guerra dos Cem Anos também terminou o Império Romano; isto é, o pedaço do Império Romano que ainda resistia.

– Como, vovó?

– Os turcos deram cabo dele. Esse pedaço do Império Romano estava como parede que fica em pé depois que o resto da casa desaba.

Andava sempre cai, não cai. Vieram os turcos, deram um empurrão e pronto!

– Mas como, então, essa parede pôde resistir aos árabes, que eram fortíssimos?

– Sim, os árabes atacaram Constantinopla e nada conseguiram. Do alto das suas muralhas, os cristãos despejaram-lhes um terrível fogo líquido, que os desbaratou. Mas os turcos também vieram com o fogo, e de melhor qualidade. Vieram com a pólvora e adeus Constantinopla!

– Como foi?

– Usaram canhões muito mais poderosos que os empregados pelos ingleses na batalha de Crécy. Isso em 1453. As muralhas de mil anos, que pareciam invencíveis, vieram ao chão, e os turcos entraram pelas brechas, tomando conta da velha cidade de Constantino. A linda Igreja de Santa Sofia, erguida pelo imperador Justiniano, foi transformada em mesquita, e ainda lá está.

Depois da tomada de Constantinopla todas as grandes matanças de gente, ou guerras, foram feitas com pólvora. Acabaram-se os cavaleiros metidos em armaduras e de gaiolas de ferro na cabeça. Acabaram-se as flechas. Acabaram-se os castelos. Surgiu no mundo a música nova do *bum! bum! bum!*

– Quer dizer então que...

– Que essas três invenções vieram mudar completamente a vida na Terra: bússola, imprensa e pólvora. Notem a verdade do que eu já disse, que são as invenções que mudam tudo.

– Por falar, vovó, que diferença há entre invenção e descoberta?

– Invenção é a criação de uma coisa nova que nunca existiu antes, como a pólvora ou a imprensa. Descoberta é o conhecimento de uma coisa que já existia, mas que o homem ignorava, como as terras da América. Hoje só falamos de invenções. Amanhã falaremos de descobertas.

– E a dinamite? – perguntou Pedrinho. – É filha da pólvora?

– O princípio é o mesmo, meu filho. Tanto a pólvora como a dinamite produzem, quando deflagram, uma certa quantidade de gases, os quais se expandem com a maior violência, produzindo o que chamamos explosão. E essa explosão arrebenta qualquer obstáculo que tente embaraçar a expansão dos gases. Os químicos foram inventando explosivos cada vez mais fortes, e é possível que esta pobre humanidade ainda venha a ser totalmente destruída por essas e outras invenções do mesmo naipe.

– E seria uma limpeza! – desabafou Narizinho. – A terra sem o bicho-homem seria muito mais sossegada. Que outro animal queima uma Joana d'Arc, ou assa crianças vivas, como aquela gente de Cartago?

– Sim, minha filha. O emprego das invenções para a destruição das cidades e de tudo vai num tal crescendo, que um escritor inglês, Wells, admite o fim do *Homo sapiens*, vitimado pelos progressos da química. A Terra já foi dominada por outros animais. Houve tempo em que os grandes sáurios eram os senhores do mundo. Afinal, desapareceram. Hoje é o homem que domina. Mas pode também desaparecer e entregar o cetro a outros dominadores.

– A qual deles, vovó?

– Ao besouro, por exemplo. Ou às formigas. Ou às abelhas...

– Eu queria que a dominadora do mundo fosse a minhoca – disse Emília.

– Por que, bobinha?

– Porque ficavam lá dentro da terra e não incomodavam a gente, nem a animal nenhum. Ainda está para haver uma criatura qualquer que se queixe das minhocas. Delas nunca veio, nem virá mal ao mundo...

– Bom, chega por hoje – disse Dona Benta. – Amanhã falaremos das descobertas. As minhocas da Emília! Ah, ah...

AS DESCOBERTAS

No dia seguinte, Dona Benta começou assim:

– De que livro você gosta mais, Narizinho?

– Não sei, vovó. Gosto de tantos! Gosto de *Alice no país das maravilhas*. Gosto de *Peter Pan*. Gosto de...

– Eu, o livro de que gosto mais é um que vou escrever – disse Emília, que andava sempre com essa ideia na cabeça (e, na verdade, o escreveu com o título de *Memórias da Emília*).

– Pois naqueles tempos – disse Dona Benta –, um livro que interessava grandemente às crianças era o das *Viagens de Marco Polo*. Um dos meninos que mais o lia e relia chamava-se Cristóvão: um italianinho de Gênova, cidade à beira-mar, com o porto sempre cheio de navios. Cristóvão ia sempre ao cais ver passar marinheiros, ou ouvi-los, porque de nada gostava tanto como de histórias. Depois que leu as *Viagens de Marco Polo*, virou a cabeça de uma vez. Havia de ser marinheiro também. Havia de viajar, correr o mundo, conhecer quanta terra exótica existisse.

Aos 14 anos, entrou para um navio, no qual fez a sua primeira viagem. Depois fez outra, outra e outra, até à idade madura, sem que nunca pudesse alcançar as terras descritas por Marco Polo em seu livro.

Naquele tempo, a grande preocupação dos navegantes era encontrar um caminho mais curto para as Índias, país que atraía a atenção de todos pelo negócio que era trazer de lá várias coisas de muita procura na Europa. O emprego da bússola permitia que se pensasse em caminhos novos.

Coincidia com isso, o fato de já muitos livros impressos andarem a correr mundo, entre eles alguns escritos pelos grandes filósofos gregos. Uma das ideias que esses filósofos pregavam era a da redondeza da Terra. Cristóvão Colombo leu tais livros, convenceu-se de que a Terra era mesmo redonda e não chata como pensam os que não leem, e raciocinou assim: "Se a Terra é redonda, um navio que parta daqui e vá sempre na direção leste, há de chegar lá. Quem sabe se fazendo assim não poderei descobrir o tal caminho para as Índias que todos procuram? Muito mais fácil deve ser alcançar as Índias por mar do que por terra, como fazem".

Com tal ideia na cabeça, Colombo nunca mais cuidou de outra coisa senão de realizar essa viagem. Toda gente ria-se dele. "Loucura!", diziam. Quanto mais eles riam, porém, mais Colombo se firmava no seu propósito. Mas sendo um simples marinheiro, sem recursos para comprar um navio e sem crédito para impor-se aos armadores, isto é, aos donos de navios, como fazer?

Insistiu. Continuou a falar naquilo a toda gente e a propor o negócio a quantos encontrava. Não podendo conseguir na Itália quem lhe desse atenção, foi para Portugal que, nessa época, andava a fazer o papel dos antigos fenícios. Portugal só queria saber de coisas do mar.

HISTÓRIAS DO MUNDO PARA CRIANÇAS

Estava no trono um rei amigo de aventuras. Infelizmente, esse rei não tinha imaginação suficiente para compreender as ideias de Colombo.

Colombo não desanimou. Dirigiu-se à Espanha, então governada por um casal de reis famosos hoje graças a Colombo: Fernando e Isabel. Colombo conseguiu ser recebido e expor-lhes os planos. Era mau o momento, pois a Espanha estava ainda em luta com os árabes dentro do seu próprio território; só depois de finda a luta, com a derrota dos árabes, pôde o casal de reis dar-lhe atenção.

Fernando não quis arriscar a partida, mas Isabel quis. Interessou-se tanto pelos projetos do marinheiro de Gênova, que ameaçou o marido de vender as suas próprias joias para adquirir navios, caso Fernando se recusasse a fornecê-los. Fernando, então, mandou pôr às ordens de Colombo três naviozinhos: as naus Santa Maria, Pinta e Nina. Estava Colombo vitorioso, graças à sua inabalável convicção e espantosa tenacidade.

– Nesse caso – observou Narizinho –, querer foi poder...

– Foi – concordou Dona Benta. – Colombo pôde à força de tanto querer. Mas as naus aprestaram-se, e lá um belo dia partiram do Porto de Paios, com cerca de cem tripulantes a bordo. Muitos eram criminosos, aos quais fora dado a escolher entre o cárcere e essa aventura arriscadíssima, na qual havia tudo a ganhar ou perder. Colombo tomou rumo leste e meteu-se pelo oceano Atlântico adentro, sempre na mesma direção, graças à preciosa bússola inventada pelos chineses.

Vocês, que ainda não viajaram, não sabem o que é ficar dias e dias dentro de uma casquinha solta sobre a imensidão das águas. De qualquer lado que a gente olhe, só vê água, água e mais água. O sol nasce, fica a pino, descamba, desaparece; e é só água, água e mais água: ora azul, ora verde, ora cor de chumbo. Às vezes sobrevêm temporais furiosos, que deixam o mar revolto; ondas enormes sobem e descem, levando consigo a embarcação, que por maior e mais forte que seja nunca passa de uma simples pulguinha naquela imensidade.

– A senhora está me assustando, vovó! – disse Pedrinho. – Lembre-se que tenho de viajar muito...

– Pois Colombo não se assustou com a vastidão dos mares, e durante um mês inteiro navegou sempre no mesmo rumo, sem avistar coisa nenhuma afora água. Seus marinheiros começaram a impacientar-se e exigir volta. Estavam convencidos de que Colombo era um sonhador,

MONTEIRO LOBATO

ou melhor, um louco varrido. Se era louco e queria suicidar-se, que se suicidasse sozinho. Eles não estavam dispostos a acompanhá-lo naquela aventura sem pé nem cabeça. Bolas!

Colombo procurou convencê-los de todas as maneiras, mas inutilmente. Por fim, tratou de ganhar tempo. Pediu que o acompanhassem apenas por uns dias mais; se não se avistasse terra dentro desse prazo, então regressariam. A maruja aceitou a proposta, resmungando. No entanto, começaram alguns a conspirar com o fim de lançar Colombo às águas; então, voltariam e diriam na Espanha que ele fora vítima de desastre, coisa muito comum no mar.

— Podiam fazer como os filhos de Jacó fizeram para José...

— No último momento, porém, quando já estava no fim do prazo que a tripulação concedera, um marinheiro viu um ramo de árvore flutuando sobre as ondas. Grande excitação! Para que tal ramo aparecesse ali era necessário que houvesse terra próxima. Ramo de árvore não cai das nuvens. Colombo encheu-se de ânimo e seus homens

sossegaram. Logo depois, certa noite, foi avistada uma luzinha lá longe. Luz quer dizer gente. Gente quer dizer terra. A terra procurada estava perto! Na manhã do dia 12 de outubro de 1492, os três naviozinhos aproximaram-se de uma costa. Colombo saltou e, antes de mais nada, ajoelhou-se para agradecer a Deus aquela grande vitória. Depois fincou no chão a bandeira da Espanha e batizou a terra achada com o nome de terra de São Salvador.

– Não desconfiou então que havia descoberto a América? – perguntou Emília.

Todos se riram da asneirinha.

– Como havia de saber, senhora Marquesa, se a América ainda não existia? Existiam aquelas terras desconhecidas e que, como acabei de dizer, receberam o nome de São Salvador. Colombo supôs que havia chegado às Índias, mas na realidade tinha encontrado apenas uma ilha, onde viu estranhos homens nus, de corpo pintado e com enfeites de penas na cabeça. Tão certo estava de ter chegado às Índias que deu a esses homens o nome de índios; nome que, apesar de errado, ficou.

– E como se chamava essa ilha na língua dos índios?

– Guanahani. É uma das Ilhas Watlings, no Arquipélago das Bahamas ou Lucayas, nas Antilhas, pertencente aos ingleses[22].

– Aos ingleses? – admirou-se Pedrinho. – Isso é desaforo! Essa ilha não devia pertencer a ninguém. Devia ser um santuário americano, como a Meca dos árabes, e todos os habitantes deste continente deviam ir lá pelo menos uma vez na vida rezar pela alma de Colombo. Se não fosse ele, nós não existiríamos...

– E que fez Colombo depois da descoberta? – quis saber Narizinho.

– Explorou a ilha e as outras próximas em procura de ouro, que era a única coisa que interessava aos espanhóis. Não encontrou nada, nem viu nenhum dos portentos contados no livro de Marco Polo. Ele estava certo de que aquilo era a Índia ou a China.

– Bem pouco espertinho! – disse Emília. – Eu adivinhava logo. Os chineses têm rabicho e os indianos têm turbantes.

Dona Benta riu-se da ideia e continuou:

– Dias depois Colombo fez-se de volta para a Espanha, levando a bordo vários daqueles homens cor de cobre e também amostras de fumo, planta que a gente da Europa desconhecia. O fato de ver os índios fumando muito impressionara Colombo.

– Quer dizer, vovó, que o fumo é nativo da América?

– Sim. Antes da descoberta da América ninguém sabia o que era fumar; isso na Europa, porque os índios da América fumavam a valer.

Mas Colombo voltou, e a notícia da sua descoberta virou a Espanha de pernas para o ar. Só se falou nisso uma porção de tempo. A humanidade, entretanto, é volúvel. Logo apareceram murmuradores procurando diminuir o alcance da sua descoberta. "Grande coisa!", diziam. "Muito fácil, isso de descobrir terras novas. Basta entrar num navio e seguir para a frente." Assim rosnavam os invejosos até o dia em que, num jantar de fidalgos, Colombo lhes deu uma resposta célebre.

– Temos o ovo de Colombo! – adiantou Pedrinho.

– Justamente. Colombo tomou um ovo e perguntou quem era capaz de pô-lo de pé sobre uma das pontas. Todos os fidalgos experimentaram, inutilmente. "Impossível", disseram por fim. Então, Colombo tomou o ovo e com uma pancadinha o firmou de pé sobre

---

22. Nota da editora: As Bahamas conquistaram sua independência em julho de 1973.

HISTÓRIAS DO MUNDO PARA CRIANÇAS

a toalha. "Oh, assim é fácil!", exclamaram os fidalgos. "Facílimo", disse Colombo, "mas depois que eu o fiz. Do mesmo modo é o Novo Mundo. Facílimo descobri-lo, mas depois que eu o descobri".

– Sim, senhora! Isso é que é responder.

– Três outras viagens Colombo fez para as terras novas, sem que jamais percebesse ter descoberto todo um continente. Numa delas chegou a desembarcar na América do Sul. Mas como não conseguisse levar para a Espanha o que os espanhóis queriam: ouro e pedras preciosas, sua descoberta foi perdendo a importância e ficando esquecida. Chegaram até a acusá-lo de crimes, numa das viagens à América, e o prenderam e mandaram acorrentado para a Espanha. As correntes que teve no pulso, Colombo as guardou por muito tempo em sua casa, como memória da maldade e ingratidão dos homens. Afinal morreu, quase completamente esquecido, não tendo sequer o gosto de ver o seu nome ligado ao continente que revelara. Um mais esperto, Américo Vespúcio, lhe empalmou essa glória.

– Mas há a Colômbia, vovó – observou Pedrinho.

– Sim, unicamente a Colômbia, de todos os países da América, soube honrar o grande Colombo.

As consequências da sua descoberta foram imensas. Olhem que isto de aumentar o mundo de todo um continente não é brincadeira. Devemos, portanto, venerá-lo sempre. Num mundo tão cheio de grandes homens que não fizeram outra coisa senão matar, matar, matar, destruir, destruir, destruir, como esse lote de reis, césares, khans, imperadores e generais que entopem a História, como alivia a gente encontrar um que, em vez de destruir, criou...

– Viva Colombo! – gritou Emília.

– Viva! Viva!...

MAIS DESCOBRIDORES

No outro dia, veio a América novamente para a berlinda.

– Sempre que se abre uma loja nova ali na vila – disse Dona Benta – passa uma porção de tempo a chamar-se Loja Nova, antes que o povo aceite o nome de batismo dado pelo dono. A *Loja dos Três Irmãos*, por exemplo, levou meses chamando-se Loja Nova, apesar do letreiro que o Elias Turco botou na fachada.

– Mas que tem isso com a América, vovó? – perguntou Pedrinho franzindo a testa.

– Tem que a América passou a ser conhecida como Novo Mundo, e ainda hoje é designada assim. O nome de América só veio mais tarde.

– E como foi que o tal Vespúcio pôde passar a perna em Colombo?

– Assim. Américo Vespúcio, que também havia vindo à América depois de Colombo, teve a esperteza de escrever um livro a respeito do que viu, dando sempre o nome de terras de Américo às terras de Colombo. O povo leu avidamente esse livro e, por comodidade, foi aceitando a denominação apresentada. E ficou América, em vez de Colômbia.

– Bem diz a Tia Nastácia: "o bom-bocado não é para quem o faz e sim para quem o come!" – observou Narizinho.

– Colombo não teve sorte. Fez a maior das descobertas geográficas e quase nenhum proveito tirou, a não ser a glória. E mesmo a glória só lhe veio mais tarde. Hoje Colombo ocupa o lugar que merece, mas em vida foi claramente roubado.

– Companheiro da pobre Joana d'Arc...

– Colombo mostrou ao mundo que um navio podia avançar pelo oceano adentro sem perigo de cair num buraco. Depois disso, os navegadores de toda parte puseram-se ao mar, com verdadeira fúria, atrás de terras novas. As imaginações ferviam. E os que não pensavam em terras novas pensavam em descobrir o caminho das Índias, país cujas fabulosas riquezas punham comichões em todos os europeus. Entre essas riquezas estavam as especiarias.

– Que vêm a ser especiarias, vovó?

– Chamavam especiarias a certos produtos das Índias, como o cravo, a canela, a pimenta, nozes de cheiro forte (temperos), em suma, que tinham excelente mercado na Europa. E sabem por quê? Ninguém adivinha!... Porque eram substâncias de gosto e cheiro concentrados.

– Ora esta! – exclamou Pedrinho. – Fiquei na mesma...

– Escutem. Naqueles tempos, ainda tão atrasados, não havia gelo, nem geladeiras, nem outro qualquer meio de preservar a carne e mais alimentos que se estragam depressa. Ora, os europeus haviam descoberto que essas especiarias conservavam esses alimentos. Não creio que seja certo. Essas especiarias apenas disfarçavam o mau cheiro dos alimentos já meio estragados, permitindo que fossem comidos...

– Será possível, vovó? – fez Pedrinho com cara de nojo.

– Possibilíssimo, meu filho. O cravo, a canela e mais especiarias davam lucro aos negociantes; daí os elevados preços que obtinham. Serviam para ajudá-los a enganar o freguês. Tal qual gente que usa perfumes fortes para dispensar-se do banho.

– Sim, senhora! Essa vai para o meu caderno – disse o menino. – Estou vendo que os vendeiros de hoje não são mais espertos que os seus colegas de dantes...

– Serve de fato para mostrar como as coisas se fazem no mundo. A ânsia de descobrir um caminho mais fácil para a Índia originava-se no interesse dos vendeiros em impingir gêneros estragados ao pobre público...

– E descobriram afinal esse caminho?

– Um português o descobriu: Vasco da Gama. Este teve a ideia de experimentar uma passagem pelo sul, em vez de seguir o rumo de Colombo, Vespúcio e os mais. Já outros, que haviam pensado nisso, tinham seguido pela costa da África; mas pararam a meio caminho, voltando com histórias pavorosas, muito parecidas com aquelas de Simbad, o Marajó, que vocês leram nas *Mil e uma noites*. Contavam que, de um ponto em diante, o mar fervia que nem a caldeira de Pedro Botelho; que lá para o sul da África existia uma enorme montanha de pedra-ímã, que arrancava os pregos das embarcações, fazendo-as desconjuntarem-se; que havia um monstruoso redemoinho que tragava e levava os navios para o fundo do mar. Também contavam histórias de serpentes capazes de engolir uma caravela com a facilidade com que uma cobra engole uma rã. Em *Os Lusíadas*, do poeta Camões, também se fala do horrendo gigante Adamastor, que tomava conta do cabo das Tormentas, uma ponta de terra bem ao sul da África. Parece que alguns navegadores haviam chegado até esse cabo antes de Vasco da Gama, mas fugiram para trás, assustados com as barbas verdes do Adamastor.

HISTÓRIAS DO MUNDO PARA CRIANÇAS

A grande glória de Vasco da Gama foi ter dobrado o cabo das Tormentas, que já tinha mudado o nome para cabo da Boa Esperança.

– Que esperança boa era essa, vovó? – perguntou a menina.

– Está claro que era a esperança de encontrar a Índia logo adiante. Vasco dobrou o cabo, não viu Adamastor nenhum, nem encontrou nenhuma serpente que come navios, nem buracão, nem montanha de pedra-ímã. Camões diz, em *Os Lusíadas,* que o tal Adamastor apareceu para Vasco da Gama, mas é peta. Os poetas têm licença de inventar coisas assim. É o que se chama "licença poética". Vasco da Gama dobrou o cabo e seguiu sempre na direção certa até alcançar as procuradíssimas Índias da pimenta e do cravo. Lá encheu os seus barcos com essas e outras especiarias e voltou para Portugal com a maior segurança. Isso em 1497.

– Sim, senhora! Fez um bonito! Salvou Portugal da vergonha de ter recusado três naviozinhos a Colombo – disse a menina.

– Tinha sorte, esse Vasco. Tirou o máximo partido da sua descoberta, para si e para Portugal, e ainda por cima encontrou um poeta como Camões para escrever o mais célebre poema épico da língua portuguesa sobre as suas aventuras. Em *Os Lusíadas,* Vasco da Gama é pintado como um herói de tal tamanho que até os deuses gregos descem do Olimpo para lhe render as mais comovedoras homenagens. Veio Júpiter, veio Marte, veio Vênus com um lote de ninfas formosíssimas. Mais tarde, havemos de ler as aventuras de Vasco descritas por Luís de Camões e vocês verão que grande negócio é ter como amigo a um poeta de gênio.

Esse período da vida da Europa está cheio de descobertas. Cada dia vinha uma nova. Um inglês chamado Cabot partiu da Inglaterra para também descobrir alguma coisa. Falhou na primeira viagem. Na segunda, descobriu o Canadá, de onde desceu pela costa dos Estados Unidos, tomando posse de tudo em nome da Inglaterra. Não teve sorte. Só cem anos mais tarde, os ingleses começaram a ligar importância à sua descoberta.

A parte central da América, ou América Central, como se chama agora, foi explorada por um espanhol de nome Balboa, que atravessou o istmo do Panamá e foi sair do outro lado, no oceano Pacífico, ao qual erradamente batizou de oceano do Sul.

Nenhuma dessas viagens, porém, vale a do português Magalhães, que, muito mais do que Vasco, merecia um poema de Camões. A ideia de Magalhães era achar um caminho para as Índias através da América; as terras americanas estavam ainda muito pouco exploradas e, portanto, podia muito bem haver uma passagem pelo meio delas. Com Magalhães aconteceu o mesmo que com Cristóvão Colombo: nada conseguiu na sua terra. O rei de Portugal não lhe deu ouvidos; nem navios, obrigando-o a ir ter com o rei de Espanha, do qual tudo obteve.

– Que azar! – disse Pedrinho. – Por causa da sovinice de dois reis, Portugal, além de perder o maior negócio do mundo, que era descobrir a América, perdeu também a glória desse Magalhães que... que ainda não sei o que fez.

– Realmente, os reis portugueses foram de uma inépcia lamentável, mas estas coisas a gente só vem a saber depois. Voltemos a Magalhães; obteve os navios, e logo cinco! A experiência do acontecido com Colombo havia deixado a Espanha esperta...

Obtidos os navios, avançou ele mar adentro, rumo à América. Lá chegando, seguiu pela costa em procura da sonhada passagem. Perdeu logo um navio. Continuou a viagem com quatro. Vogou, vogou; e nada. Nada de passagem. Por fim encontrou, bem ao sul, uma passagem muito difícil, que recebeu, e ainda conserva, o nome de estreito de Magalhães. Nesse ponto, um dos seus navios desertou. Magalhães prosseguiu na viagem com os três restantes, e com eles alcançou o oceano Pacífico, então batizado por Balboa de oceano do Sul. "Sul nada", disse Magalhães. "Oceano Pacífico, sim, pois não veem como está calmo?" E para a frente seguiu.

A viagem já tinha se prolongado demais. Água e munição de boca esgotavam-se. Doenças dizimavam os marinheiros. Magalhães, porém, que era de ferro, não arrepiou caminho. Para a frente! Sempre para a frente! Afinal, acabaram-se os mantimentos. Veio fome horrível. Seus homens tiveram de devorar quanto rato havia a bordo, e depois dos ratos comeram o que era de couro. Para a frente! Para a frente! Um dia, avistaram terra...

– Que alegria! – exclamou Narizinho. – Estou imaginando o delírio de alegria de Magalhães ao dar com o porto da salvação...

– Pobre Magalhães! Depois de tamanhos sofrimentos e sacrifícios não encontrou naquela terra a salvação que esperava, e sim, o túmulo...

– Como, vovó?

– Morreu com mais 40 espanhóis num combate contra os nativos. Ilhas Filipinas, vieram a chamar-se essas terras.

– Que monstros, esses selvagens! – murmurou a menina compadecida. – Até parecem europeus...

Dona Benta riu-se.

– Os tripulantes que sobreviveram – continuou ela – não davam para os três navios. Em vista disso, queimaram um e seguiram nos dois restantes. Seguiram para a frente... Logo depois, um deles extraviou-se. Ficou um único, o Vitória. E, heroica e penosamente, a nau Vitória vogou sozinha, arrostando tempestades horríveis, doenças e fome. Um dia, afinal, três anos depois da partida, essa gloriosa nau entrou exatamente no porto de Espanha de onde havia saído. Restavam a bordo dezoito homens, se é possível dar o nome de homens a dezoito esqueletos com uns restinhos de vida...

– Sim, senhora! – exclamou Pedrinho. – Estão aí dezoito heróis de verdade. Vou já tomar nota disso no meu caderno.

– Espere um pouco. Saiba ainda que para a ciência essa viagem pode ser tida como a mais importante que já se fez, pois provou da maneira mais absoluta a redondeza da Terra. Todas as dúvidas cessaram. Ficou demonstrado que saindo de um ponto e seguindo sempre na mesma direção, um navio volta a esse mesmo ponto. Logo, a Terra é redonda. Vá agora tomar as suas notas no caderno, que eu vou dormir.

AS TERRAS ENCANTADAS

No outro dia, Dona Benta continuou a falar das terras americanas.

– Entre elas – disse a boa senhora –, surgiu o Brasil. Os portugueses, que haviam perdido a maravilhosa oportunidade de descobrir a América, desforraram-se alguns anos depois; em parte, por obra do acaso. O almirante Cabral fora enviado para as Índias em busca de especiarias. Em certo ponto da viagem, afastou-se demais do caminho

MONTEIRO LOBATO

usual e... descobriu uma terra cheia de palmeiras e índios nus, que logo tomou conta para o rei de Portugal. Deu-lhe o nome de Terra de Santa Cruz, nome que não pegou. Iria pegar o nome de Brasil, por causa da madeira vermelha que mais tarde começou a ser levada para a Europa, a fim de ser usada na tinturaria.

– Já sei disso – declarou Pedrinho. – Nas *Aventuras de Hans Staden* a senhora explicou esse negócio de tinturaria e das anilinas que hoje a indústria tira do carvão de pedra.

– Isso mesmo. Folgo muito que essa cabecinha guarde as coisas que conto. Aquela Terra de Santa Cruz e todas as demais da América começaram a impressionar profundamente a imaginação dos europeus. Diziam-se delas maravilhas. Que havia por lá uma Fonte da Mocidade remoçadora dos velhos. Que era por lá o Eldorado, uma cidade inteirinha de ouro maciço. Tais lendas puseram fogo na cabeça dos homens de imaginação.

Um deles, um tal Ponce de Leon, que para lá se dirigiu em busca da Fonte da Mocidade, acabou descobrindo a Flórida, hoje uma das partes dos Estados Unidos. Não viu nenhuma fonte de águas encantadas; viu apenas índios, que o mataram a flechaços.

– Coitado do velho gaiteiro! – exclamou Narizinho. – Em que deu a sua vaidade...

– Outro foi um tal Soto, que saiu em procura do Eldorado. Em vez do Eldorado encontrou o maior rio do mundo, chamado Mississippi[23], no qual apanhou febre e morreu.

Perto da Flórida ficava um grande território chamado México, habitado pelos índios astecas. Esses índios possuíam uma civilização já bastante adiantada; moravam em casas, possuíam palácios, templos, estradas de rodagem e aquedutos muito parecidos com os aquedutos romanos. Eram governados por um rei de nome Montezuma, e adoravam ídolos, aos quais sacrificavam vidas humanas. Essa civilização desapareceu...

– Como? Por quê?

– Porque havia nas cidades astecas muito ouro. Mas muito mesmo. Eram imensos, os tesouros de Montezuma. O ouro foi a desgraça dos astecas. Logo que souberam disso, os espanhóis resolveram apossar-se dele, mandando para lá forças comandadas por um homem terrível, de nome Cortez.

---

23. Nota da editora: Hoje, sabe-se que o maior rio do mundo é o Rio Amazonas, com mais de 6.990 km de extensão.

HISTÓRIAS DO MUNDO PARA CRIANÇAS

Que tragédia foi essa expedição para a gente de Montezuma! Os astecas não conheciam os homens de pele branca. Quando os viram chegar em naus, de onde desembarcavam vestidos de armadura, os pobre índios, com penachos na cabeça, abriram a boca. Eram deuses com certeza, pois só deuses podiam viajar dentro daquelas estranhas

aves de asas brancas, os navios! Deuses que andavam em cima de animais nunca vistos, os cavalos.

– Não conheciam o cavalo?

– Não. O cavalo foi introduzido na América pelos europeus. Ora, com algum esforço de imaginação vocês podem compreender como ficou a cabeça dos pobres astecas diante de tais novidades. E quando esses deuses falaram, isto é, quando dispararam os canhões? O terror foi completo. Os deuses brancos traziam consigo o trovão e o raio...

Cortez pôs fogo aos navios em que viera para que seus homens não pensassem em retirada; depois marchou contra a Cidade do México, capital do reino de Montezuma, construída numa ilha dentro de um lago. Os nativos defenderam-se heroicamente; mas que podiam fazer, pobres homens da Idade da Pedra, armados apenas de arcos contra soldados que vestiam armaduras e usavam canhões?

Montezuma quis entrar em acordo com os deuses brancos e enviou a Cortez, entre outros presentes, carros cheios de ouro; e depois que o espanhol entrou na cidade, o tratou como hóspede, não como inimigo. Cortez procurou converter Montezuma ao cristianismo, contando da bondade e mansidão dos seguidores de Cristo. O rei asteca, porém, estava vendo coisa muito diversa e achou que se aqueles homens seguiam a Cristo, então esse deus Cristo não valia mais que os deuses astecas. Subitamente, Cortez aprisionou Montezuma; e a luta recomeçou terrível. O rei foi morto, afinal, e o México dominado, porque os pobres astecas não puderam resistir à violência das armas de fogo, manejadas por homens ferocíssimos. E começou o saque. Tudo quanto era ouro ou de valor foi remetido para a Espanha. Era assim que aqueles grandes homens espalhavam a religião de Cristo.

– Se Cristo voltasse ao mundo, eles eram capazes de o crucificar de novo! – observou a menina.

– A conquista da América pelos europeus foi uma tragédia sangrenta. A ferro e fogo era a divisa dos cristianizadores. Mataram à vontade, destruíram tudo e levaram todo o ouro que havia. Outro espanhol, de nome Pizarro, fez no Peru coisa idêntica com os incas, um povo de civilização muito adiantada que lá existia. Pizarro chegou e disse ao imperador inca que o papa havia dado aquele país aos espanhóis e ele viera tomar conta. O imperador inca, que não sabia quem era o papa, ficou de boca aberta e, muito naturalmente, não se submeteu. Então Pizarro, bem armado de canhões, conquistou e saqueou o Peru.

– Mas que diferença há, vovó, entre estes homens e aquele Átila, ou aquele Gengis Khan que marchou para o Ocidente com os terríveis tártaros, matando, arrasando e saqueando tudo?

– A diferença única é que a história é escrita pelos ocidentais e por isso torcida a nosso favor. Vem daí considerarmos como feras aos tártaros de Gengis Khan e como heróis, com monumentos em toda parte, aos célebres "conquistadores" brancos. A verdade, porém, manda dizer que tanto uns como outros nunca passaram de monstros feitos da mesmíssima massa, na mesmíssima forma. Gengis Khan construiu pirâmides enormes com cabeças cortadas aos prisioneiros. Vasco da Gama encontrou na Índia vários navios árabes carregados de arroz, aprisionou-os, cortou as orelhas e as mãos de oitocentos homens da equipagem e depois queimou os pobres mutilados dentro dos seus navios.

– Que bárbaro! – exclamou a menina horrorizada. – E que diz Camões sobre isso em seu poema?

– Camões não toca no assunto. Era tanta orelha que ele achou melhor pular por cima...

– Que pena, vovó, terem essas feras destruído as civilizações americanas! – lamentou Pedrinho. – Como tão mais interessante e variado seria o mundo, se esses povos tivessem podido seguir seu caminho...

– Na realidade, meu filho. Mas que quer você? Tais gloriosos conquistadores não passavam de insignes piratas de audácia igual à daqueles normandos que invadiram a França e a Inglaterra. O pretexto era a necessidade de introduzir no Mundo Novo a religião de Cristo; do meigo e infinitamente bom Jesus. Foram infames até nisso, de esconderem a insaciável cobiça sob o nome do homem tão sublimemente bom que até virou deus. O sarraceno pregava o *Corão* com a espada em punho. O cristão pregava a *Bíblia* com o arcabuz engatilhado. O diabo decida entre ambos... e os tenha a todos no maior dos seus caldeirões.

NOVA AURORA

Dona Benta bem mostrava ser avó de Narizinho. Apesar da idade, que traz filosofia, nunca deixou de indignar-se diante da brutalidade humana. De modo que lhe foi um alívio quando, após as atrocidades do europeu na América, passou a falar do Renascimento.

– Renascimento! Renascença! – começou ela. – Sabem o que significam estas palavras?

– Renascimento – disse Pedrinho – deve ser nascer de novo. Não entendo, porque o que morre, morre e não nasce mais.

– É um modo de dizer – explicou Dona Benta. – Na realidade, nada nasce outra vez, mas pode parecer que nasce. Foi o que se deu. Aquele período da Grécia, no tempo de Péricles, em que surgiram tantos artistas maravilhosos, renasceu na Itália ali pelo século XVI. Apareceram grandes arquitetos, que construíram monumentos belos como os dos gregos. Apareceram escultores que se igualaram a Fídias. Apareceram pintores que ficaram os mais célebres do mundo.

O povo abriu os olhos. As obras dos filósofos gregos foram publicadas e voltaram a ser lidas. Tudo como se aquela Atenas de Péricles tivesse saído do túmulo para de novo iluminar a Terra.

Um dos maiores artistas da Renascença foi Michelangelo, perfeito tipo do que se chama gênio. Grande pintor, grande escultor, grande homem. Como escultor, não tinha pressa de acabar suas estátuas. Levava a trabalhar nelas o tempo que fosse preciso, até satisfazer a si próprio. Mas também quando dizia: "Pronto!" o mundo abria a boca, de admiração.

Hoje os escultores costumam fazer as estátuas primeiro em barro para depois fundi-las em bronze. Michelangelo, não. Esculpia diretamente no mármore. Quando trabalhava, dava a ideia de que havia dentro do mármore uma figura, ou grupo de figuras escondidas, e que ele ia descascando a pedra até deixar essas figuras à mostra. Um dia parou em frente de um bloco de mármore estragado por outro escultor. Olhou para a pedra e viu dentro dela Davi, aquele jovem atleta que matou Golias com uma pedrada. Michelangelo pegou no martelo e no escopro, que é o formão com que os escultores desbastam o mármore, e tirou de dentro do bloco a maravilhosa escultura que todo mundo hoje conhece como o *Davi* de Michelangelo.

Outra estátua que esse gênio esculpiu, e ficou sendo uma das maravilhas da arte, foi o *Moisés*, que atualmente está numa igreja de Roma. Parece tão vivo, que diante dele a gente tem a sensação de estar diante do próprio Moisés. Dizem que quando acabou de esculpi-la, ele mesmo se impressionou com a vida do seu *Moisés*, e pregando-lhe uma martelada no joelho exclamou: "Fala!". Os guias que hoje conduzem os visitantes dessas obras-primas da arte italiana mostram o sinal da martelada no joelho da estátua.

Um dia o papa quis que Michelangelo pintasse o forro da sua capela particular, chamada Capela Sistina. A princípio ele recusou--se, alegando não ser pintor, ou não gostar de pintar. Mas como o papa insistisse, cedeu. Quando Michelangelo se entregava a um trabalho, era de verdade. Absorvia-se nele, sem querer saber de mais nada. Assim, quatro anos levou pintando o forro da capela, trepado numa plataforma sobre andaimes. Lá lia a *Bíblia* e as grandes obras poéticas; lá comia, lá vivia, em suma, sem deixar que ninguém o fosse aborrecer. Chegou a proibir a entrada na capela a quem quer que fosse.

Mas o papa sentiu curiosidade de ver o andamento da obra e, pilhando a porta aberta, entrou, apesar da proibição do artista. Quem quer que fosse não podia referir-se também a ele, papa, dono de tudo e o homem mais poderoso da Europa. Pois não é que Michelangelo quase mata o papa? Do alto da plataforma deixou cair os martelos e outros instrumentos pesados bem em cima da cabeça do chefe supremo da cristandade. O papa escapou arranhando; retirou-se furiosíssimo, mas só voltou à capela depois de concluída a obra.

Os turistas de hoje, isto é, a gente rica que anda pelo mundo a ver as coisas notáveis, vão em romarias para lá admirar a beleza daquelas pinturas, mas já sem medo de que lhes caiam martelos na cabeça. Olham as pinturas do teto por meio de espelhos refletores.

Michelangelo morreu aos quase 90 anos. Sempre viveu completamente afastado dos homens. Não queria saber de ninguém. Seu gosto era estar no meio dos deuses e anjos por ele esculpidos ou entre os blocos de mármore de onde tais deuses e anjos brotavam.

Outro grande artista desse tempo foi Rafael, o oposto de Michelangelo. Rafael gostava da sociedade dos homens. Andava sempre rodeado de gente. Todos lhe queriam bem, graças ao seu gênio bondoso e afável. Os jovens artistas tinham por ele verdadeiro fanatismo. Não perdiam uma só das suas palavras, um só dos seus gestos. Um grupo de cinquenta discípulos, ou mais, o acompanhava constantemente, até nos passeios.

Rafael pintou grande número de quadros representando, sobretudo, a Virgem Maria. Essas pinturas são conhecidas como as *Madonas* de Rafael. Naquele tempo, quase que a única coisa que os pintores pintavam eram retratos dos santos. Uma das *Madonas* de Rafael está na lista das doze mais famosas pinturas do mundo: a *Madona* da Capela Sistina. Foi feita para uma pequena igreja do interior, e hoje está no Vaticano, o palácio dos papas, sozinha numa grande sala; a maior homenagem que se possa prestar a um quadro.

Rafael morreu muito moço, deixando, apesar disso, grande número de telas. Tinha o costume de pintar as partes mais importantes, como o rosto e as mãos; seus discípulos faziam o resto. A pintura de Rafael é suavíssima; revela o que os críticos chamam graça feminina. Já as obras de Michelangelo revelam a força masculina.

– Que quer dizer críticos? – perguntou Narizinho.

– Críticos são os homens sabidões que nos dizem o que é bom e o que não presta. São os nossos cicerones, ou guias, em assunto de arte.

Leonardo da Vinci foi o terceiro grande gênio desse tempo, apesar de canhoto. Era o que se chama um homem dos sete instrumentos, com a diferença que os homens de sete instrumentos nunca tocam bem um só e Leonardo mostrou-se genial em todos. Escultor, pintor, engenheiro, cientista, poeta. O primeiro mapa do mundo, no qual a América aparece, foi desenhado por ele[24]. Pintou poucos quadros, por falta de tempo. Mas os seus poucos quadros valem por milhares. Um deles é a *Ceia de Cristo*, que a gente vê reproduzida em cores em todas as casas. Deve ser o quadro mais conhecido do mundo, tantas são as cópias que andam por aí. Infelizmente, Leonardo o pintou numa parede, de modo que com o tempo se foi descascando; tem sido retocado e, de tanto retoque, o que hoje existe já quase não é o que ele pintou.

---

24. Nota da editora: O primeiro mapa-múndi em que a América aparece foi desenhado pelo alemão Martin Waldseemuller, a partir de referências deixadas por Ptolomeu.

Da Vinci fez um retrato de uma dama de nome Mona Lisa, que forneceu rios de assunto aos críticos. Muitos o consideram a melhor pintura feita. Mona Lisa está sorrindo de leve; está sorrindo um sorriso que cada crítico quer que signifique uma coisa. O retrato de Mona Lisa pertence ao Museu do Louvre, em Paris, tendo sido comprado pelo rei de França, Francisco I.

– Não é a tal *Gioconda*, vovó, que a senhora nos disse ter sido roubada desse tal Louvre? – perguntou Narizinho.

– É o mesmo. *La Gioconda*, que significa a jocunda ou a risonha, é o nome popular do retrato de Mona Lisa.

BRIGA ENTRE OS CRISTÃOS

– Que fim levou a Emília? – perguntou Dona Benta no serão do dia seguinte. – Duas noites já que não me aparece por aqui.

– Brigou comigo, vovó – respondeu Narizinho. – Está "de mal" – como diz ela.

Dona Benta riu-se filosoficamente.

– Não me admira que vocês vivam brigando e ficando de mal um com o outro, porque as gentes grandes, cuja história ando contando, também faziam o mesmo. E na Europa, naquele período de Renascença, metade dos cristãos ficou de mal com a outra metade; e até hoje não fizeram as pazes.

– Conte isso, vovó! – pediu a menina, ajeitando-se na sua cadeira, muito contente de saber que gente grande também fica de mal.

Dona Benta contou.

– Até esse tempo – disse ela –, só havia uma classe de cristãos na Europa: os católicos. Todo mundo era católico. Isso de católicos e protestantes, como se vê hoje, começou desde a tal briga e pelo seguinte motivo. O papa estava construindo uma igreja destinada a ser a maior e a mais bela do mundo. Para isso mandou derrubar a que existia desde o tempo dos romanos naquele sítio onde haviam crucificado São Pedro de cabeça para baixo. Grandes artistas andavam trabalhando nela, como Michelangelo e Rafael. Mas um monumento de tal grandeza exige muito dinheiro, e não havia dinheiro que chegasse. O papa, então, mandou que os padres de todos os países fizessem aparecer dinheiro por vários processos, gerando grandes abusos.

Foi o que declarou um monge da Alemanha, de nome Martinho Lutero. Era um homem decidido e franco. Se não gostava de uma coisa, dizia. Não gostou do que o papa estava fazendo e escreveu num papel todos os pontos em que não concordava com ele, pregando esse papel na parede da igreja da sua cidade. Juntou-se logo gente para ler aquilo e todos acharam que Martinho Lutero tinha razão. O assunto foi discutido pela cidade inteira e dela passou às cidades vizinhas. A maior parte do povo dava razão ao monge.

O papa, lá em Roma, soube daquilo e enviou a Lutero uma carta em que o chamava à ordem. Lutero leu essa carta em público e depois a queimou no meio da rua. Aquela coragem encheu de entusiasmo os seus partidários; e começou a briga. Por fim, a desordem chegou a tal ponto que o papa se queixou a Carlos V, rei da Espanha, e também imperador de um vasto império que abarcava a Alemanha, a Áustria e as terras da América.

Carlos V mandou Lutero apresentar-se na cidade de Worms para ser julgado, prometendo que nenhum mal lhe seria feito. Lutero foi; mas nada adiantou, porque não quis desdizer o que havia dito e escrito. Os nobres da corte insistiram para que o imperador o mandasse imediatamente queimar vivo; Carlos V, porém, soube guardar a sua palavra e deixou-o ir-se embora em paz. Os amigos de Lutero, então, com medo de que os católicos o matassem, esconderam-no ou prenderam-no por um ano em lugar seguro; foi nessa prisão que o cabeçudo monge verteu a *Bíblia* para a língua alemã, coisa que não havia sido feita ainda. Lutero queria que o povo da Alemanha lesse com os seus próprios olhos a *Bíblia* e assim visse que era o papa quem andava torto, e não ele.

As pessoas que acompanhavam Lutero começaram a ser conhecidas como protestantes, porque haviam protestado contra as ordens do papa. Esse nome ficou até hoje. A religião dessas pessoas era o mesmo cristianismo baseado na *Bíblia*, mas sem o papa e sem os acréscimos feitos nos concílios. Queriam seguir a *Bíblia* e fazer o que ela manda, mas sem que nenhuma outra pessoa, fosse papa ou não, se metesse a dizer que era assim ou assado. E como isso significava uma reforma na religião cristã, a doutrina dos que seguiam Lutero tomou o nome de religião reformada. Quando vocês ouvirem falar na Reforma, já sabem que se trata desse movimento que dividiu os cristãos em dois grupos.

Hoje uma pessoa pode ser católica e dar-se muito bem com outra que é protestante. Naqueles terríveis tempos, não era assim. O católico havia de ser inimigo de morte do protestante e vice-versa. Cada qual se julgava com a razão e, portanto, fazia guerra ao outro.

– Quer dizer que os maometanos iam ficar sossegados – observou Narizinho. – Os cristãos com certeza passaram a matar-se entre si.

– Assim aconteceu, minha filha. A divergência foi piorando cada dia mais e acabou numa luta horrorosa. O que houve na Europa de católicos massacrados por protestantes e de protestantes massacrados por católicos é de arrepiar os cabelos. Parecia que os dois partidos tinham apostado para saber qual o mais feroz. O curioso, entretanto, é que a horrenda carnificina se fazia em nome de Cristo; justamente do homem infinitamente bom que passou a vida pregando o *Amai-vos uns aos outros*. Os cristãos agiam como se, em vez de "amai-vos", Jesus houvesse dito "massacrai-vos uns aos outros..."

Tudo isso aborreceu tanto o imperador Carlos V que ele resolveu deixar o trono para viver sossegado no Mosteiro de Yuste. Quando um rei ou imperador larga o trono, diz-se que abdicou. Carlos V, pois, ab-di-cou; mas por livre vontade, porque há outros que abdicam à força.

– Esses são abdicados, vovó – caçoou o menino. – E nos outros países, que aconteceu?

– Varia. Uns ficaram com o papa, outros ficaram com Lutero. A Inglaterra, por exemplo, passou-se para Lutero de um modo muito interessante. Lá, o famoso Henrique VIII era rei.

– Pare um pouco, vovó – disse Narizinho. – Eu queria saber por que é que os reis são numerados.

– Porque o orgulho das famílias reais faz que eles tenham quase sempre os mesmos nomes, de modo que é preciso numerá-los para distingui-los uns dos outros, como se faz às casas. Por exemplo, esse Henrique VIII, seu nome era Henrique Tudor, mas houve antes dele sete reis com o mesmo nome. Por isso foram numerados, ficando este o número 8. Esse Henrique Tudor era um fervoroso católico, a ponto de o papa ter-lhe dado o título de Defensor da Fé, mas quis um dia divorciar-se da rainha para casar com Ana Bolena. Porém, nesse tempo, só o papa podia conceder um divórcio, de modo que Henrique dirigiu-se a ele: "Não", respondeu o papa; "não acho que seja caso de divórcio."

O rei Henrique ficou furioso, e disse que nenhum homem de outro país, fosse papa ou não, tinha o direito de meter-se nos negócios da Inglaterra. Era ele, o rei da Inglaterra e, portanto, não admitia que um italiano lhe ditasse ordens. Não obedeceria a papa nenhum, e seria ele mesmo o papa da Inglaterra de agora em diante, isto é, o chefe de todos os cristãos ingleses. Fez-se assim papa e concedeu o divórcio a si próprio. O povo inglês teve de se decidir entre Henrique VIII e o papa italiano. Decidiu-se por Henrique VIII; a Inglaterra, desde então, ficou sendo protestante.

Esse rei, que tinha um caráter muito especial e era bastante decidido, teve duas filhas, Maria e Isabel... Amanhã veremos o que aconteceu a ambas.

O "REI" ISABEL

– Eram duas irmãs, Maria Tudor e Isabel Tudor – Dona Benta começou no dia seguinte –, e ambas foram rainhas da Inglaterra. Primeiro esteve no trono Maria, que era católica. Seu maior cuidado foi desfazer tudo quanto o pai havia feito. Tinha ele transformado a Inglaterra num país protestante? Muito bem. Ela a faria católica outra vez. Com essa ideia na cabeça, o seu reinado se resumiu em perseguir os protestantes da maneira mais atroz. Mata, mata! Até parecia aquela rainha do livro *Alice no país das maravilhas*, que volta e meia gritava: "Cortem-lhe a cabeça!".

– Que bisca, vovó! – exclamou Narizinho. – E essa peste chamava-se Maria, o mesmo nome da mãe de Jesus...

– Maria Tudor matou tanta gente que recebeu o cognome de Sanguinária. Maria, a Sanguinária. Para maior desgraça do mundo era casada com um homem sinistro, um espanhol de nome Filipe, filho do imperador Carlos V, o tal que... Que o quê, Pedrinho?

– Que ab-di-cou – respondeu o menino.

– Muito bem. Esse Filipe, ou Filipe II, estava empenhado em fazer no resto da Europa o que Maria andava a fazer na Inglaterra: dar cabo de todos os protestantes. Agarrava-os e castigava-os da maneira mais horrível, por meio do tribunal do Santo Ofício, ou Inquisição. Bastava uma pessoa ser suspeita de protestantismo para ir para o martírio; martírio ainda mais cruel do que o infligido aos primeiros cristãos pelos romanos. Uns eram pendurados pelos braços, com grandes pedras aos pés; outros despedaçados numa roda de despedaçar gente; outros... O melhor é não recordar esses horrores, que até nos causam vertigem. Isso, para os suspeitos de serem protestantes. Para os protestantes sabidos como tais, o castigo era o fogo. Queimavam-nos aos bocadinhos para prolongar, o mais possível, o sofrimento. Não se contentavam com tirar-lhes a vida; haviam de matá-los na tortura lenta.

– Que ninhada de monstros é a tal humanidade, vovó! – exclamou a menina, com um arrepio pelo corpo.

– O povo que este Filipe mais perseguiu foram os holandeses. Como a Holanda fizesse parte do vasto império de Carlos V, os holandeses estavam sob o governo dos espanhóis. Filipe queria acabar com o protestantismo de lá por meio do fogo. Não acabou. Surgiu Guilherme, o Taciturno, um grande homem que lutou furiosamente contra os generais da Espanha, derrotando-os e, por fim, expulsando-os de sua pátria. Graças a ele, a Holanda ficou livre de semelhantes monstros. Filipe, entretanto, que era tão cruel como infame, mandou traiçoeiramente assassinar o grande herói.

– Chega, vovó! – pediu Narizinho, com cara de asco. – Não fale mais em semelhante criatura. Fale da outra rainha.

– Sim, minha filha. Não falarei mais dela, nem do tribunal da Santa Inquisição, a coisa mais horrorosa que houve no mundo. Foi um monstruoso tribunal criado pelo papa a fim de "defender a fé", isto é, torturar ou queimar vivos todos os homens que ousassem pensar pelas suas próprias cabeças, em vez de pensar como os papas queriam. Milhares e milhares de inocentes foram queimados nas horrendas fogueiras da Inquisição, mas não vou tocar nesse assunto porque é repugnante demais e Narizinho não o suportaria. Só direi que foi depois que os papas perderam a força e tiveram de fechar o tal tribunal, o mundo pôde respirar e voltar a progredir, até chegar ao que somos hoje. Mas, voltando às filhas de Henrique VIII, direi que Isabel soube governar com pulso forte, como aquele Guilherme, o Conquistador, que tomou conta da Inglaterra nos começos. Tinha grande tino de estadista. Infelizmente, era má, como demonstrou no caso da rainha da Escócia. A Escócia estava sendo governada por uma rainha católica, de nome Maria Stuart. Isabel a fez ser presa sob pretexto de que Maria andava conspirando para apossar-se do trono da Inglaterra, e a manteve presa durante dezoito anos. Por fim, mandou cortar-lhe a cabeça.

– Que bisca!

– Eram farinha do mesmo saco, ela e a Sanguinária. Mas Isabel, apesar de má, tinha outro valor: soube fazer grandes coisas para o seu país; por isso, a História a considera como uma das grandes rainhas que o mundo conheceu.

Filipe II, furioso com Isabel, resolveu dar-lhe uma lição. Mandou construir uma enorme esquadra a fim de invadir a Inglaterra. Uma esquadra tão grande e poderosa que mesmo antes de ser experimentada já recebeu o nome de a Invencível Armada.

A esquadra inglesa compunha-se de navios menores, e em batalha regular certamente seria batida. Os ingleses, porém, usaram de uma estratégia: atacaram a Invencível Armada por trás, e foram afundando, um por um, os navios que se iam atrasando. Depois capturaram vários deles, os incendiaram e soltaram na direção do grosso da esquadra inimiga. Os navios espanhóis tiveram de se dispersar, ou fugir daquelas fogueiras flutuantes. Parte tomou caminho da Espanha, parte seguiu de rumo à Escócia. Nisto, uma terrível tempestade sobreveio, e deu cabo de todos eles. E assim chegou às praias inglesas, a Invencível Armada: aos pedaços e com a tripulação reduzida a cadáveres.

– Bem feito! – exclamou Pedrinho. – Dessa vez, o feitiço virou-se contra o feiticeiro, como diz Tia Nastácia.

– Castigo sofreu o pobre povo espanhol, que pagou as despesas da festa e perdeu no desastre tantos homens. O rei causador de tudo, esse sacudiu os ombros. Que é a vida de alguns milhares de homens para um rei?

Depois do desastre da Invencível Armada, as coisas mudaram na Europa. Subiu a Inglaterra e desceu a Espanha. O primeiro lugar no mundo entre as nações, que fora ocupado pela Espanha, passou a ser ocupado pela Inglaterra, que ia ser nos tempos modernos o centro de um novo Império Romano em tamanho, mas em bases diferentes.

A ÉPOCA DE ISABEL

– A história da Inglaterra – continuou Dona Benta – mostra o caso de duas rainhas notáveis: essa Isabel e uma rainha Vitória que reinou muitos anos depois. O reinado de ambas soma 109 anos; Isabel 45 e Vitória, 64. O curioso é que foi justamente no governo das duas que a Inglaterra mais cresceu de importância no mundo.

– Toma! – fez Narizinho, pondo a língua para o menino. – As mulheres sabem governar melhor que os homens.

– Não sei se sabem governar melhor – disse Dona Benta. – Mas o fato é que essas duas souberam, e por isso são veneradas pelos ingleses.

Havia no tempo de Isabel, um moço fidalgo de nome Walter Raleigh que ficou célebre. Certa tarde de chuva, ele viu a rainha vacilando em atravessar uma rua onde havia uma poça de lama. Walter precipitou-se e cobriu a poça com a sua riquíssima capa de veludo, de modo que a rainha pudesse pisar sobre ela como num tapete. Isabel apreciou grandemente aquele gesto de galantaria e o fez *knight* (cavaleiro que era o primeiro degrau da nobreza); também tornou-se grande amiga dele.

Raleigh foi o primeiro inglês que se interessou pelas terras do Novo Mundo, anos antes apossadas pelo tal Cabot. Observou que assim como os espanhóis e portugueses estavam tentando organizar colônias na América, a Inglaterra podia fazer o mesmo, e foi reunindo lotes de ingleses e mandando-os para a Ilha de Roanoke, nas costas da Virgínia. Chamava-se Virgínia toda a costa americana que ia da Flórida ao Canadá, em homenagem a Isabel, que, por ser solteira, era também conhecida como a rainha Virgem.

Essa primeira tentativa de colonização falhou. Parte dos homens voltou para a Inglaterra e o resto perdeu-se por lá. O notável da expedição foi o nascimento em terras do Novo Mundo da primeira anglo--americana, a qual recebeu o nome de Virgínia Dare.

– E na América Latina, vovó? Não se sabe o nome do primeiro latino-americano?

– Não. Infelizmente, os espanhóis, portugueses e franceses não tiveram a ideia de tomar nota disso.

Outra novidade da tentativa de Sir Walter Raleigh foi a vinda para a Inglaterra dos primeiros fardos de fumo. Causou muita impressão o fumo, e mais ainda ele ter virado fumante de cachimbo. Contam que estava uma tarde tirando suas baforadas na varanda, sossegadamente, quando um criado novo, ignorante do que fosse aquilo e certo de que o patrão começava a incendiar-se, veio com um balde d'água e lhe despejou na cabeça.

– Que graça! – exclamou Narizinho. – Até parece aquele caso que o tio Antônio nos contou: da cozinheira que ao ouvir pela primeira vez o rádio veio da cozinha e quis abrir a "caixa para salvar a pobre moça que estava berrando lá dentro". Para ela, cantar era berrar...

– E que a senhora acha do fumo, vovó? – perguntou Pedrinho. – Faz ou não faz mal à saúde?

– Não há coisa mais sabida: o fumo é um veneno lento. Os sábios de hoje provam isso, mas era o contrário naquele tempo. A opinião geral tinha o fumo como ótimo para a saúde: "é o que prolonga a vida daqueles índios da América, que parecem múmias, de tão velhos", diziam. E o exemplo de Sir Walter pegou. Os ingleses começaram a adquirir o vício do fumo. Mas veio o "contra vapor", como diz Pedrinho. O rei Jaime, que sucedera a Isabel no trono, lançou um livro contra o fumo e proibiu que os ingleses fumassem. Nada adiantou. Os ingleses fumam hoje tanto quanto os índios da América.

Mas o coitado de Sir Walter pagou com a vida a amizade que Isabel lhe tinha. Logo que esta morreu, ele foi encarcerado, sob o pretexto de estar conspirando contra o novo rei Jaime. Depois de treze anos de prisão na célebre Torre de Londres, cortaram-lhe a cabeça, em companhia de muitos outros nobres acusados do mesmo crime.

– Com que facilidade cortavam cabeça de gente na Europa antiga! – observou Narizinho. – E não tinha este nem aquele. Fosse lá de quem fosse, as cabeças nunca estavam seguras nos pescoços...

– Sim, os costumes ainda eram muito brutais. Eram tempos de grande crueza e, apesar disso, foi o tempo do grande Shakespeare.

– O tal do *Romeu e Julieta?*

– Sim. Foi um poeta e teatrólogo que a crítica mundial põe nas nuvens como autor de grande número de obras-primas.

– Primas de quem? – perguntou Emília, reaparecendo e sentando--se bem longe de Narizinho. A menina protestou contra a presença da "atrapalhadeira".

– Emília finge-se de boba, vovó, e agora deu para fazer graça; e que graças sem graça, meu Deus! Ela bem sabe o que é obra-prima, porque tem o exemplo consigo. Emília é uma obra-prima de bobagens. Olhem a cara dela...

– O melhor é vocês fazerem as pazes – disse Dona Benta. – Do contrário, começam a implicar uma com a outra e não prestam atenção às minhas histórias. E a história desse William Shakespeare é interessante. Dizem que ele só esteve na escola pouco tempo e, quando veio morar em Londres, empregou-se como tomador de conta de cavalos dos nobres que vinham assistir aos espetáculos. E de segurador dos cavalos na porta dos teatros passou a grande escritor de peças de teatro. Hoje, há uma teoria muito interessante: Shakespeare não era o autor das peças que trazem o seu nome; apenas as assinava[25]. O verdadeiro autor era Francis Bacon, um grande gênio político e literário da época.

– *Romeu e Julieta*, o que é, vovó? – quis saber Pedrinho. – Drama ou comédia?

– É uma tragédia baseada em assunto italiano: a luta entre duas famílias importantes. Não há no mundo quem não conheça a história desses dois namorados infelizes. Outro drama famoso, é o *Otelo*, história de um general mouro que era o rei dos ciumentos; de tanto ciúme, matou a sua linda esposa Desdêmona. E há *Hamlet*, que é a história de um príncipe dinamarquês que vivia indeciso. E há o rei *Lear*, um velho rei lendário cujas filhas foram ingratíssimas. E há o *Mercador de Veneza*, onde aparece o terrível usurário, Shylock. E há o *Júlio César*, onde se descreve o assassínio desse famoso romano. Oh, são inúmeras as peças de Shakespeare; todas célebres.

---

25. Nota da editora: Há discussão a respeito da autoria das obras atribuídas a Shakespeare, mas nada confirmado.

HISTÓRIAS DO MUNDO PARA CRIANÇAS

– E quando havemos de lê-las, vovó?

– Quando souberem inglês, porque Shakespeare é desses que só devem ser lidos no original.

Dona Benta tomou fôlego e depois disse:

– Para os ingleses, não há nome maior que o de William Shakespeare. Foram escritas mil obras sobre ele e suas peças. No fim da vida, retirou-se para a pequena cidade de Stratford, onde tinha nascido. Lá, foi enterrado. Muitos anos depois, os ingleses quiseram remover seus ossos para uma grande catedral de Londres, mas, ao mexerem no túmulo, deram com estas palavras inscritas na pedra: *Maldito seja quem tocar em meus ossos*. Todos recuaram. Ninguém teve ânimo de contrariar a sua última vontade e Shakespeare continua a dormir na igrejinha de Stratford.

UM REI QUE PERDEU A CABEÇA

No dia seguinte, a briga entre Emília e Narizinho continuou. Logo que se sentou para ouvir a história daquela noite, a menina disse:

– O que ela precisava era de uma rainha Isabel...

– Ela quem, minha filha?

– Emília...

– Por quê?

– Porque a rainha Isabel resolvia seus problemas de um modo muito simples: cortando a cabeça dos atrapalhadores...

Dona Benta riu-se. Devia ser muito séria a zanga de Narizinho, para até pensar no sistema da "decapitação", assim tomou isso como o assunto da noite.

– Cada povo tem o seu sistema de matar gente – disse ela. – Na Espanha medieval, matavam-se as criaturas pelo fogo: queimando-as em fogueiras. Em muitos países, matavam-nas na forca. Na Inglaterra, o uso também era a forca e o machado: cortavam a cabeça das vítimas num cepo. E houve até um rei que perdeu a cabeça dessa maneira.

– Um rei, vovó! – exclamou Narizinho. – Os reis cortaram a cabeça de tanta gente que não é demais ter acontecido o mesmo a um deles... Quem foi esse rei?

– Chamava-se Carlos I e havia subido ao trono depois daquele Jaime, inimigo do fumo. Do mesmo modo que seu pai, Carlos I acreditava no direito divino dos reis.

– Que quer dizer isso?

– Quer dizer acreditar que os reis governam os povos, não por vontade e no interesse destes, mas porque Deus lhes dá o direito de fazer dos povos gato e sapato. Eles têm de servi-los em tudo, como o escravo serve ao senhor; se alguém pia, cabeça fora do pescoço!

Mas o povo inglês não concordou com isso, e em vez de agarrá-lo e prendê-lo naquela ilha do Tâmisa, como fizeram ao rei João, tomaram armas para o botar fora do trono. Carlos resistiu e reuniu um exército de nobres com as mesmas ideias dele. Como ia ser luta dentro do mesmo povo, os dois exércitos adotaram trajes opostos. Os homens do rei vestiam-se luxuosamente, com golas e punhos de renda, chapéu de aba larga e longas cabeleiras cacheadas. Os contrários usavam o cabelo cortado, chapéu em funil e roupas modestíssimas.

Para fazer qualquer coisa, o povo tem de ter quem o represente, de modo que o Parlamento inglês, isto é, o Congresso dos Deputados, tomou a chefia da guerra contra o rei. E a guerra começou. Logo no princípio, surgiu um homem de nome Oliver Cromwell, filho do povo, com grandes qualidades de general. O primeiro regimento por ele preparado mostrou tal disciplina que recebeu a denominação de *Ironsides*, como quem diz homens de ferro. Enquanto Cromwell preparava as forças do Parlamento, os fidalgos de Carlos bebiam e dançavam. Resultado: foram batidos em todos os encontros, até que, por fim, o rei caiu nas mãos de Cromwell.

Então, o Parlamento organizou o processo de Carlos I. Ocorreram longos debates e muita briga; por fim, surgiu a sentença, considerando Carlos como traidor e criminoso de muitos outros crimes e condenando-o à morte.

– Ora graças! – suspirou Narizinho.

– E o decapitaram no ano de 1649, numa praça pública. Isso, porém, impressionou os ingleses de diferentes modos. Parte do povo achava que o rigor fora demasiado, que o Parlamento devia ter exilado o rei, apenas. Em todo caso, o que estava feito, feito estava.

Cromwell tomou conta do poder e governou a Inglaterra durante vários anos. Era homem de grande rigidez de caráter, severo, positivo, inimigo de falsidades. Um dia, estava posando para um pintor (naquele tempo, ainda não existia a fotografia) e o artista o fez sem uma verruga que ele tinha na cara. Cromwell encolerizou-se. "Pinte-me como sou, com verruga e tudo!".

– Mas havia ficado rei da Inglaterra?

– Havia e não havia. Cromwell governava a Inglaterra como se fosse rei, embora não tivesse tal título. O título que lhe escolheram foi o de Protetor da Inglaterra.

Quando esse grande homem morreu, foi substituído pelo seu filho Ricardo, que só "protegeu" a Inglaterra durante meses. Não tinha a energia, nem as qualidades do pai. Era bem intencionado, mas...

– Que coisa curiosa, vovó! – observou Narizinho. – Os filhos dos grandes homens nunca dão nada...

– Assim tem sido, e assim foi no caso desse Ricardo, que deixou o governo cair novamente nas mãos dos nobres. O povo perecia cansado do rigorismo de Cromwell e com saudades dos seus antigos reis, e deixou que o filho de Carlos I subisse ao trono.

Mal esse Carlos II tomou o poder, tudo mudou. Foi-se a severidade da era de Cromwell. A vida virou uma festa permanente. Carlos só queria saber de pândega, para si e para os outros. Não tomava nada a sério. Só tomou a sério a perseguição dos membros do Parlamento que haviam votado pela morte de seu pai. Vingou-se horrivelmente, fazendo-os morrer com as piores torturas. Até dos mortos se vingou. Mandava tirá-los dos túmulos, pendurá-los em forcas e depois decapitá-los. Fez isso até com o cadáver do próprio Cromwell.

Logo depois, sobreveio uma horrível peste. O povo tomou-a como castigo do Céu por causa da ruindade de Carlos.

– Essa é boa! – exclamou Narizinho. – O rei era o mau e quem recebia o castigo era o povo! Não entendo...

– Nem eu. Mas o povo pensava assim. E depois da peste veio o grande incêndio de Londres, que devorou milhares de casas e centenas de igrejas.

– Castigo ainda?

– Eles achavam que sim...

– Mas o tal Carlos continuava firme, não é?

– Sim, e só morreu de velhice. Veio, então, o famoso reinado de Guilherme e Maria.

– Por que famoso?

– Justamente por isso, por marcar o fim da luta entre o povo e o rei. No ano de 1688, o Parlamento votou uma segunda Magna Carta com o nome de Declaração de Direitos, que Guilherme e Maria assinaram. Assinaram e respeitaram. Desde então, nunca mais o povo inglês brigou com os reis, nem estes com o povo. Quem passou a governar a Inglaterra foi o Parlamento, isto é, os deputados do povo. Os reis reinariam apenas. "O rei reina; não governa", ficou sendo a divisa inglesa.

OS LUÍSES

– Chega de Inglaterra, vovó – disse Pedrinho, no dia seguinte. – Conte também dos outros países, da França, por exemplo.

– Oh! – exclamou Dona Benta – na França tivemos um rosário de Luíses e pelo meio deles umas "contas" de outro nome. Henrique IV, por exemplo, que foi talvez o melhor rei da França. Subiu ao trono quando o país estava arrasado pelas horríveis guerras de religião e arranjou um excelente ministro chamado Sully. Os dois governaram muito bem, deram anos de paz ao povo, diminuíram os impostos, ajudaram com boas leis aos agricultores, construíram estradas e canais e endireitaram as finanças. Mas de nada valeu a Henrique ser um grande rei. Acabou assassinado a punhal por um fanático.

– Interessante isso – filosofou Narizinho. – Esse que era bom, morre assassinado. Já os maus morrem de velhice... E os tais Luíses da França? O Visconde fala muito num tal Luís XIV.

– A França teve dezoito Luíses. Os de menos sorte foram aquele Luís IX, que morreu de peste na última cruzada, e o Luís número XVI, que teve a cabeça cortada na guilhotina. No reinado de um deles, Luís XIII, deu-se a Guerra dos Trinta Anos.

– Que horror vovó. Mais guerra, e logo de trinta anos...

– Paciência, minha filha. Estamos num mundo habitado por homens, não por anjos. Esta guerra foi diferente da dos Cem Anos. Foi uma guerra entre católicos e protestantes. Luís XIII havia entregado o governo da França ao seu ministro Richelieu, um grande politiqueiro. A França era um país católico, e ele, na sua qualidade de cardeal, mais católico ainda; apesar disso, Richelieu tomou o partido dos protestantes.

– Que coisa! Por quê?

– Porque os protestantes dos outros países estavam guerreando a Áustria, e Richelieu achava muito bom para a França que a Áustria saísse perdendo. A Guerra dos Trinta Anos degenerou em horrível calamidade por causa do longo tempo que durou. Um dia, porém, os povos cansados de luta deram o basta. Foi assinado um famoso tratado de paz, que a História conhece como o Tratado de Vestfália. Nele todos concordaram que os países teriam a religião que os seus reis tivessem.

– Que absurdo, vovó! Que disparate! – exclamou a menina. – Um povo inteiro a depender de um homem só para crer ou não crer em certas coisas! Como os reis abusavam...

– Oh, essa luta entre o povo e os seus dirigentes parece que vai ser eterna. Por melhor que seja um homem, logo que sobe ao poder fica de cabeça virada e só procura uma coisa: firmar-se lá para sempre, seja por que meio for. Não há problema mais difícil do que o governo dos povos.

Depois de Luís XIII veio Luís XIV, que foi o rei mais vistoso que já existiu. Costumava dizer: *"L'État c'est moi"* (o Estado sou eu), e pensava como os reis ingleses que se diziam mandados por Deus para governar a nação. Um puro vice-Deus.

Luís XIV era muito amável e cheio de mesuras. Sua corte tornou-se a mais rica da Europa. Só festas e passeios e banquetes, com todo mundo girando em torno da sua divina pessoa. Daí o nome que teve de rei Sol. Outra coisa não fez senão representar, como num teatro, o grande papel de rei. Seu reinado de setenta anos foi isso: uma luxuosa representação, caríssima, que reduziu o povo francês à mais negra miséria. Luís usava espartilho, cabeleira cacheada e sapatos de salto alto com meio palmo de altura. E vermelhos ainda por cima. Inventou o

MONTEIRO LOBATO

salto alto a fim de parecer de maior estatura do que era na realidade. As mulheres gostaram da moda e até hoje ainda a seguem.

Luís XIV tinha finura de espírito e outras qualidades, mas tudo estragado pela eterna mania de grandeza. Provocou e sustentou inú-

meras guerras contra países vizinhos para lhes tomar territórios; e tomou-os, deixando a França o país mais importante do continente.

O seu amor ao luxo o fez construir o Palácio de Versalhes, célebre pela vastidão e magnificência das galerias de mármore, dos imensos espelhos onde ele se admirava constantemente e dos parques belíssimos, cujas fontes ganharam fama no mundo. O Palácio de Versalhes era uma verdadeira cidade encantada, feita exclusivamente para gozo da corte. Nele se reunia tudo quanto pode recrear o homem e tornar agradável a vida.

Luís XIV soube rodear-se de todos os grandes escritores e artistas do tempo, pondo-os ao serviço da corte. Vem daí o renome que adquiriu. Em troca dos favores recebidos, esses homens pintaram-no como o maior monarca da Terra. Esqueceram-se de olhar para o estado de infinita miséria do resto do país; miséria tão grande que poucos anos depois ia rebentar na mais terrível revolução que houve.

A França inteira só existia, só pinoteava para um fim: pagar as contas da luxuosa representação de Versalhes em torno do rei Sol. A corte era tudo. Quem não fazia parte dela não valia coisa nenhuma. Os nobres, isto é, os parasitas enfeitados de veludos e rendas que rodeavam o rei Sol, como moscas rodeiam não sei o quê, olhavam do alto, com soberano desprezo, para os que trabalhavam. Trabalhar constituía a maior das vergonhas. A glória, a grande coisa, era ser mosca dourada...

– E como foi que o povo botou *Flit* nessas moscas, vovó? – perguntou a menina.

– Outro dia trataremos disso. Quero amanhã dar um pulo à Rússia para ver o que um xará de Pedrinho andava fazendo por lá. Cama, criançada!

A Península Ibérica

– E a Espanha, vovó? – lembrou Narizinho. – A senhora ainda não nos disse nada desse país. Fale dele antes de falar da Rússia.

– Sim, minha filha, e há muito que dizer da Espanha e de Portugal, porque nós, latino-americanos, aqui da América, somos um produto desses dois países. Onde ficam, Pedrinho?

– Na Península Ibérica, vovó – o menino respondeu sem hesitação.

– Isso mesmo. A Península Ibérica foi uma das mais agitadas e fermentadas regiões da Europa. Os povos primitivos que lá habitavam eram os iberos, de onde vem o nome de ibérico, os quais se misturaram com os celtas, que foram a raça primitiva das terras vizinhas, hoje ocupadas pela França. Lá viviam eles, como povos primitivos que eram, até que chegaram os fenícios e descobriram a Espanha.

– Descobriram como, se aquilo já existia?

– Descobriram para o mundo civilizado daquele tempo, que era formado pelos gregos e romanos. Com aquela mania de navegar e andar metendo o nariz por toda parte, os fenícios percorreram as costas da terra dos iberos e deram-lhe o nome de Spanija, o qual pegou. Os fenícios fundaram lá várias colônias. Depois vieram os gregos e também fundaram colônias. Depois vieram os romanos e tomaram conta de toda a península, que dividiram em duas partes, Espanha Tarragônica e Espanha Bética. E a coisa ficou assim até que, no reinado de Augusto, a Espanha Bética foi dividida em duas províncias: a Bética e a Lusitânia...

– E Portugal começou!

– Exatamente. Começam aí as origens de Portugal. Houve diferenciação política e também de língua. Na Bética e na Tarragona, o latim dos romanos foi dando origem à língua espanhola e na Lusitânia foi formando a língua portuguesa. Mas vieram outros invasores depois de muito tempo de dominação romana, vieram os godos e visigodos e venceram os romanos já decadentes e fracos, mas como eram mais bárbaros que eles, acabaram adotando a língua e a religião dos romanos.

– Que salada não era essa península – observou Narizinho.

HISTÓRIAS DO MUNDO PARA CRIANÇAS

– Realmente, minha filha. Por lá, aquilo virou o que os ingleses chamam um *melting pot*: uma panela de misturas. E não parou aqui a salada. Estava faltando alguma coisa... vieram os mouros.

– Esses fizeram o papel de azeitonas – berrou Emília. – Foram a azeitona do pastel.

Dona Benta riu-se da comparação e concordou.

– Sim, os mouros são de pele bem queimada e deram um tom tostadinho aos peninsulares, porque há sempre mistura de sangue nessas invasões. Os mouros eram uma raça muito diligente e capaz, como já haviam mostrado em outras terras, e à Espanha deram um grande impulso no comércio, nas artes e na ciência. Mas não podiam conciliar-se num ponto: a religião, e por causa disso os espanhóis lutaram até expulsar de lá os mouros. Quando o último reduto mouro foi dominado, começou a aparecer na História a Espanha de hoje. O vencedor dos mouros foi Fernando, o Católico, rei de Lião, um pedaço da Espanha já libertado do domínio árabe. Fernando casou-se com Isabel, rainha de Castela, outro pedaço da Espanha também libertado, e os dois pedaços se fundiram na Espanha de hoje.

Esse Fernando foi um dos homens que mais influíram no Ocidente. Se a mentalidade dele houvesse sido outra, a História não mostraria hoje uma das suas mais horríveis manchas. Foi ele quem instituiu o tribunal da Inquisição, de horrenda memória e que tanta dor trouxe para tantos milhares de seres humanos. Foi o reino das torturas, das fogueiras em que se queimavam criaturas vivas, um horror de que nem gosto de me lembrar, tudo consequência do fanatismo religioso. Mas Fernando teve sorte, porque foi em seu reinado que surgiu Colombo, o descobridor da América; e a Espanha, que era um pequeno país da Europa, ficou senhora de quase um continente inteiro. Quando Carlos V subiu ao trono...

– Aquele que abdicou?

– Exatamente. Quando Carlos V subiu ao trono, a Espanha era a maior potência mundial. Não só dominava a política europeia como possuía os milhões de quilômetros quadrados de território que hoje constituem as repúblicas latino-americanas.

Com Carlos V, a Espanha atingiu o apogeu da grandeza, da riqueza e do poder. Era o Império Britânico daquele tempo, mas o

Império Espanhol entraria logo em decadência. Depois dele subiu ao trono Filipe II, um rei sinistro e mais fanático que todos os outros. A Inquisição em seu reinado não apagou nunca o fogo das suas fogueiras, mas com isso só conseguiu que o império herdado fosse se desmoronando. A sua tentativa de destruir a Inglaterra por meio de uma invasão falhou. Filipe construiu a Invencível Armada com o fim de invadir e dominar a Inglaterra, mas nada conseguiu. Uma tempestade dispersou os seus navios e a esquadra inglesa deu cabo do resto. Esse desastre marcou o fim da grandeza da Espanha.

Derrotada no mar, a Espanha também foi derrotada na política: as suas colônias da América foram se rebelando e se tornando independentes. Essa série de repúblicas da chamada América Latina são o produto da desagregação do Império de Carlos V. A Espanha ficou de novo reduzida ao que era antes de Colombo, e o que se salvou do imenso império (umas ilhas), ela também perdeu mais tarde. A ilha de Cuba rebelou-se e com a ajuda dos americanos se libertou e virou república. As ilhas Filipinas foram tomadas pelos Estados Unidos depois da guerra hispano-americana. E tudo isso, por quê? Porque os espanhóis não souberam usar da sábia política colonial dos ingleses, os quais vão eles mesmos dando liberdade às colônias à medida que elas chegam no ponto de poderem governar-se por si mesmas.

O fanatismo religioso prejudicou os espanhóis em tudo; até na arte. Se houvesse na Espanha aquela mesma liberdade de pensamento que fez do século de Péricles, na Grécia, o período mais luminoso da História, a Espanha teria sido outra Grécia, porque nunca houve povo mais bem dotado para a arte.

Mesmo assim, a pintura na Espanha apresenta grandes nomes, como Velásquez, Murillo, Zurbarán, El Greco e, modernamente, uma infinidade deles, como Sorolla, Zuloaga e Cubells. Na literatura, a Espanha tem a honra de ser a pátria de Cervantes, o autor da obra mais imortal que existe: *Dom Quixote de La Mancha.*

– Por que mais imortal, vovó? – quis saber Narizinho.

– Porque não sei de nenhuma que se haja popularizado tanto, e sido tão traduzida e lida, realmente lida, em tantas línguas, e que seja mais citada e gozada.

Dom Quixote e Sancho Pança são os dois tipos mais frequentemente lembrados e citados de todas as criações literárias de todas as literaturas. Raro o dia em que na conversa diária não dizemos: "Isso é uma quixotada" ou "Você é um Sancho Pança". Dom Quixote é o símbolo do homem idealista, que sonha coisas impossíveis ou muito altas para um mundo ainda grosseiro como o nosso; e Sancho é o tipo do "homem prático", que só pensa na barriga e em vantagens materiais. Como o mundo é composto de idealistas e realistas, temos de recorrer a esses dois símbolos todos os dias e em toda parte.

Outra arte que muito floresceu na Espanha foi o teatro, no qual o maior nome é Lope de Vega, autor de mil e quinhentas peças.

– Mil e quinhentas, vovó? – admirou-se Pedrinho. – Então esse homem dava peças como a nossa jabuticabeira dá jabuticabas...

– Exatamente. Fecundíssimo. E do mesmo tipo foi o seu sucessor Calderón de la Barca. Naquele tempo, o teatro era a mais importante de todas as formas de arte e em país nenhum floresceu tanto como na Espanha.

– Devia ser como o cinema hoje – lembrou Narizinho, e Dona Benta concordou.

– E Portugal, vovó?

– Portugal, apesar de ser um país muito pequeno em território, pois tem menos de 100 mil quilômetros quadrados, conseguiu derramar-se pelo mundo, pegar um colosso de terras dos outros e formar um império como o espanhol. Por falta de gente para manter as conquistas foi perdendo essas terras, mas mesmo assim conservou muitas. O império português, sobretudo formado de terras da África, tinha mais de 2 milhões de quilômetros quadrados – e a Espanha só um pedaço do Marrocos. O Brasil estava entre as terras que Portugal colonizou, com 8,5 milhões de quilômetros, e destinado a ser um dos grandes países do futuro. Apesar de tão pequenininho, Portugal conseguiu duas grandes coisas no mundo: criar uma língua que está se expandindo e deixar no mundo um filho agigantado territorialmente e que também poderá vir a ser um gigante em civilização. Foi, portanto, um país criador e dos que deixaram fortes marcas na História.

Pedro, o Grande

No outro dia Pedrinho mostrou-se ansioso por ouvir a história do seu xará, que ele ainda não sabia quem era.

– Quem é o meu xará? – perguntou logo que Dona Benta apareceu. – Estou curioso de conhecer o meu ho-mô-ni-mo.

– Foi o russo que construiu os alicerces da Rússia moderna – disse Dona Benta. – A Rússia era um imenso país situado entre a Europa e a Ásia, do qual muito pouco se soube até o ano de 1700. Apesar de ser o maior país da Europa, estava ainda em quase completo estado de barbárie. Os russos formavam um ramo da grande família ariana, chamado eslavo. Embora fossem brancos, viviam tão perto da China e outros povos da raça amarela que foram amarelando com o tempo. Não na cor, mas nos costumes. O terrível Gengis Khan invadira a Rússia com os seus mongóis e a governara por muito tempo; isso fez que os russos se tornassem muito diferentes dos outros europeus. Os homens usavam grandes barbas e compridas túnicas com cintos. As mulheres vestiam-se à moda turca. O sistema de fazer contas era o chinês, consistente num rosário de bolinhas de madeira enfiadas numa vara.

Pouco antes de 1700 nasceu lá um príncipe batizado com o mesmo nome que você, Pedrinho. Uma criatura de caráter muito especial. Em criança tinha um pavor invencível pela água; não água de beber, mas água rio, água lago ou mar.

– Sei – disse o menino – água onde a gente se afoga.

– Isso mesmo. Mas sentiu-se de tal modo envergonhado com esse medo, que resolveu curar-se.

– E foi para a praia com pedrinhas na boca! – disse Emília, lembrando-se de Demóstenes.

– Não. Pedra na boca pode curar gagueira, não cura medo d'água. Medo d'água só se cura com água. A fim de curar-se, Pedro ia brincar todos os dias num lago, fazendo navegar barquinhos, por maior medo que sentisse. Por fim acostumou-se e ficou tão amigo da água que resolveu aprender a arte de construir navios.

O príncipe Pedro tinha grandes ambições. Havia encasquetado na cabeça a ideia de fazer da Rússia o país mais importante da Europa. "Por que motivo", pensava ele, "um país tão vasto e rico não há de ser importante? Tenho de civilizar esta gente". Assim pensando, resolveu correr mundo a fim de tomar lições de civilização. Foi primeiro à Holanda, disfarçado como trabalhador comum, e lá se empregou num estaleiro, que é onde se constroem os navios. Por diversos meses trabalhou com os demais operários, vivendo a mesma vida, preparando ele próprio as suas refeições, remendando suas roupas. Enquanto isso, aprendeu a arte de construir navios e outras artes auxiliares, como a do ferreiro, a do caldeireiro etc. Aprendeu até a remendar sapatos e a arrancar dentes.

Da Holanda foi para a Inglaterra, onde também aprendeu o que pôde. Pedro só cuidava de aprender coisas que mais tarde pudesse ensinar aos russos. Por fim regressou ao seu país, e como estava um sabidão de marca, dispôs-se a ensinar à Rússia.

– Que lindo! – exclamou Pedrinho. – Que lindo isso de ensinar mil coisas a um país inteiro!...

– E ensinou muita coisa aos russos. Ensinou-os, primeiro, a construírem navios para que tivessem uma esquadra igual à dos outros povos. Mas... que é da água? Não pode haver esquadra sem água e a Rússia não tinha água, isto é, não possuía um bom porto de mar. Pedro olhou para o mapa e resolveu tomar um pedaço de costa de um país vizinho – a Suécia.

– A senhora nada nos disse ainda desse país, vovó.

– Vou dizer agora. A Suécia era um pequeno país muito ao norte da Europa, governado por uma fieira de Carlos. Doze Carlos! O rei que reinava naquele tempo era exatamente o número doze: Carlos XII. Como fosse ainda muito jovem, Pedro julgou fácil fazer-lhe guerra e tomar-lhe o pedaço de costa de que necessitava. Mas enganou-se. Carlos XII possuía qualidades extraordinárias; um verdadeiro gênio da guerra e, além disso, de uma educação das mais aprimoradas. Sabia e falava correntemente várias línguas, estudara todas as ciências, andava a cavalo como um gaúcho, aguentava os maiores trabalhos e não tinha medo de coisa nenhuma. Tão atrevido e intemerato, que os povos escandinavos, isto é, os povos daquela parte da Europa, lhe chamavam o Louco do Norte. E Pedro estrepou-se na guerra declarada à Suécia. Seus exércitos foram derrotados.

– Bem feito! – exclamou Narizinho. – Eu, se fosse a História, derrotava todos os reis que invadissem terras alheias...

– Mas Pedro não se incomodou muito. Disse apenas: "Não faz mal. Carlos é um bom professor da arte da guerra e aos poucos irá ensinando os meus russos a lutar; aprende-se mais nas derrotas do que nas vitórias".

Realmente, não podia haver melhor professor de guerra do que Carlos. Tais sovas deu nos russos e nos outros povos vizinhos, que a Europa principiou a incomodar-se, imaginando haver surgido um novo Alexandre, capaz de conquistar o mundo inteiro. Mas não foi assim. A paciência de Pedro acabou vencendo o ímpeto de Carlos, e a Rússia ficou com os portos de mar que desejava.

A capital da Rússia era Moscou, boa cidade, mas com o defeito de ficar muito no centro. Pedro queria uma capital mais próxima do mar, de onde pudesse dirigir a construção da esquadra. Resolveu erguer nova capital numa região que era só água, isto é, num pântano. Para isso botou lá trezentos mil homens no serviço de aterramento do pântano e depois construiu em cima a bela cidade de São Petersburgo, ou cidade de São Pedro, em honra do apóstolo Pedro.

– Esse nome não está hoje mudado, vovó? – perguntou a menina.

– Sim. Os revolucionários russos mudaram o velho nome pelo de Petrogrado, e depois pelo de Lenin-grado, em honra a Lenin, que foi o principal chefe da revolução russa.

Mas Pedro, além da esquadra e da nova capital, melhorou muito as leis, criou inúmeras escolas, construiu fábricas e hospitais e ensinou aritmética ao povo, acabando com o velho sistema de fazer contas no rosário de bolinhas chinesas. Também mudou a moda de vestir dos homens e das mulheres acabando com as grandes barbas. Os russos passariam a vestir-se como todos os demais europeus. Houve resistência. Os camponeses de grandes barbas consideravam uma vergonha andar sem elas. Muitos chegaram a guardá-las em cofre, para pregá-las de novo na cara no dia da ressurreição. Assim respeitariam as ordens de Pedro sem se envergonharem diante de Deus.

– Que engraçado!

– E muito mais coisas fez Pedro, conseguindo afinal pôr os seus russos em pé de igualdade com o resto da Europa e transformar a Rússia numa grande nação que nada tinha a invejar às demais. Daí veio o ser chamado Pedro, o Grande, Pai da Pátria.

HISTÓRIAS DO MUNDO PARA CRIANÇAS

Um dia apaixonou-se por uma camponesa órfã, de nome Catarina, e com ela se casou. Catarina não havia recebido nenhuma educação; como porém fosse muito viva e bem dotada, rapidamente se educou e deu conta do seu recado de rainha. O povo murmurou. Isso de um rei casar-se com uma moça que não pertencesse a alguma outra família de reis constituía o maior dos escândalos. Pedro não deu importância às murmurações, porque era muito feliz com a sua rainha camponesa. Quando ele morreu, Catarina subiu ao trono e soube governar muito bem.

– Eu também governaria na perfeição se fosse rainha – disse Emília. – Tão fácil...

Narizinho deu uma risada gostosa.

– Você, Emília, dava uma rainha tal e qual aquela da *Alice no país das maravilhas*...

Frederico, o Grande

– Da Rússia à Prússia – disse Dona Benta – a distância é pequena.

– É um P na frente, apenas.

– E na Prússia também havia surgido um grande homem, que entrou para a História com o mesmo cognome de Pedro: Frederico, o Grande.

– Que fim levou essa tal Prússia, vovó? Não ouço mais falar nela.

– Foi incorporada à Alemanha, isto é, reuniu-se com outros paisezinhos que falavam a língua alemã para formar um império com o nome de Império da Alemanha. Esse império está hoje virado em república. Mas voltemos ao nosso Frederico. Seu pai era um dos homens mais brutos que a História conheceu. E maníaco também. Entre suas manias ficou célebre a de colecionar gigantes.

– Gigantes? Que graça!...

– Sim, homens de estatura acima do normal. Onde quer que existisse um gigante, o pai de Frederico o mandava buscar. Com eles formou o batalhão dos maiores soldados do mundo – em altura. A severidade desse rei ia até a maluquice. Tratava os filhos como cães, especialmente ao coitadinho do Fritz, que era o apelido do pequeno Frederico. Nos momentos de cólera batia-lhe com a bengala, atirava--lhe com pratos à cara, punha-o de castigo por uma semana inteira a pão e água. Tais fez que o menino fugiu de casa. Ah, imaginem a cólera da fera quando o fujãozinho foi apanhado! Foi tão grande que resolveu matá-lo, mas matá-lo mesmo, de verdade, não de brincadeira. E só não cometeu esse crime porque no último momento teve um clarão de lucidez.

Pois bem: essa criança judiada tornou-se um dos mais famosos reis e um dos maiores generais do mundo. Frederico possuía uma grande inteligência. Gostava muito de poesia, chegando a compor várias, e também de música. Tocava flauta com primor. Seu maior prazer era conversar com os grandes homens. O célebre francês Voltaire foi por muitos anos seu amigo, vindo morar com ele no palácio.

Frederico tinha a mesma ambição de Pedro, o Grande: tornar a Prússia, que era um paisinho sem importância, a mais poderosa

HISTÓRIAS DO MUNDO PARA CRIANÇAS

nação da Europa; e conseguiu-o. Para isso precisava aumentá-la de território. Como fazer? Tomar à força terras. Frederico escolheu a Áustria para vítima. Por esse tempo era a Áustria governada pela rainha Maria Teresa. O pai de Frederico havia prometido que a Prússia jamais faria qualquer coisa contra a Áustria, pois não achava decente que se lutasse contra uma mulher. Ao subir ao trono Frederico não quis saber de nada. Não quis saber se Maria Teresa era mulher ou homem – e foi cortando da Áustria o pedaço que lhe convinha.

Rompeu a guerra, na qual logo se envolveram outros países amigos da Áustria. Frederico, porém, soube ir surrando-os a todos um por um, sem largar o pedaço de terra que lhe fazia conta. E por fim venceu.

Maria Teresa não se conformou. Com muita habilidade teceu uma vasta conspiração contra a Prússia, na qual tomavam parte vários países, e rompeu nova guerra que iria durar sete anos. Frederico venceu novamente e desta vez derrotou a Áustria da maneira mais completa, realizando assim a sua ideia de fazer da Prússia o país mais poderoso da Europa.

A Guerra dos Sete Anos foi lutada também no nosso continente. A Inglaterra, que havia tomado o partido da Prússia, atacou as colônias francesas da América visto ter o rei de França tomado o partido da Áustria. Quando a Prússia venceu na Europa, os ingleses venceram na América. Foi portanto por obra e graça de Frederico que a América do Norte está como está. Se ele houvesse perdido a guerra, tudo seria muito diferente. Em vez de povos de raça inglesa, teríamos por lá povos da raça francesa.

Frederico não tinha o menor escrúpulo em arrancar de outros países o que convinha à Prússia. Por meios decentes ou indecentes, ia puxando a brasa para a sua sardinha. Mas tratava o povo da Prússia com grande amor e justiça. Perto do seu palácio havia o moinho de um pobre moleiro que muito afeava o lugar. Frederico propôs-se a comprá-lo com o fim de o demolir. O moleiro recusou-se a vender. Frederico dobrou, triplicou a oferta; ofereceu muitíssimo mais do que o moinho valia. O moleiro, que era cabeçudo, não cedeu. Pois bem: apesar de ser o homem mais poderoso da Europa, Frederico resignou-se. Podia mandar prender o moleiro, podia até mandar matá-lo. Podia tomar-lhe o moinho, como fizera aos territórios da Áustria. Entretanto, nada fez. Conformou-se. "O moinho é dele; já que não quer vendê-lo, paciência."

Esse moinho até hoje ainda está no mesmo ponto, rente ao palácio real.

– Deve ser então o moinho mais famoso do mundo – lembrou a menina.

– Claro que sim. Além disso, constitui o mais belo monumento ao espírito justiceiro do grande rei.

– Interessante, vovó. Capaz de tanta justiça em casa, e tão pirata com os outros povos! – observou a menina.

– É que, na sua qualidade de filósofo, Frederico sabia muito bem que nas relações de povo a povo é assim, com essa brutalidade, que todos agem, e portanto não tinha com eles a menor consideração. Foi um grande rei por isso. Primeiro, porque tratou com a maior justiça e como melhor pôde à sua gente; depois, porque tratou as outras nações como elas mereciam.

– Não há dúvida, vovó, esse Frederico vai para o meu caderno – rematou Pedrinho.

OS LIBERTADORES DA AMÉRICA

No outro dia, Dona Benta falou dos libertadores da América.

– Sim – disse ela – os reis da Europa tomaram conta destas terras que hoje são nossas, destruíram com a maior barbaridade os pobres índios, raparam quanto ouro havia e depois... depois quiseram que as novas colônias ficassem suas escravas toda a vida. Mas as colônias acabaram revoltando-se e tornando-se países independentes. A coisa começou na América do Norte.

As colônias dos ingleses já haviam crescido bastante, e o rei Jorge III, que reinava na Inglaterra, não as soube tratar como era preciso. Só queria uma coisa: tirar delas todas as vantagens. Lançava impostos e cobrava-os. Quanto à aplicação do dinheiro, isso não era da conta dos colonos. Estes indignaram-se. "É desaforo", disseram. "Nenhum de nós se recusa a pagar impostos mas queremos que o dinheiro seja empregado aqui mesmo na abertura de estradas, em escolas e mais coisas de que precisamos."

– E pensavam muito bem, vovó – observou Pedrinho. – Imposto cobrado num país e aplicado noutro, me parece ladroeira.

– Está claro que pensavam bem, meu filho. Mas o rei da Inglaterra não concordou. Havia nessas colônias um homem de nome Benjamin Franklin, respeitadíssimo e queridíssimo pela sua grande bondade e sabedoria. Tinha saído do nada, e à custa do próprio esforço transformou-se no ídolo de sua terra. Foi quem montou o primeiro prelo e imprimiu o primeiro jornal em nosso continente. Foi também o inventor do para-raios. Os colonos mandaram Franklin a fim de conversar e convencer o rei. Inutilmente. O rei Jorge queria dinheiro, não queria conversa. Em vista disso, os colonos resolveram tomar à força o que por bem não conseguiam obter – e a guerra da Independência Americana rompeu.

– Mas podiam esses colonos lutar contra um país tão forte?

– Não podiam, mas puderam. O entusiasmo pela independência substituía tudo quanto lhes faltava; ademais, tiveram a sorte de descobrir num homem de nome George Washington o chefe de que precisavam. Washington era, além de muito esforçado, de espírito reto, justiceiro, verdadeiramente patriota – e honestíssimo. Contam que certa vez, muito criança ainda, cortou com um machadinho que lhe haviam dado uma cerejeira plantada por seu pai. Naquele tempo, havia uma lei punindo com pena de morte quem cortasse uma cerejeira. Pois bem, quando seu pai chegou e perguntou: "Quem cortou a cerejeira?", o bom menino não vacilou na resposta. "Não sei mentir, meu pai. Fui eu", disse ele. Faria você o mesmo Pedrinho?

– Eu... eu... – gaguejou Pedrinho.

– Não minta! Faça como Washington. Não minta!

– Eu... eu não sei, vovó. As coisas dependem das circunstâncias. Tudo depende.

– Pois eu mentia! – declarou a boneca. – Se essa tal terra tinha essa tal lei mandando matar quem cortasse essa tal árvore, eram todos uns grandes idiotas, e bem merecedores de que a gente lhes mentisse na cara com todo caradurismo. Eu mentia!

– E você, Narizinho?

– Comigo não era possível acontecer nada, pois em caso nenhum eu iria cortar uma cerejeira. Se vivo plantando sementes de árvores aqui no sítio, por que iria destruir uma já grandinha?

– Pois é isso. Desde muito cedo, Washington revelou um caráter que jamais se desmentiu. Foi realmente um grande homem; grande general, grande patriota, grande presidente. Logo que os americanos conquistaram a liberdade e transformaram as colônias na República dos Estados Unidos da América, foi ele o escolhido para presidente.

– E como se deu a luta? Foi uma luta longa, de oito anos. Washington tinha um exército que, além de pequeno, sofria da falta de armas, roupas e o mais. Esse exército padeceu horrores. Num inverno muito forte perdeu muitos soldados, entanguidos de frio. Além disso, apanhou muitas sovas. Washington, entretanto, jamais desanimou, e por fim deu uma grande surra nos ingleses na batalha de Saratoga. Daí por diante as coisas mudaram. A França, que vivia em guerra com os ingleses, mandou uma esquadra ajudar os americanos. Veio também o General Lafayette, que lutou debaixo das ordens de Washington.

Por fim, vendo que não podia ganhar a guerra, o rei Jorge propôs paz. Surgiu então para o mundo uma nação nova, que iria com o tempo tornar-se a mais rica e a mais poderosa de todas.

Os americanos jamais esqueceram o auxílio que a França lhes prestou. Na guerra de 1914-1918, em que a Alemanha e a Áustria desafiaram o resto do mundo, a pátria de George Washington tomou o partido dos aliados. No dia em que as primeiras forças do exército americano chegaram à França, o General Pershing, seu comandante, dirigiu-se ao cemitério onde se ergue o túmulo de Lafayette e disse: "Lafayette, aqui estamos!".

– Linda fita, vovó! – exclamou o menino, abrindo o seu caderno. – Está aí uma frase que há de ser sempre recordada. E nas outras colônias da América?

– Nas demais colônias o desejo de independência surgiu logo depois, por influência do exemplo dos norte-americanos. Apareceu na Venezuela outro grande chefe, de nome Bolívar. Soube muito bem dirigir seus soldados e acabou expulsando de lá os espanhóis. Depois cuidou de libertar os povos vizinhos, do Peru, do Equador e da Bolívia e ficou sendo o Libertador da América do Sul.

– Isso, não, porque o Brasil também faz parte da América do Sul e não foi libertado por ele.

– Sim. No Brasil a independência não teve necessidade de guerra. A colônia portuguesa que era o Brasil daquele tempo estava sendo governada por um príncipe filho do rei de Portugal. Em certo momento, esse príncipe, Dom Pedro, resolveu proclamar a independência da colônia e o fez por ocasião de uma viagem a cavalo da cidade de Santos à de São Paulo. Havia ele chegado à beira de um riacho de nome Ipiranga, junto a São Paulo, quando recebeu o correio com a correspondência de Portugal. O príncipe parou e leu as cartas. Sua cara enfarruscou-se. Eram más as notícias. Portugal queria que ele fizesse coisas que em consciência achava não dever fazer. Pedro refletiu uns instantes. Depois disse: "Isto não pode continuar assim, o melhor é ficarmos independentes", e deu o seu célebre grito: "Independência ou Morte!". E em São Paulo foi aclamado imperador e Defensor Perpétuo do Brasil, com o nome de Pedro I.

– Bravos a Dom Pedro! – gritou Pedrinho. – Era Pedro, e os Pedros não negam fogo...

– Desse modo – concluiu Dona Benta – todas as terras americanas tornaram-se países independentes, com exceção do Canadá, das três Guianas e algumas ilhas, que continuaram amarradas à Inglaterra, à França e à Holanda.

O LIBERTADOR

– Eu queria saber, vovó, a história desse Bolívar que tem estátua em tantas capitais da América – disse Pedrinho. – Quem foi ele?

– Ah, meu filho, esse Bolívar – Simon Bolívar – foi a maior figura política da América Latina. Aparece na história do nosso continente como o Aconcágua aparece na geografia dos Andes. Daí o ser conhecido como El Libertador. Foi um grande criador de nações. O que fez George Washington para os Estados Unidos fez Bolívar para uma série de países da América do Sul – libertou-os do domínio espanhol.

– Era boliviano? – perguntou Emília.

– Não, bobinha, Bolívar deu o seu nome à Bolívia, e não a Bolívia a ele. Simon Bolívar era venezuelano, nascido em Caracas, em 1830. Estudou na Espanha, viveu cinco anos na França e de volta à Venezuela deteve-se por algum tempo nos Estados Unidos para estudar a organização daquele país, que era uma república. Foi lá que lhe veio a ideia da luta pela independência da América do Sul, transformando em repúblicas as colônias espanholas.

Chegando à Venezuela, começou a conspirar. Rompeu logo uma revolução em que ele tomou parte e de que era a alma. Não foi feliz. Os espanhóis derrotaram os venezuelanos e Bolívar teve de fugir para a ilha de Curaçao .

– Aquela de onde vem um licor tão gostoso?

– Sim. Nessa ilha holandesa fabricam com cascas de laranja esse famoso licor. E lá Bolívar continuou a conspirar. Voltou para chefiar nova revolução e pôs-se à frente do pequeno exército com que derrotou os espanhóis em várias batalhas – e por fim entrou em sua cidade natal como um triunfador. Seu carro foi puxado por doze das mais lindas moças da cidade de Caracas.

HISTÓRIAS DO MUNDO PARA CRIANÇAS

– Que gosto! – exclamou Pedrinho. – Está aí um espetáculo a que eu desejava assistir...

– E foi proclamado Libertador e Ditador. Infelizmente não durou muito a sua vitória. Os espanhóis se juntaram e retomaram Caracas. Bolívar teve de fugir novamente. Andou pelas ilhas da Jamaica e do Haiti e por fim voltou à Venezuela para continuar a luta. Já se havia revelado grande general e grande homem. Chegou, assumiu o comando dos revolucionários e proclamou a liberdade dos escravos negros.

– Muito bem! – aplaudiu Narizinho. – Já estou gostando desse homem. Escravidão é coisa que me faz mal aos nervos...

– E tais coisas fez Bolívar, que acabou derrotando completamente os espanhóis e proclamando a independência de duas repúblicas, a da Colômbia e a da Venezuela. Podia contentar-se com o que havia feito, mas não se contentou. Não bastava libertar a sua pátria, queria libertar toda a América do Sul – e empreendeu a campanha para libertação do Equador e do Peru. Derrotou os espanhóis na batalha de Pichincha e entrou em Quito, capital do Equador. Surgiu então a República do Equador! Empreendeu depois a campanha pela independência do Peru – e libertou o Peru, entrando em Lima debaixo de palmas. Os espanhóis reagiram, retomaram Lima – mas Bolívar os derrotou de novo na batalha de Junin e depois na de Acayucho.

– E a Bolívia?

– De um pedaço central daqueles territórios fez ele uma nova república, a que os patriotas, em sua homenagem, deram o nome de Bolívia.

– Que bonito! Só a Bolívia e a Colômbia têm nomes tomados de grandes homens. E depois?

– Ah, meu filho! A vida do grande Bolívar foi uma luta sem fim. Criou essas quatro repúblicas e muito contribuiu para a criação de mais duas – Argentina e Chile. Governou todas elas direta ou indiretamente, deu-lhes constituições democráticas, impediu-as de se desintegrarem na desordem. Em sua alma havia o mais belo dos sonhos: a criação de um país único, a grande República Pan-americana. Foi, portanto, o criador desse ideal a que chamamos hoje pan-americanismo.

– Fazer uma república só com a soma de todas?

– Sim. Isso é um ideal imenso. As desgraças do mundo, meu filho, vêm de a Terra estar dividida em quase uma centena de países autônomos, cada qual hostil ao seu vizinho[26]. No dia em que o mundo se transformar nos Estados Unidos do Mundo, nesse dia acabar-se-ão as guerras e a humanidade dará começo à sua Idade de Ouro. Todos os homens que trabalham para a unificação do mundo estão trabalhando para a felicidade humana – e nesse sentido nenhum fez mais do que Simon Bolívar. Sua glória há de crescer cada vez mais, com o crescimento das nações por ele criadas. E no dia em que chegarmos à total unificação do mundo, nenhum nome brilhará mais que o seu. Em vez de ser apenas o maior cidadão da América Latina, será também o primeiro cidadão do mundo, porque enquanto todos os estadistas só pensavam em suas respectivas pátrias, ele pensava numa imensa pátria comum a todos os homens.

Pedrinho bateu palmas.

– Irra, vovó! É a primeira vez que vejo a senhora se entusiasmar por qualquer coisa...

– Meu filho – disse a boa velhinha – é que eu também tenho no fundo do coração esse mesmo sonho de Simon Bolívar. Eu sonho com os Estados Unidos do Mundo como único meio de acabar com esse horroroso cancro chamado guerra. A História do mundo, como tenho mostrado a vocês, não passa de um Amazonas de sangue e dor, de desgraças e horrores de toda sorte, tudo por causa da divisão da humanidade em pedaços inimigos uns dos outros. O remédio para esse cancro é um só: a unidade política do mundo.

A GRANDE REVOLUÇÃO

Pedrinho perdeu o sono naquela noite. As palavras de Dona Benta o haviam impressionado profundamente. Na manhã seguinte, Emília procurou-o e disse:

– Nós precisamos endireitar o mundo, Pedrinho.

– Nós, quem, Emília?

– Nós, crianças; nós que temos imaginação. Dos "adultos" nada há a esperar...

– Dobre a língua, hein? Quando falar em "adultos", excetue vovó e Simon Bolívar.

---

26. Nota da editora: Hoje há 193 países-membros da ONU. (ONU, 2019).

HISTÓRIAS DO MUNDO PARA CRIANÇAS

Na noite daquele dia, Dona Benta serenou e começou a falar em revolução.

– Isso de revolução dos povos – disse ela – é doença que pega. Houve a revolução americana, feita por Washington. A vitória dos norte-americanos animou os sul-americanos a fazerem o mesmo. E por fim até a Europa começou a libertar-se das velhas tiranias. Os triunfos obtidos pelos povos das Américas abriu os olhos ao povo francês.

A razão do povo francês revoltar-se foi o grau extremo a que chegaram os abusos da realeza e da aristocracia; os reis e os nobres tinham tudo; o povo não tinha nada. Na América os impostos não eram muito pesados, mas tinham o defeito de não se aplicarem lá; na França os impostos esmagavam o povo, arrancavam o couro e o cabelo dos pobres.

Por esse tempo reinava na França o Luís número XVI, casado com uma princesa austríaca de nome Maria Antonieta. Muito boa gente, os dois, mas incapazes de compreender o que ia pelo país. Vivendo naquela festa contínua da corte, imaginavam que a França fosse a corte. Ignoravam o estado de infinita miséria em que trinta milhões de franceses haviam caído para que a festança de Versalhes continuasse a deslumbrar o mundo. Ficou tão pobre o povo, que a única coisa que tinha para comer consistia no chamado pão preto. Tudo quanto o seu trabalho produzia era arrancado para uso do rei e da nobreza. Se alguém se queixava, prisão com ele. Metiam-no em cárceres, onde o desgraçado ficava apodrecendo até morrer.

A ignorância do rei e da rainha a respeito do estado de pobreza do povo era absoluta. Um dia, em que disseram perto de Maria Antonieta que o povo estava sem pão para comer, ela replicou com toda a ingenuidade: "Pois se não tem pão, por que não come bolos?".

Para remediar o mau estado das coisas reuniu-se um congresso de representantes do povo, com o nome de Assembleia Nacional. Esse congresso começou a estudar o assunto e a propor remédios. O povo, porém, havia sofrido demais. Sua cólera contra o rei e os nobres começava a extravasar. Nada poderia conter-lhe a fúria de vingança. A revolta, afinal, rompeu na rua. O povo de Paris reuniu-se em massa para atacar a Bastilha. Os presos que lá se achavam foram soltos e os guardas, assassinados: em seguida a multidão passeou pela cidade com as cabeças deles na ponta de paus. O número de presos soltos fora insignificante, pois só se achavam na Bastilha uma dúzia, de modo que essa famosa tomada da Bastilha só teve importância como sinal de que dali por diante o povo não mais respeitaria coisa nenhuma. Deu-se no dia 14 de julho de 1789, dia que marca o começo da grande Revolução Francesa. O General Lafayette, que por esse tempo já havia voltado da América, mandou mais tarde ao seu amigo Washington as chaves da Bastilha, como lembrança do movimento que libertara a França da tirania dos reis.

Luís XVI e Maria Antonieta moravam no belo Palácio de Versalhes rodeados daquele infinito bando de moscas douradas. Ao terem notícia do que se estava passando em Paris, as moscas compreenderam tratar-se de coisa muito séria e rasparam-se. O rei ficou quase sozinho.

Criando coragem, a Assembleia Nacional votou uma declaração de direitos, chamada Declaração dos Direitos do Homem, que se assemelhava muito à Declaração da Independência dos americanos. Nela se dizia que todos os homens eram iguais e livres; que só o povo tinha o direito de fazer as leis e que essas leis obrigavam a todos, sem exceção de ninguém. Tal declaração, portanto, acabava ao mesmo tempo com os reis por direito divino e com os privilégios dos nobres.

Logo depois da votação, o povo de Paris, esfaimado e em andrajos, organizou uma marcha a Versalhes, aos gritos de "Pão! Pão!". Ao chegar ao palácio real a multidão invadiu-o, a despeito da resistência dos guardas, e pondo na cabeça do rei um barrete vermelho, símbolo da revolução, conduziu-o, juntamente com a rainha, a Paris, onde foram guardados como prisioneiros.

Enquanto isso a Assembleia Nacional continuava os seus trabalhos de reforma de tudo, e por fim votou a Constituição que dali por diante deveria reger a França. Mas por essa Constituição o rei continuava a governar o país.

O povo não quis saber disso. Estava cansado de reis. Queria a República – e a França acabou virando República. Em seguida, o casal de reis foi julgado e condenado à morte.

– E cortaram-lhes as cabeças como os ingleses fizeram a Carlos I?

– Sim. Um médico, chamado Guillotin, havia inventado uma máquina de cortar cabeças que recebeu o nome de guilhotina. As cabeças de Luís XVI e Maria Antonieta foram cortadas com essa máquina.

Mas o povo não sossegou com isso. Tinha receio de que os partidários dos reis conseguissem botar outro no trono; e como os partidários dos reis fossem os nobres o povo resolveu acabar com os nobres. Foi um período trágico. A guilhotina trabalhava sem cessar na sua horrível tarefa de cortar cabeças. Toda pessoa de mãos finas era considerada como pertencente ao grupo dos inimigos do povo e guilhotinada.

Esse horroroso período da Revolução Francesa recebeu o nome de Reino do Terror. Três homens dirigiam a grande matança: Marat, Robespierre e Danton. Marat acabou assassinado no banho por uma linda moça chamada Carlota Corday. Danton foi guilhotinado. Ficou Robespierre sozinho, como dono da França, matando, matando sem cessar. Se alguém dava o mais leve sinal de ter a menor simpatia pelos reis, era imediatamente guilhotinado.

Cometeram-se nesse tempo os maiores horrores e as maiores injustiças. Quem queria tomar vingança de um inimigo bastava denunciá-lo como amigo dos reis e sem demora a cabeça do desgraçado rolava por terra. Não era preciso provar coisa nenhuma. A simples suspeita bastava. Ninguém se sentia seguro. A fúria de guilhotinar tornou-se tamanha que foi preciso construir ao pé da guilhotina uma canalização para o escoamento do sangue.

Por fim viram que a guilhotina era muito lenta para dar conta da tarefa. Começaram a matar os prisioneiros em massa. Amontoavam-nos em certos pontos e os matavam a tiros de canhão. O povo estava completamente fora de si, no seu ódio aos reis e à nobreza. Esse ódio voltou-se também contra a religião. Cristo era insultado e, se por acaso lá aparecesse, não escaparia da guilhotina. Na catedral de Nossa Senhora de Paris, que é um dos mais belos monumentos dessa cidade, foi posta no altar uma linda mulher do povo em substituição aos santos. Era uma nova deusa, a deusa Razão. As imagens de Cristo foram trocadas pelos retratos dos chefes revolucionários. A guilhotina substituiu a cruz. Os domingos foram suprimidos. A semana passou a ter dez dias, com um feriado no meio para fazer as vezes do domingo. O calendário foi mudado. Em vez de contar-se o tempo a partir do nascimento de Cristo, passou a ser contado a partir do ano de 1792, data da fundação da República.

Robespierre dominava sozinho. Nisto surgiu a suspeita de que ele queria virar um tirano de poder absoluto; e o agarraram e o levaram também à guilhotina. Sua morte marca o fim do Reino do Terror. A loucura do povo foi serenando e a pobre França, depois de anos de martírio, voltou a ser um país onde o bom senso, e não o delírio da população, imperava.

O Pequeno Caporal

– Afinal a Revolução acabou. E sabem quem a fez acabar? Um generalzinho de 26 anos de idade e de 1 metro e 60 de altura.

– Oh! – exclamou Pedrinho. – Tinha então a minha altura somada à da Emília!

– Para você ver que um grande homem nem sempre é um homem grande. Têm havido inúmeros grandes homens pequenininhos. Mas a Assembleia estava reunida no seu palácio quando a multidão das ruas começou a juntar-se para atacá-la. Esse jovem oficial foi encarregado da defesa. Imediatamente postou canhões em várias ruas que davam para o palácio e calmamente esperou pela multidão. Os desordeiros foram recebidos a bala; viram que outro galo estava cantando e dispersaram-se. Chamava-se Napoleão Bonaparte, esse homenzinho que pela primeira vez fazia os revolucionários recuarem.

Bonaparte era natural da ilha da Córsega, no Mediterrâneo, e nascera justamente algumas semanas depois de a Córsega passar a pertencer à França.

Por um triz escapou de ter nascido italiano. Muito cedo foi mandado para uma escola militar da França, onde os meninos franceses o consideravam como estrangeiro. Bonaparte sempre ganhou muito boas notas em aritmética e álgebra.

Aquele modo decidido com que defendeu a Assembleia, pondo fim à Revolução, havia mostrado as suas qualidades de homem firme. Começou logo a subir de posto e foi longe.

A França havia pegado dos americanos a febre da revolução contra os reis e varrido com eles. Os reis dos outros países ficaram com medo que em seus povos também pegasse essa febre e coligaram-se contra a França.

Bonaparte foi mandado com um exército combater a Itália. Tinha para isso de cruzar os Alpes, como Aníbal havia feito na guerra entre Cartago e Roma. Mas Aníbal não levava canhões; com canhões, que pesam muito, parecia impossível atravessar aquelas montanhas.

Bonaparte chamou engenheiros e mandou-os estudar o assunto. Os engenheiros disseram que era impossível a passagem. "Impossível é uma palavra que só existe no dicionário dos idiotas", replicou Bonaparte colericamente. Depois gritou: "Não há mais Alpes!", e de fato os Alpes desapareceram diante do seu exército.

Na Itália o jovem general venceu uma porção de batalhas e, conseguindo assim dar conta da tarefa de que fora incumbido, voltou para a França transformado num grande herói. Surgiu o receio de que com tanta popularidade ele virasse rei. Bonaparte, porém, tinha planos secretos na cabeça. Não ficou na França. Propôs ao governo uma expedição para conquistar o Egito, que estava na posse dos ingleses; sua ideia era separar a Inglaterra das Índias.

– As Índias, então, não eram mais dos portugueses, vovó? – perguntou o menino.

– Não. Durante o reinado daquele rei Jaime os ingleses se haviam apossado desse grande país. Isso lhes serviu de compensação pela perda das colônias da América. Mas o governo francês gostou muito do plano de Bonaparte, menos por causa do mal que podia ser feito aos ingleses do que por se verem livres de um jovem herói que já começava a causar preocupações.

Bonaparte desembarcou com o seu exército no Egito e rapidamente o conquistou. Numa das batalhas gritou, antes da peleja começar: "Soldados! Do alto daquelas pirâmides quarenta séculos vos contemplam!". Essa frase encheu de entusiasmo os franceses.

– E não apareceu por lá nenhuma Cleópatra para o atrapalhar?

– Bonaparte não era desses que se deixam levar pelas olhadelas das moças bonitas; por isso não teve a sorte de Marco Antônio. Mas enquanto estava conquistando o Egito, a esquadra francesa, que o esperava nas bocas do Nilo, foi destruída pela esquadra inglesa do Almirante Nelson.

Bonaparte ficou sem meios de voltar para a França com o seu exército. Deixou-o então no Egito sob o comando de outro general e seguiu sozinho. Estava ansioso por fazer parte do governo. Era essa a ideia que trazia escondida lá no fundo da cabeça. Quando chegou à França e encontrou os homens do governo brigando uns com os outros, deu jeito de meter-se no meio. Ele e mais dois foram escolhidos para formarem um novo governo. Tinham o título de Cônsules,

HISTÓRIAS DO MUNDO PARA CRIANÇAS

sendo Bonaparte o Primeiro Cônsul. Logo depois arranjou jeito de ser promovido a Cônsul vitalício, isto é, por toda a vida. E daí a tornar-se imperador foi um passo. O pequeno corso estava finalmente como queria: imperador da França e rei da Itália!

– Sim, senhora! – exclamou Pedrinho. – Isso é que se chama subir morro correndo!

– Bonaparte não perdia tempo. Fazia tudo depressa, além de que havia suprimido do seu dicionário a palavra impossível. Os outros países da Europa começaram a apavorar-se com o homenzinho, que naquele andar acabaria conquistando a todos. E ligaram-se contra ele. Uma nova guerra, ou antes, um terrível período de guerras ia começar. Napoleão planejou, antes de mais nada, a conquista da Inglaterra. E para esse fim fez construir uma grande esquadra. Infelizmente, para ele, Nelson estava vigilante, e apanhando a esquadra francesa num sítio de nome Trafalgar, perto da Espanha, destruiu-a por completo.

– Que danado, vovó! Que ciência tinha Nelson para destruir esquadras francesas!

– Realmente foi um grande almirante, que sabia esperar os bons momentos e quando dava um golpe era de achatar o inimigo. Antes desta batalha, Nelson fez uma proclamação aos seus marinheiros na qual resumiu tudo numa frase célebre: "A Inglaterra espera que cada um cumpra o seu dever". A vitória dos ingleses, porém, lhes custou caro. Nelson perdeu a vida no combate.

Essa derrota no mar fez que Bonaparte abandonasse a ideia de conquistar a Inglaterra. Tratou então de sovar os seus inimigos do continente. E sovou. Bateu a Prússia, a Espanha, a Holanda e a Áustria. Quase toda a Europa acabou pertencendo a ele, ou fazendo sem discutir o que ele mandava. Ficaram de fora só a vasta Rússia e a Inglaterra. Napoleão resolveu atacar a Rússia.

Foi o seu grande erro, porque a Rússia ficava muito longe e a invasão iria esbarrar no inverno, que é horrível lá. Com um exército de seiscentos mil homens marchou contra a Rússia, conseguindo chegar até Moscou, bem no centro.

Aí começou a desgraça. Os russos retiraram-se da cidade e depois a incendiaram inteirinha, de modo que Napoleão, em vez de apossar-se da capital da Rússia, apenas tomou posse de uma fogueira. O único proveito que tirou foi passar uma semana "aquentando fogo" nas brasas.

Nada mais podia fazer na Rússia. O inverno sobreveio rigorosíssimo. Neve por toda parte. Só neve. Tudo branco de neve. Mantimentos começaram a faltar, e não havia meios de os conseguir naquela imensidão branca. Seus soldados morriam aos milhares, e para maior desgraça os russos os acossavam ajudando a destruição do General Inverno. Por fim Napoleão deixou os restos dos seus soldados no meio do caminho e correu a Paris, para atender aos negócios do governo, que iam mal. Ao chegar a Paris viu que a sua sorte tinha virado. O desastre da campanha contra a Rússia reanimara toda a Europa, já erguida em massa para expulsá-lo do trono.

Seu exército estava destruído. Dos seiscentos mil homens que levara à Rússia apenas voltaram uns vinte mil. Ainda assim, Napoleão conseguiu, num supremo esforço, levantar novo exército com o qual enfrentou as forças da Europa. Foi batido. Teve de assinar um papel em que abdicava ao trono.

– Esse não abdicou à moda de Carlos V – lembrou o menino. – Foi abdicado...

– Os seus inimigos vitoriosos deram-lhe uma ilha para morar: a Ilha de Elba, nas costas da Itália, perto da Córsega onde ele nascera. E puseram no trono francês um rei da família dos antigos Luíses.

O terrível homenzinho, porém, não sossegou. Começou a planejar, lá na sua ilha, um golpe por meio do qual reconquistasse o trono. Um dia, com grande surpresa do mundo, correu a notícia de que Napoleão escapara de Elba e havia desembarcado nas costas da França. O governo mandou contra ele um exército, com ordem de agarrá-lo e trazê-lo dentro de uma gaiola de ferro. Mas esse exército virou-se a favor de Napoleão, que dias depois entrava em Paris vitorioso. O rei fugiu e Napoleão galgou o trono pela segunda vez.

Mas a Europa estava em pé de guerra. Imediatamente os exércitos de todos os países marcharam contra a França, e nos campos de Waterloo, na Bélgica, Napoleão deu afinal a sua última batalha. Foi derrotado pelos generais Wellington, que era inglês, e Blucher, que era alemão. Isso no ano 1815. Dessa vez os reis inimigos não lhe deram um palácio para morar; deram-lhe uma prisão vitalícia. Escolheram uma ilhazinha deserta, muito longe, no meio do mar, chamada Santa Helena, onde o puseram sob a guarda de um carcereiro inglês que era um perfeito buldogue. E ao fim de seis anos de aprisionamento o homem que tinha querido abarcar o mundo com as pernas morreu. Morreu e o mundo sossegou. *Uf!*

Napoleão era um homem de gênio, isto é, um homem que possuía inteligência e outras faculdades em grau elevadíssimo. Graças a esses dons tornou-se o maior general de todos os tempos. Infelizmente a sua ambição sem limites fez que a sua passagem pela Terra fosse marcada com ruínas e lágrimas. Três milhões de homens morreram por sua causa. Três milhões de mães e três milhões de pais choraram os filhos estraçalhados pelas balas. A França ficou como um animal de veias cortadas, de tanto sangue perdido. E ficou ainda menor do que era antes. Todos os territórios por ela conquistados foram devolvidos aos seus verdadeiros donos. Da obra do Pequeno Caporal só ficou a parte administrativa e legislativa.

– Por que lhe davam esse apelido? – perguntou o menino.

– Havia o posto caporal entre os mais inferiores do exército francês e como Napoleão fosse de baixa estatura, os seus velhos soldados, por brincadeira, lhe chamavam o Pequeno Caporal.

UM POUCO DE MÚSICA

Para satisfazer Narizinho, que ficou engulhada com mais aquelas guerras do Pequeno Caporal, Dona Benta no dia seguinte falou da música.

– A rã que faz, Pedrinho?

– Coaxa.

– E o gato?

– Mia.

– E o cachorro?

– Late.

– E o leão?

– Urra.

– E as aves?

– Botam ovo! – gritou Emília.

– Não. As aves cantam. Só elas e o homem cantam. O homem, porém, faz mais. O homem, além do canto, faz música por meio de instrumentos. A música é uma das maravilhas criadas pelo homem na Terra.

No começo, lá muito longe, dizem que Apolo tomou uma caveira de boi e atou nos chifres sete cordas de tripa, bem esticadas. Assim nasceu o primeiro instrumento musical, chamado lira. Sete cordas apenas, entre chifres de boi, não davam instrumento muito aperfeiçoado e não deviam produzir belos sons. Apesar disso, a lenda conta que Orfeu, filho de Apolo, conseguiu tanger a lira com tanta perfeição que, quando tocava, os animais todos, e até as árvores e rochas, vinham colocar-se em redor dele para ouvir.

Depois surgiu Pã, o deus das florestas, que inventou a chamada flauta de Pã. Consistia em canudos de vários tamanhos unidos entre si como dedos, que ele tocava soprando. A lira de Apolo e a flauta de Pã foram os primeiros instrumentos de música que o mundo conheceu. A lira tornou-se a mãe de todos os instrumentos de corda, e a flauta de Pã originou todos os instrumentos de sopro. As cordas mais grossas e os canudos mais largos davam as notas chamadas graves; as mais finas e os mais estreitos davam as notas agudas.

Esses instrumentos primitivos foram se aperfeiçoando e tomando formas novas até chegarem ao piano, que tem dezenas de cordas, e ao órgão, que é uma máquina de produzir os mais belos sons de sopro.

Sabemos hoje como eram os instrumentos de música dos antigos, mas ignoramos como era a sua música. Infelizmente não existia o fonógrafo para trazer até nós esses sons. Já os nossos netos daqui a mil anos serão mais felizes. Doravante os discos de fonógrafo vão conservar por séculos as músicas tocadas hoje.

Antigamente não se sabia escrever música. Era decorada, e assim passada de uns para outros. Mas ali pelo ano 1000 um monge italiano, de nome Guido, arranjou um meio de escrever as notas de música e batizou as sete notas que existem com os nomes de Dó, Ré, Mi, Fá, Sol, Lá, Si. Esses nominhos foram formados com as primeiras sílabas das palavras de um hino a São João, muito cantado por esse monge.

Existiu outro italiano que recebeu o nome de Pai da Música. Chamava-se Palestrina. Foi quem escreveu as primeiras músicas religiosas, que o papa mandou que fossem tocadas em todas as igrejas. O povo não as apreciou muito. Não era o que se chamava música popular. Só muito mais tarde, ali por 1700, o primeiro grande músico

HISTÓRIAS DO MUNDO PARA CRIANÇAS

apareceu, isto é, o primeiro que compôs músicas que encantaram os homens. Chamava-se Haendel e nascera na Alemanha.

Seu pai, simples barbeiro, queria que ele fosse um grande advogado. O menino Haendel, porém, só pensava em música. Naquele tempo não havia piano; havia o pai do piano, com o nome de clavicórdio, um pianinho pouco aperfeiçoado. Com 6 anos de idade, Haendel conseguiu obter um clavicórdio e o escondeu em seu quarto, que era num sótão, lá perto do forro da casa. Depois que todos dormiam, punha-se ao clavicórdio e exercitava-se até altas horas, baixinho. Uma noite, o pai e a mãe de Haendel perceberam aqueles estranhos sons no sótão. Assustaram-se e foram de lanterna em punho ver o que era. Encontraram o menino de camisolinha, sentado numa cadeira alta, tocando suas músicas.

– E deram-lhe uma grande sova, aposto! – disse Emília.

– Não. Apenas viram que seria tolice tentar fazer dele um advogado, já que a sua verdadeira vocação era a música. Arranjaram-lhe um mestre e logo Haendel assombrou a todos com a sua perícia. Mais tarde mudou-se para a Inglaterra e virou inglês. Quando morreu foi enterrado na célebre Abadia de Westminster, na qual vão dormir o sono eterno todos os grandes homens ingleses.

Do mesmo tempo de Haendel é o grande músico alemão chamado Bach, que tocava órgão tão divinamente como Haendel tocava clavicórdio. Ambos compuseram músicas imortais, e ambos ficaram cegos muito cedo. Ficar cego para um pintor é a maior das desgraças, mas para um músico não é tanto. Vivem eles no mundo dos sons, no qual a desgraça é ficar surdo.

Quase todos os grandes músicos revelam muito cedo esse dom da natureza. Mozart, por exemplo, aos 4 anos já se mostrava admirável ao piano. Tocou muito menino ainda diante de reis, que o tratavam qual um principezinho. Compôs toda sorte de músicas, principalmente uma chamada ópera e outra chamada sinfonia, próprias para orquestras. Apesar disso, ganhou pouco dinheiro e quando morreu foi enterrado na vala comum, isto é, no lugar dos cemitérios onde se enterram os mendigos. Mais tarde os homens sentiram remorsos de haver deixado em abandono um gênio daquele vulto e quiseram erguer-lhe a estátua em cima do túmulo. Mas nem sequer conseguiram descobrir o lugar onde Mozart dormia o sono eterno...

Um homem de nome Beethoven leu a história de Mozart e sonhou para o seu filho Luís uma glória igual à do "principezinho". Para realizar esse sonho forçava o menino, desde muito criança, a ficar horas e horas junto ao piano. O pobre Luisinho quase morria de canseira.

Chorava, chorava. Afinal tornou-se o maior músico de todos os tempos. Quando se punha ao piano, dos seus dedos saíam de improviso as mais maravilhosas composições. Com Beethoven, aconteceu a grande desgraça que pode ferir um músico.

– Ficou sem dedos! – adivinhou Emília.

– Não; ficou surdo. Isso o entristeceu enormemente, embora não o impedisse de continuar a compor obras-primas. Compunha, sem poder ouvir o que compunha.

Outro grande músico alemão foi Wagner, que não tocava bem, mas compôs óperas que fizeram uma revolução no mundo musical. No começo, todos caçoaram daquela música nova, que era, diziam os entendidos, muito barulhenta. Hoje o mundo inteiro admira Wagner, e o considera o que se chama um renovador, isto é, um homem que abre caminhos novos, ou que cria coisas que não existiam antes.

Que pena os tais grandes guerreiros e conquistadores não terem sido músicos! – observou a menina. – Dos músicos não pode vir mal ao mundo; mas as tais pragas dos Gengis Khans e Napoleões, o demo os leve...

– Tem razão, minha filha. Homens como Mozart e Beethoven aumentam o encanto da vida. Quem ouve suas músicas sente-se como que no Céu. E hoje, graças à maravilhosa invenção de um americano chamado Edison, todos nós podemos ouvir tais músicas no momento em que desejamos. Esse prazer agora ao alcance de qualquer pessoa possuidora de um pouco de dinheiro era impossível, ainda para o mais poderoso rei, antes que Edison, que também foi mais surdo que uma porta, nos desse o seu maravilhoso aparelho de guardar e reproduzir os sons.

Dona Benta parou aí e mandou pôr na vitrola o disco da *Serenata de Schubert*, a música predileta de Narizinho.

A DAMA DA LÂMPADA

No outro dia Dona Benta disse:

– Há tanta coisa na História do mundo que eu, às vezes, fico tonta na escolha do assunto. Sobre que havemos de conversar hoje?

– Fale dos outros grandes inventores – lembrou Emília. – Fale do homem que inventou os coelhinhos de lã, do homem que inventou a pipoca, do homem que...

– Pare, pare, Emília! – gritou a menina. – Vovó não precisa dos seus conselhos. Vovó vai falar de mais alguém que tenha feito coisas boas, porque se o mundo está cheio de pestes, também possui criaturas que valem a pena.

– Tem razão, minha filha. Vou falar de uma mulher moderna, a criadora das mais preciosas coisas existentes em nossos tempos. Chamava-se Florence Nightingale, palavra inglesa que significa rouxinol. Mas antes temos de ver como estavam as coisas do mundo quando tal rouxinol apareceu.

Por esse tempo reinava na Inglaterra a grande rainha Vitória, que foi muito amada pelo seu povo, do qual era verdadeira mãe. Vitória esteve no trono durante mais de meio século, período que recebeu o nome de Era Vitoriana. No seu reinado deu-se uma dura guerra entre os ingleses e os russos. A Rússia ficava muito longe da Inglaterra, de modo que foi uma grande dificuldade a remessa de soldados para lá, através do mar Mediterrâneo, passando pela cidade de Constantinopla e pelo chamado mar Negro. Numa península que entra por esse mar Negro adentro é que a luta se travara, na Península da Crimeia. Daí o nome de Guerra da Crimeia dado a tal guerra.

Os soldados ingleses sofreram grandemente. As doenças os matavam aos milhares e os feridos em combate pereciam quase todos nos horríveis hospitais existentes. Ninguém para tratar deles. Ficavam lá amontoados à espera da morte. Os que se salvavam, salvavam-se ninguém sabia como nem por quê.

Florence Nightingale soube desses horrores e resolveu acabar com eles. Desde menina havia mostrado grande bondade de coração e muito jeito para tratar de doentes. Fingia que suas bonecas quebravam a perna e as tratava com tanto cuidado que elas saravam. Se algum cachorro da casa adoecia, a menina o tratava como se fosse uma gente.

Florence teve notícia dos horrores passados pelos feridos da guerra e decidiu-se a cuidar deles, como havia cuidado das suas bonecas e cachorros. Falou com o governo, obteve autorização e, reunindo um grupo de companheiras, partiu para a Crimeia. Com a sua chegada, tudo começou a mudar. Com a maior rapidez reorganizou os hospitais e os deixou como são hoje todos os hospitais modernos. Ela e suas companheiras cuidavam dos doentes com o máximo carinho e inteligência. A primeira coisa que Florence fazia ao entrar numa sala era escancarar as janelas. "Ar! Ar!", dizia. "O primeiro remédio chama-se ar puro." Perto dela nunca houve janelas fechadas.

O resultado final foi que em vez de morrerem cinquenta em cada cem feridos entrados nos hospitais, morriam dois!

– Dois só! – exclamaram os meninos, admirados.

– Sim, apenas dois em cem, ou seja dois por cento! E Florence não se contentava de dar ordem e higiene aos hospitais. Ia aos campos de batalha dirigir o serviço de recolhimento dos feridos, para que não

HISTÓRIAS DO MUNDO PARA CRIANÇAS

fossem maltratados. Andava de noite com uma lâmpada acesa, vindo daí o ser reconhecida entre os soldados como a Dama da Lâmpada.

Terminada a matança, voltou para Londres, feita a verdadeira heroína da tragédia passada na Rússia. O governo deu-lhe uma grande recompensa em dinheiro, que Florence aceitou não para si, mas para organizar a primeira escola de enfermeiras. Essa escola desenvolveu-se tanto, e prestou tantos serviços, que foi copiada por todos os países. Hoje não há terra nenhuma onde os doentes não contem com o auxílio das enfermeiras de profissão. Vieram completar o médico. O médico receita, mas não fica tomando conta do doente. E tomar conta de um doente não é serviço para qualquer. A enfermeira deve saber o que faz, e só quem aprende, quem passa por uma escola e estuda uma certa coisa, sabe o que faz.

Florence Nightingale é na minha opinião a mulher que até hoje mais fez pela humanidade. Se existe esse maravilhoso serviço chamado Cruz Vermelha, que corre em socorro desta pobre humanidade por ocasião de cada grande catástrofe, seja guerra, terremoto, incêndio ou inundação, à inglesinha da lâmpada o devemos. Vamos, Pedrinho, pegue no lápis e escreva o nome dessa mulher no seu caderno.

– Como é mesmo?

– *Night-in-gale*. Pronuncia-se – *Naitinguêil*.

Dona Benta fez uma pausa para falar com o japonês com quem andava em trato para a reforma do pomar. Depois que Tashiro se retirou, ela disse:

– Não falei ainda nada do Japão, um país da Ásia, de muita importância hoje. E agora que vamos ter um filho do Japão trabalhando aqui no sítio, é bom darmos um pulinho até lá.

O Japão consta de um grupo de milhares de ilhas perto da China. É velhíssimo. Já era um país civilizado antes da fundação de Roma, mas de uma civilização muito especial, toda dele. Durante séculos viveu sossegado governado por uma fieira de reis da mesma dinastia, e sempre ignorado dos homens do Ocidente. Isso por ser o Japão um país completamente fechado aos estrangeiros. A entrada de homens da raça branca era proibida.

Mas em 1854, justamente no começo da Guerra da Crimeia, um oficial da marinha americana, o Comodoro Perry, entrou no Japão à força, e obrigou os japoneses a assinarem um tratado pelo qual todas

269

as portas se abririam para os da raça branca. Isso veio mudar completamente a vida do país. Quando Perry lá esteve o Japão vivia do mesmo modo como tinha vivido milhares de anos atrás, sem nada conhecer das invenções e progressos do Ocidente. Mas depois que conheceu esses progressos, a mudança nele operada foi a mais rápida que já se viu no mundo. O Japão deu um pulo de milhares de anos, e em meio século igualou-se aos mais adiantados países da Europa. Armou-se logo de grande exército e de uma grande esquadra, fazendo guerra à China e à Rússia, para experimentar a força. E venceu-as.

– Que pena! – exclamou Narizinho. – Que pena ter ficado igual aos outros!

– Hoje o Japão é considerado uma das Grandes Potências do mundo.

– Que quer dizer isso?

– Grandes Potências são os países que dispõem de grandes exércitos e grandes esquadras e, portanto, podem provocar grandes guerras.

– Que tristeza o nosso mundo, vovó! – disse a menina. – Só a guerra tem importância e só são grandes os países e os homens que fazem guerra... os que destroem... os que matam...

Lincoln e a Princesa Isabel

– E na América, vovó, o que se passou de importante? – perguntou o menino.

– Na América o fato mais importante acontecido foi a libertação dos escravos. Logo que os europeus colonizaram estas terras, a primeira lembrança consistiu em escravizar os índios para metê-los no trabalho. Os índios, entretanto, possuíam um caráter rebelde a qualquer espécie de escravidão. Preferiam a morte. Em vista disso, os europeus começaram a caçar homens da raça negra na África, para os botar aqui no eito. Foi a grande mancha da América[27].

---

27. Nota da editora: A escravização de povos da África se deu por questões econômicas, não por resistência dos indígenas.

HISTÓRIAS DO MUNDO PARA CRIANÇAS

– Mancha negra – disse Pedrinho fazendo o que se chama um trocadilho.

– Por causa dos negros, desenrolou-se na América do Norte uma tragédia imensa. Os Estados Unidos dividiram-se em dois lados: um que queria conservar a escravidão, e outro que queria acabar com ela. Não havendo acordo possível, os estados do Sul, partidários da escravidão, separaram-se dos do Norte. Daí veio a luta chamada Guerra de Secessão. Secessão significa separação. Durou quatro anos essa horrível calamidade, na qual perderam a vida dezenas de milhares de americanos.

Os Estados Unidos tinham nesse tempo um grande presidente de nome Abraham Lincoln. Lincoln viera do nada. Nascido numa choupana, cresceu na pobreza e teve quando moço várias profissões humílimas, inclusive a de barqueiro. Mas estudava. Não perdia ocasião de estudar; quando não tinha dinheiro para comprar velas, lia de noite na sua cabana à luz de nós de pinheiro. Foi também empregadinho de armazém. Um dia vendeu a uma mulher um pacote de chá com falta no peso; depois que verificou o engano, fechou o armazém e andou a pé vários quilômetros até encontrar a freguesa e restituir-lhe a diferença.

– Era então um homem de bem. Dos verdadeiros – observou o menino.

– Dos mais honestos que já existiram. Lincoln foi durante toda a vida um modelo de honradez em tudo, a ponto de ganhar o nome de o "Honesto Abe". Abe é abreviatura de Abraham. Estudou de rijo e tornou-se doutor em leis. Virou um advogado de muita fama, acabando eleito presidente do seu país. Foi no seu governo que rompeu a guerra civil. Lincoln, que odiava a guerra, teve de fazer a Guerra de Secessão toda, talvez a única no mundo que a gente possa justificar. E acabou vencendo os estados do Sul, os quais foram obrigados a ficar na federação e a libertar todos os escravos.

O prêmio que Lincoln teve foi morrer assassinado por um sulista louco. Mas nenhum homem no mundo é hoje mais venerado e honrado. Lincoln e Washington são os dois semideuses do povo norte-americano.

Aqui no Brasil tínhamos também esse cancro da escravidão (e para vergonha nossa fomos o último país no mundo a acabar com ela[28]). Quem assinou o decreto de 13 de maio de 1888, dando liberdade a

---

28. Nota da editora: depois de o Brasil assinar a Lei Áurea, alguns países da África e Ásia ainda sustentavam o regime de escravidão.

todos os escravos do Brasil, foi a princesa Isabel, filha do grande imperador Pedro II. Isabel fez isso durante a ausência de seu pai, então a passeio na Europa. Por esse motivo, entrou para a História com o nome de Isabel a Redentora, isto é, a Libertadora.

Pedro II foi um dos grandes monarcas que existiram, sendo considerado pelo poeta Victor Hugo como um neto de Marco Aurélio – o famoso imperador-filósofo que governou o Império Romano. Apesar disso, Pedro II teve também uma terrível guerra durante o seu reinado: a Guerra do Paraguai, que o Brasil se viu obrigado a sustentar durante cinco anos contra o ditador López, verdadeiro dono absoluto daquele país. O Paraguai foi vencido e ficou reduzido a ruínas. Até hoje é um país onde há mais mulheres do que homens, pois quase toda a população masculina pereceu nessa horrível luta.

E que fim levou Pedro II?

Os republicanos o baniram do Brasil, achando que o que é bom demais não presta.

PAÍSES NOVOS

– E na Europa, vovó, que aconteceu depois que Napoleão foi para a ilha de Santa Helena?

– Depois que o terrível guerreiro foi encarcerado nessa ilha, os franceses tiveram que arranjar um novo chefe. Escolheram um rei da mesma linhagem dos seus velhos reis, ou da família Bourbon, como se chamava. Mas esse rei não deu sorte, e os franceses arranjaram outro, e depois um terceiro. Vendo por fim que o sistema de reis não ia mais com as ideias do povo, viraram a França em República novamente.

Nas repúblicas os chefes do governo são eleitos pelo povo e só governam por um certo número de anos, quatro ou seis. Nas monarquias os reis passam o governo aos filhos, ou aos parentes próximos, quando não há filhos.

Na eleição para presidente realizada na França foi eleito... adivinhem quem? Um sobrinho de Napoleão Bonaparte, de nome Luís Napoleão. Esse homem vivia conspirando para ser rei da França, e afinal foi escolhido para presidente. Entretanto, não se contentou com isso. Quis ser imperador, como o seu tio, de modo a governar toda a vida e legar o trono aos descendentes. Com esse belo plano na cabeça, deu um jeitinho e lá um belo dia virou imperador com o nome de Napoleão III.

– E Napoleão II? A senhora não falou dele.

– Nunca existiu. Houve um filho de Napoleão I que ao nascer foi feito rei de Roma. Esse menino nunca reinou, mas mesmo assim foi considerado o Napoleão número 2.

Napoleão III valia muitíssimo menos que o primeiro. Não era gênio, e sim um aproveitador da fama do tio. Julgou-se capaz de grandes coisas e tentou fazê-las. Mandou, por exemplo, invadir o México e transformar essa república num império, pondo lá como imperador um excelente príncipe austríaco. Essa ideia de Napoleão III saiu como o nariz dele. Os mexicanos pouco depois se revoltaram e fuzilaram o pobre imperador Maximiliano na cidade de Querétaro.

Outra ideia desastrada de Napoleão III foi querer abaixar o topete da Prússia, país que estava dando muito na vista por causa do capricho da sua organização militar. Napoleão começou a tecer intrigas contra a Prússia e a preparar-se para lhe fazer guerra. Mas o feitiço virou-se contra o feiticeiro. A Prússia tinha no governo um homem chamado Bismarck, que via longe. Bismarck convenceu o rei da Prússia da necessidade de declarar guerra à França antes que a França declarasse guerra à Prússia. E assim foi feito.

Com fulminante rapidez, os prussianos invadiram a França, derrotaram os franceses em todos os combates e aprisionaram o pobre Napoleão III. Depois entraram em Paris e exigiram uma grande indenização em ouro, além de duas províncias, a Alsácia e a Lorena.

A rapidez e o feliz sucesso desta guerra deu enorme prestígio à Prússia, e Bismarck aproveitou-se da oportunidade para reunir todos os pequenos países de raça alemã num só grande império, com o nome de Império da Alemanha. O primeiro imperador recebeu o nome de Kaiser ou César, e foi coroado no Palácio de Versalhes, enquanto os exércitos prussianos ainda estavam dentro do território francês.

Depois desse desastre, a França abandonou mais uma vez a forma de governo monárquica e adotou a republicana. Desde então elege um presidente cada sete anos (e vai vivendo).

Por essa época a Itália, que era também uma coleção de pequenos países como havia sido a Alemanha, foi reunida num só. O rei de um desses pequenos países chamava-se Vítor Emanuel e tinha como primeiro-ministro um homem de grande capacidade, chamado Cavour. Também tinha do seu lado um herói popular muito romântico, de nome Giuseppe Garibaldi. Este Garibaldi já havia sido fabricante de velas em Nova Iorque e tinha estado no Brasil, ajudando a revolução dos republicanos do Sul, e lá se casou com uma gaúcha de grande heroísmo, Anita. Onde quer que rebentasse uma luta do povo contra a tirania dos reis, para lá ia Garibaldi. Nascera para lutar pela liberdade dos povos.

Esses três, o rei Vítor Emanuel, Cavour e Garibaldi, conseguiram vencer todos os obstáculos e transformar aqueles pequenos países num só, com o nome de Reino da Itália. Surgiram assim no mundo, quase ao mesmo tempo, dois grandes países novos: a Alemanha e a Itália.

A ERA DOS MILAGRES

– Quando foi a era dos milagres? – perguntou Dona Benta no dia seguinte. – Vamos ver quem sabe.

– Foi no tempo de Cristo – respondeu Narizinho.

– Foi no tempo das fadas – respondeu Emília. Pedrinho calou-se. Não deu opinião.

– A era dos milagres não foi – disse Dona Benta. – Está sendo agora. Nós estamos vivendo em plena era dos milagres, sem que prestemos a menor atenção nisso!

– Como, vovó?

– Sim. Imaginem que um homem do tempo antigo ressuscitasse agora. Poderia compreender as coisas que temos e às quais não ligamos a mínima importância?

Estou imaginando as aflições do coitado! Vira-se para cá, e dá com uma pessoa falando pelo telefone com um amigo morador em outro continente – e logo julga que são dois mágicos que conversam. Vai ao cinema e vê desenrolar-se uma fita americana de bandidos moderníssimos, que se atacam uns aos outros com metralhadoras. O nosso homem não entende nada e fica certo de que há gente representando atrás do pano. Vai espiar. Não encontra ninguém e abre a boca.

Nisto uma vitrola põe-se a reproduzir um disco de falação. O nosso homem, já meio tonto, vai ver quem está debaixo da mesa. Nada encontra e arregala o olho.

Agora é o rádio que entra a funcionar. O pobre homem põe-se a tremer. Corre à janela para tomar fôlego. No céu desliza um imenso pássaro que ele nunca supôs existir, o aeroplano. "Será verdade então", pensa ele, "que existe mesmo o Pássaro Roca?"

Na rua vê bondes e autos, isto é, veículos que andam sem cavalos. O homem acaba enlouquecendo, porque não pode de maneira nenhuma entender coisa nenhuma de coisa nenhuma.

A idade dos milagres é esta. De momento a momento novas maravilhas saem dos laboratórios científicos. As invenções se atropelam. Homens quase dos nossos dias, como Washington e Napoleão, nunca viram uma locomotiva, ou navio a vapor, ou sequer uma caixa de fósforos. Nunca usaram o telégrafo. Nunca suspeitaram da lâmpada elétrica. São coisas moderníssimas, de ontem, podemos dizer. Em nossa era, o progresso corre mais rápido num mês do que na antiguidade corria em séculos.

Um dos primeiros mágicos que revolucionaram o mundo com as suas invenções foi o escocês Jaime Watt (*Uôt*). Um dia, em que estava observando uma chaleira d'água no fogo, impressionou-se com a dança da tampa levantada pelo vapor. "Se esse vapor ergue uma tampa de chaleira, pode erguer tudo mais", pensou Watt. E dessa ideia saiu a máquina a vapor, na qual o vapor-d'água move um pistão, que por sua vez move uma roda. A máquina a vapor causou verdadeira revolução industrial no mundo.

"Se a máquina a vapor move uma roda", pensou outro inglês de nome Stephenson, "por que não há de mover-se a si própria?", e dessa ideia nasceu a locomotiva, que é uma máquina a vapor que se move a si própria.

"Se a máquina a vapor se move na terra", pensou um americano de nome Fulton, "por que não há de mover-se também no mar?", e dessa ideia nasceu o navio a vapor que iria mudar todo o sistema de navegação.

O povo riu-se da primeira máquina de Watt, da primeira locomotiva de Stephenson e do primeiro navio a vapor de Fulton. Eram, na realidade, grotescos e de muito pequeno rendimento. Mas aperfeiçoaram-se com rapidez, e hoje constituem verdadeiras maravilhas da mecânica.

Antes da invenção do telégrafo, para uma pessoa comunicar-se com outra tinha de procurá-la, ou mandar carta. Um pintor americano, de nome Morse, teve a ideia de construir um aparelhinho que marca um ponto ou um traço cada vez que recebe um pouco de eletricidade. Estava inventado o telégrafo.

– Como é o telégrafo, vovó? – quis saber Pedrinho.

– Suponha uma bobina tendo no centro uma barrinha de ferro; essa bobina está colocada lá na casa do compadre Teodorico e tem um fio de arame que chega até aqui. Cada vez que daqui você fizer a eletricidade correr pelo arame, a bobina recebe a eletricidade e transforma a barrinha em ímã. Este ímã, então, atrai outro ferrinho, o qual, com o movimento, marca num papel um ponto ou um traço, conforme o tempo que dura a imantação. Depois você faz uma combinação de pontos e traços que correspondam às letras do alfabeto, assim:

A .-
B -...
E .
H ....
T -

E pronto. O compadre fica habilitado a receber lá todas as letras que você transmitir.

– Que interessante! – exclamou o menino. – Vou fazer uma linha telegráfica ligando o meu quarto ao pomar.

– Faça – aconselhou Dona Benta. – É fazendo certas coisas que outras nascem, como no caso do professor Bell, outro americano. Graham Bell começou a estudar o meio de fazer os meninos surdos ouvirem (sua própria mulher era surda) e acabou inventando o telefone. O telégrafo transmite pontos e traços; o telefone transmite diretamente a voz, qualquer que seja a distância. Hoje temos linhas que nos permitem falar de um continente para outro.

As invenções vão aparecendo graças ao concurso de muitos inventores. Um faz um bocadinho. Outro faz outro bocadinho. Vem um terceiro, reúne os dois bocadinhos e consegue uma grande coisa que ninguém esperava. Assim nasceu o motor elétrico, e depois dele esse maravilhoso motor dos automóveis, chamado motor de explosão. O pistão, que na máquina de Watt é movido pela força do vapor-d'água, é aqui movido pela explosãozinha de um gás da gasolina, do álcool ou de qualquer outro líquido próprio.

A luz elétrica das nossas casas foi invenção do maior inventor que já existiu: Thomas Edison, um americano falecido há vários anos. Entre as suas grandes e pequenas invenções existem mais de setenta! Daí o nome de "Wizard" (*Uízard*) ou Mágico, que lhe deu o povo da América. Foi um menino pobre, que começou a vida vendendo jornais nos trens. Um dia o professor da escola que Edison frequentava levou-o à sua mãe, dizendo que não podia tê-lo mais lá. "Por quê?", "Porque é muito burrinho e não aprende nada" – explicou esse grande professor.

– Com que cara ficaria ele, vovó, depois que o menino burrinho virou o grande Edison?

– Não sei, mas devia ter ficado com um carão de bom tamanho. Edison, quando menino, não cessava de fazer reinações que já eram começos de invenções. Certa vez, quando vendia jornais nos trens, escondeu-se num carro de bagagens a fim de fazer reinações nos momentos de folga. E tais fez que pegou fogo no carro! O chefe do trem veio de lá e pregou-lhe um tremendo tapa no ouvido que o pôs surdo para sempre.

– Que cavalo! – exclamou a menina.

– Este, sim – continuou Dona Benta. – Este Thomas Edison, sim, é o verdadeiro tipo do grande homem que todos devemos venerar. Enquanto os celebérrimos reis e generais faziam guerras e destruíam, Edison criava um mundo inteiro novo. Foi quem iluminou a Terra com a luz elétrica. Foi quem inventou o fonógrafo. Foi quem aperfeiçoou o cinema.

– Viva Edison! – gritaram os meninos.

– Outro grande inventor que realizou um dos sonhos da humanidade foi Santos Dumont. Os homens sempre quiseram imitar os pássaros e voar, mas todas as tentativas nesse sentido falhavam. Afinal veio o motor de explosão, e a coisa se tornou possível. Santos Dumont, que desde menino sempre tivera a mania da navegação aérea, inventou afinal o dirigível, que é um aparelho mais leve que o ar, e de-

pois inventou o aeroplano, que é um aparelho mais pesado que o ar. Infelizmente a sua invenção, feita em Paris, onde morava, veio quase ao mesmo tempo que a feita pelos irmãos Wright na América, de modo que a glória do grande feito se acha dividida entre três.

– Que três?

– Santos Dumont e os dois Wrights.

– Mas quem inventou o aeroplano primeiro?

– Os dois ou os três. Um não sabia o que o outro estava fazendo. A maravilhosa máquina de voar surgiu ao mesmo tempo na América e em Paris. Outro notável inventor é o italiano Marconi, inventor do telégrafo sem fio, do qual nasceu o rádio.

– Mas será que as invenções melhoram a vida, vovô? – perguntou a menina.

– Melhoram a vida, sim, embora não melhorem o homem. A nossa vida hoje podemos dizer que é riquíssima, se a compararmos com a de um século atrás. Entretanto o homem é o mesmo animal estúpido de todos os tempos. Abra o jornal e leia os principais telegramas. Só falam em miséria, em crimes, em guerras. A humanidade continua a sofrer dos mesmos males de outrora – tudo porque a força da Estupidez Humana ainda não pôde ser vencida pela força da Bondade e da Inteligência. Quando estas ficarem mais fortes do que aquela, então, sim, teremos chegado à Idade de Ouro.

O MUNDO CONTRA A ALEMANHA

– Tivemos a prova disso há uns poucos anos, na horrível guerra que estraçalhou o mundo pelo espaço de quase cinco anos. A estupidez reinou como soberana absoluta – e o resultado foi uma calamidade como jamais existiu semelhante.

– Como foi que começou?

– Na pequena cidade de Sarajevo, capital da Bósnia, um estudante sérvio atirou e matou o príncipe herdeiro da Áustria. A coitada da Sérvia apresentou logo todas as desculpas, prometendo julgar sem demora e castigar o culpado. Nada adiantou. A brutalidade humana havia tomado conta do caso. O imperador da Áustria não aceitou as desculpas. Achou que a Sérvia inteira devia pagar o crime do estudante, e logo mobilizou o seu exército para castigar a Sérvia, isto é, arrasar cidades e matar milhares de inocentes que nada, absolutamente nada, tinham a ver com o crime.

E a Áustria declarou guerra à pequena Sérvia. Mas a Sérvia tinha amigos políticos, entre os quais a Rússia, que logo se pôs ao lado dela. Também a Áustria tinha aliados, que vieram ajudá-la. E a coisa foi indo até que o mundo inteiro se achou envolvido na guerra.

A Europa, por esse tempo, estava dividida em dois grupos: a Alemanha e seus amigos de um lado e a França e seus amigos de outro. No grupo da França entravam a Rússia e a Inglaterra. No da Alemanha, entravam a Áustria e a Itália. Quando a luta rompeu, a Itália passou-se para o grupo da França, e a Turquia e a Bulgária entraram para o grupo da Alemanha.

Engalfinharam-se todos. Os alemães, que eram fortíssimos, atravessaram a Bélgica e invadiram a França, levando tudo de vencida até as portas de Paris. Lá pararam. Haviam perdido o ímpeto do ataque. Sendo a resistência dos franceses e ingleses cada vez maior e não podendo continuar o avanço, os alemães entrincheiraram-se. Ia começar um longo período de guerra nova para o mundo: a guerra de trincheiras, na qual os soldados se metem pela terra adentro, como minhocas, e combatem a tiros de canhão sem que um exército veja o outro.

Mas a Alemanha, a fim de destruir o poder marítimo da Inglaterra, havia iniciado uma terrível campanha no mar por meio de submarinos. Essas baleias de aço seguiam invisíveis pelo fundo das águas, metendo a pique os barcos inimigos, de guerra ou mercantes. Depois, começaram a afundar todo e qualquer navio encontrado, inimigo ou não. Quando as coisas chegaram a esse ponto, mais um grande país entrou na guerra: os Estados Unidos. As forças então se desequilibraram e a Alemanha entregou-se.

Nisto rebentou uma revolução na Rússia, muito semelhante à célebre Revolução Francesa. O Czar Nicolau e toda a sua família foram assassinados, os nobres foram apeados da sua nobreza e o governo caiu na mão dos trabalhadores. Os revolucionários russos, tendo como chefe um homem de nome Lenin, destruíram o sistema social lá existente e deram começo a um novo sistema chamado Comunismo. Neste sistema ninguém tem o direito de ter certas coisas. Quem tem essas coisas é o Estado. O Estado é quem educa as crianças, possui as fábricas, explora as minas etc.

– E deu bom resultado o sistema, vovó?

– Ainda é cedo para julgarmos os russos. Eles estão fazendo uma experiência em enorme escala, que todos os outros povos devem acompanhar com o maior interesse. Se no fim der melhor resultado que o sistema existente nos outros países, muito bem. Esses outros países poderão adotar o sistema russo. Se os resultados forem piores, muito bem. Esses outros países estarão dispensados de repetir a experiência russa. Esperemos...

A Segunda Guerra Mundial

— E a última guerra, como veio? – quis saber Pedrinho.
— Ah, meu filho, as guerras saem umas das outras... A Primeira Guerra Mundial provocou a Revolução Russa, com a vitória ao Comunismo. Com medo do Comunismo as grandes nações capitalistas permitiram que a Alemanha se armasse, porque Hitler, o chefe da nova Alemanha, era um mortal inimigo do Comunismo. Mas

quando Hitler viu a Alemanha novamente poderosa, não atacou a Rússia, como os outros queriam, e sim os países que a ajudaram. E assim teve começo a Segunda Guerra Mundial, a mais horrenda de todas. Começou com exigências em cima de exigências, e quanto mais lhe davam, mais queria. Depois atacou a Polônia, e invadiu e ocupou a Bélgica, a Holanda, a Noruega, a França, a Áustria, a Romênia, a Bulgária, a Iugoslávia, a Grécia, a Tchecoslováquia. Aliou-se à Itália, então sob a ditadura de Mussolini, e acabou invadindo a Rússia.

A guerra de 1939-1945 foi ainda pior que a de 1914-1918 porque

a aviação estava muito desenvolvida e os bombardeios aéreos não pouparam as mais belas cidades. Nunca o mundo viu tanto horror. Metrópoles antiquíssimas e importantíssimas, cheias de monumentos históricos, foram reduzidas a escombros. O bombardeio da Inglaterra durou meses, e Londres ia sendo demolida e incendiada. As vitórias de Hitler acumulavam-se, até que, deslumbrado, cometeu o mesmo erro de Napoleão quase um século e meio antes: atacar a Rússia.

– Por que erro, vovó?

– Porque os países territorialmente muito grandes são invencíveis e a Rússia, além de ter um território igual ao do Brasil e dos Estados Unidos juntos, possui uma grande população de mais de duzentos milhões de almas. Napoleão não levou isso em conta: invadiu a Rússia e foi destruído. Com Hitler se deu o mesmo. Seus exércitos avançaram até as portas de Moscou e Leningrado; e ao sul até Stalingrado, mas foram detidos. E a volta foi a mais terrível derrota que um país jamais sofreu. Os russos, aliados aos ingleses e americanos, expulsaram a Alemanha de todos os territórios ocupados. E por fim, em maio de 1945, teve de render-se incondicionalmente, depois de perder quase todas as suas cidades importantes, inclusive Berlim, que foi arrasada e ocupada pelos russos.

– E a Itália?

– Muito mais fraca que a Alemanha, a Itália rendeu-se antes, depois de perder suas ilhas fortificadas, suas colônias africanas, seus navios, tudo. Perdeu até o seu ditador. O próprio povo italiano, exasperado pelas desgraças que Mussolini atraiu sobre a Itália, agarrou-o, fuzilou-o e pendurou-o pelos pés numa praça pública, para escarmento.

– E Hitler?

– Esse desapareceu nos escombros de Berlim. Mas a guerra não terminou aí. Por causa de um traiçoeiro ataque da aviação japonesa a Pearl Harbour, um porto da ilha do Havaí, a grande união americana também se achava envolvida na luta. O que os Estados Unidos fizeram em matéria de improvisação de exércitos, esquadras e aviões foi o assombro dos povos. Nunca o mundo viu um esforço maior e mais bem organizado. A consequência foi a que tinha de ser: depois da vitória aliada sobre os alemães na frente europeia, veio a vitória americana sobre os japoneses no Pacífico, meses depois, em agosto.

HIROSHIMA

No dia seguinte, Dona Benta terminou a história da Segunda Guerra Mundial.

– Meus filhos – disse ela – tenho a impressão de que esta última guerra vai encerrar o período histórico a que chamamos Idade Moderna. A recente descoberta da energia atômica tem condições de mudar completamente o rumo da Humanidade. E eu não me espantarei se a data da destruição da cidade de Hiroshima, no Japão, vítima da primeira bomba atômica, venha a marcar o começo da IDADE ATÔMICA – a sucessora da Idade Moderna.

Narizinho deu um suspiro.

– E com certeza teremos também guerras atômicas, vovó. A História é só guerras, guerras e mais guerras. Nem bem o mundo sai de uma e já começa a preparar-se para outra...

– De fato, minha filha, a vida do homem na Terra tem sido uma luta constante entre os povos. Mas sabe a razão disso? Criancice. Falta do juízo que só a madureza traz. A humanidade é ainda muito criança. Está ainda no período dos meninos de escola que depois das aulas vêm para a rua engalfinhar-se pelos motivos mais fúteis. Por que é que gente grande não briga na rua? Porque tem juízo, apenas por isso.

A admiração que o mundo mostra pelos grandes generais, pelos Napoleões, Aníbais, Alexandres e outros, é a mesma que os meninos de escola mostram pelos que têm mais força e dela abusam, surrando os mais fracos. E isso continuará assim por muitos e muitos séculos ainda, até que a humanidade amadureça e entre na idade do juízo.

– De modo que temos de esperar...

– Sim. Temos de aceitar as coisas como elas são. Seria tolice minha, por exemplo, querer que Pedrinho se comportasse como o compadre Teodorico, tão grave e sério. Pedrinho está na idade dos brinquedos, das brigas de rua, das arteirices de todas as crianças. Mas dia há de chegar em que ele virará um homem de bigodão na cara, sério, incapaz de fazer o que fez sábado passado para o coitadinho do Zeca da Ponte.

– Mas foi ele quem me provocou, vovó! – defendeu-se Pedrinho.

– Provocou porque também é um menino. Quando ambos crescerem, nem o Zeca provocará você nem você, ainda que provocado, fará a coisa feia que fez.

– Mas, vovó, ele me xingou de uma porção de nomes e depois me jogou na cara uma caneca d'água!...

– Coisas de menino. Xantipa também xingou muito o seu marido Sócrates, e em seguida lhe lançou à cara não uma caneca, mas todo um balde d'água. Que fez Sócrates? Bateu nela? Achatou-lhe o nariz, como você fez com o Zequinha? Não. Apenas disse: "Depois da trovoada, vem sempre chuva...".

Assim se comportam os filósofos, isto é, os homens de juízo. Tenho esperanças de que também a Humanidade, quando alcançar a era do juízo, resolva todas as suas questões com a Filosofia de um Sócrates, em vez de resolvê-las, como até aqui, a tiro e facadas. O tempo, só o tempo pode curar o grande defeito da Humanidade, que é ser muito criança ainda.

Assim terminou Dona Benta o seu apanhado da História do mundo.

HISTÓRIAS DO MUNDO PARA CRIANÇAS